4차 산업혁명 시대의 국제운송물류론

4차 산업혁명 시대의

국제운송물류론

정용균 지음

율곡출판사

들어가는 글

저자는 대학에서 십여 년 국제운송론을 강의해 오고 있다. 강의를 하는 과정에서 얻은 경험을 본서에 담고자 한다. 최근 들어 제4차 산업혁명이 진행되고, 지구온난화 문제가 대두되면서 국제물류 분야와 국제운송론 분야는 변화가 많이 발생하였다. 본서는 이러한 최근의 변화를 담고 있다. 본서의 특징은 다음과 같다.

첫째, 운송에 추가하여 물류분야 내용을 전달하고자 노력하였다. 종래에는 국제운송론 교과서가 주로 운송부문에 중점을 두었다면 최근 복합운송의 대두로 말미암아 물류와 운송은 불가분의 관계로 변모하고 있다.

둘째, 제4차 산업혁명의 대두로 해상에서는 자율무인선박이 시범 운항되고 있고, 육상에서는 자율주행 트럭이 시범 주행되며, 공중에서는 드론이 활용되고 있다. 또한 각국은 서둘러 로보틱 항만시설을 도입하고 있다. 본서는 이러한 최근의 변화 내용을 소개한다.

셋째, 지구온난화 현상으로 말미암아 북극의 빙하지대가 녹는 등 지구 전체적인 환경변화가 발생하고 있다. 이에 따라 이산화탄소 절감 노력이 중요해지고, 녹색물류가 주목을 받고 있다. 본서는 각국의 녹색물류정책 내용을 추가하였다.

넷째, 책의 후단부 각 장마다 개별적으로 미주와 참고문헌들을 배치하여 원하는 경우 보다 깊이 있는 학습을 하도록 준비하였다.

다섯째, 각 장 말미에 연습문제를 배치하여 학생들이 관세사나 국제무역사, 물류관리사 등 무역 관련 자격증 공부 준비에 도움이 되도록 하였다.

이 자리를 빌려 본서의 집필과정에서 이 분야와 관련하여 동일 또는 유사 제목으로 시중에 출판되어 있는 교수님들과 전공자들이 집필한 여러 교재나 자료들을 참조하였음을 밝혀둔다. 또한 한국무역학회, 한국통상정보학회, 국제e-비즈니스학회, 한국관세학회, 한국중재학회, 한국조정학회, 한국협상학회, 한국태국학회, 한국외대 동남아연구소 등 여러 학회 세미나에서 도움을 주신 모든 교수님들께 감사를 드리고자 한다.

또한 졸고를 출판해 주신 율곡출판사의 박기남 대표님과 직원 일동에게 감사를 표하고자 한다. 이 저서가 나오기까지 조언을 아끼지 않고, 삽화를 그려준 가족에게 감사하는 마음을 전하고자 한다.

2019년 9월 춘천 서재에서

차 례

들어가는 글/iv

1장 세계화와 국제물류

1. 물류의 의의 ______ 4
   1.1 물류의 중요성/4
2. 세계화 ______ 7
   2.1 세계화의 의의/7
   2.2 정보통신혁명과 세계화/8
   2.3 모바일 혁명과 세계화/9
3. 세계화와 국제분업 생산 ______ 11
4. 대륙별 국제물류 ______ 16
   4.1 아시아의 국제물류/16
   4.2 북미의 국제물류/20
   4.3 유럽의 국제물류/24

요약/26

연습문제/27

참고문헌 및 미주/28

2장 물류이론과 SCM

1. 물류이론의 변천 ___ 32
   1.1 물류/34
   1.2 로지스틱스/34
   1.3 공급사슬관리/34
2. 물류의 정의, 목적, 기능 ___ 35
   2.1 물류의 정의/35
   2.2 물류의 목적/36
   2.3 물류의 기능/37
   2.4 물류의 범위/40
3. 공급사슬관리 ___ 43
   3.1 SCM 기본 개념/43
   3.2 e-SCM 필요성/44
   3.3 SCM의 발전단계/45
   3.4 SCM의 기법/46
4. 협업과 경쟁 ___ 49
   4.1 경쟁패러다임/49
   4.2 협업패러다임/51
   4.3 협력 속 경쟁/52

요약/54

연습문제/54

참고문헌 및 미주/56

3장 물류관리와 물류정보 시스템

1. 국제물류 개념의 진화 ___ 60
   1.1 제1자 물류/60
   1.2 제2자 물류/61
   1.3 제3자 물류/61
   1.4 제4자 물류/63
   1.5 제3자 물류와 제4자 물류의 비교/64
2. 운송론 ___ 66
   2.1 수송의 기능/66
   2.2 운송의 기본 원칙/67
   2.3 운송수단별 특징/68
   2.4 운송의 변화/69

3. 보관론 71

3.1 보관의 정의/71
3.2 창고와 물류시설/72
3.3 창고의 역할/73
3.4 재고관리/74

4. 물류정보 시스템 76

4.1 물류자동화의 배경/76
4.2 EDI/76
4.3 POS/78
4.4 RFID/81

요약/86

연습문제/87

참고문헌 및 미주/88

4장 스마트물류와 인공지능

1. 스마트물류 94

1.1 스마트물류의 개념/94
1.2 스마트물류의 배경/95
1.3 스마트물류 현황/98

2. 인공지능과 물류 100

2.1 인공지능의 개념/100
2.2 인공지능의 역사/101
2.3 인공지능과 물류/105

3. 스마트항만 106

3.1 배경/106
3.2 정의/107
3.3 현황/108

4. 자율주행 선박 113

4.1 자율운항 선박의 무인화 단계/113
4.2 자율운항 선박의 요소 기술/114

요약/116

연습문제/116

참고문헌 및 미주/117

5장 해상운송

1. 해상운송의 기초 ____ 122

1.1 해상운송의 의의/122
1.2 해상운송의 장단점/123
1.3 해운서비스의 특성/123

2. 해운시장 환경의 변화 ____ 125

2.1 컨테이너 선사의 집중화/125
2.2 컨테이너선의 초대형화/126
2.3 해운동맹의 약화/127

3. 선박 ____ 128

3.1 선박의 정의/128
3.2 선박의 종류/129
3.3 선박의 톤수/130

4. 정기선 운송 ____ 133

4.1 정기선 운송의 특징/133
4.2 정기선 운송의 주요 서류/133
4.3 정기선 운임/137
4.4 선하증권의 기재사항/142
4.5 해운동맹/148

5. 부정기선 운송 ____ 153

5.1 부정기선 운송의 특징/153
5.2 부정기선 운송 형태/154
5.3 용선운송계약/156
5.4 Gencon 양식의 기재요령/157

6. 선적서류 ____ 162

6.1 선적서류의 종류/162
6.2 선하증권의 종류/167

7. 국제운송조약 ____ 171

7.1 미국의 하터법(Harter Act, 1893)/172
7.2 헤이그 규칙(Hague Rules, 1924)/172
7.3 헤이그-비스비 규칙(Hague-Visby Rules, 1968)/172
7.4 함부르크 규칙(Hamburg Rules, 1992)/173
7.5 로테르담 규칙(Rotterdam Rules, 2010)/173

요약/174

연습문제/175

참고문헌 및 미주/176

6장 항공운송

1. 항공운송의 기초 ____ 180

1.1 항공운송의 역사/180
1.2 하늘의 자유/183
1.3 항공운송의 장단점/184

2. 항공운송 환경의 변화 ____ 185

2.1 글로벌 제휴/185
2.2 공항/188
2.3 항공사의 운송네트워크/190

3. 항공운송의 대상화물과 화물의 탑재 ____ 191

3.1 항공운송의 대상화물과 단위화/191
3.2 항공운송의 단위탑재용기/193
3.3 항공화물의 탑재방식/194

4. 국제항공화물운송업자 ____ 195

5. 항공화물운송장(Air Way Bill ; AWB) ____ 196

5.1 항공화물운송장의 개념/196
5.2 항공화물운송장의 역할/197
5.3 항공화물운송장의 성격/198
5.4 항공화물운송장과 선하증권의 비교/199

6. 항공화물 사고와 클레임 ____ 200

6.1 항공화물 사고(Cargo Irregularity)의 정의/201
6.2 항공화물 IRR의 종류 및 처리 절차/201

7. 화물클레임(Cargo Claim) ____ 203

7.1 화물클레임의 정의/203
7.2 클레임 절차/203

8. 항공 관련 국제기구 및 국제조약 ____ 206

8.1 국제기구/206
8.2 국제조약/207

요약/209

연습문제/210

참고문헌 및 미주/211

7장 육상운송

1. 육상운송의 중요성 ____ 216

2. 철도운송 ____ 218

2.1 철도운송의 의의/218
2.2 철도운송 서비스 특성/220
2.3 화차의 종류/221
2.4 철도운송 서비스 내용/222
2.5 비용구조/225
2.6 정보기술/227
2.7 대륙횡단철도/227
2.8 국제철도운송에 관한 협약/230

3. 도로운송 ____ 231

3.1 도로운송의 의의/231
3.2 화물자동차의 종류/233
3.3 트럭 터미널/234

4. 파이프라인 운송 ____ 235

4.1 중요성/235
4.2 장점과 단점/235
4.3 시설/236
4.4 제품/236

5. 보세운송 ____ 237

5.1 보세운송의 개념/237
5.2 보세운송의 신고/237
5.3 보세운송신고 내용/238
5.4 보세운송신고 시점/239
5.5 보세운송신고 자격 및 신고대상 물품/239
5.6 보세운송업자의 종류/240
5.7 보세운송의 인공지능(AI) 도입/241

요약/242

연습문제/243

참고문헌 및 미주/244

8장 컨테이너 운송

1. 컨테이너 운송의 의의와 장단점 ____ 248

1.1 의의/248
1.2 컨테이너 운송의 장단점/250

2. 컨테이너와 컨테이너선의 종류 ____ 252

2.1 컨테이너 분류/252

3. 컨테이너 터미널 ____ 256

3.1 컨테이너 터미널의 의의와 역할/256
3.2 컨테이너 터미널의 시설과 기기/257
3.3 내륙컨테이너 기지/264
3.4 컨테이너 운송 실무/265

4. 컨테이너화물의 종류와 운송 형태 ____ 267

4.1 화물의 종류/267
4.2 화물의 운송 형태/268

5. 컨테이너 운송과 보안 ____ 271

5.1 컨테이너보안협정(CSI)/271
5.2 24Hour Rule/274
5.3 C-TPAT/276

요약/277
연습문제/278
참고문헌 및 미주/279

9장 복합운송

1. 복합운송의 정의 ____ 284

1.1 정의/284
1.2 배경/285
1.3 특징/286
1.4 장점/287

2. 복합운송인 ____ 288

2.1 복합운송인의 개념/288
2.2 복합운송인의 책임 체계/290
2.3 운송주선인/292

3. 해륙(Sea & Land)복합운송경로 296

4. 해공(Sea & Air)복합운송경로 299

4.1 의의/299
4.2 현황/299
4.3 경로/300

5. 복합운송증권 303

5.1 복합운송증권의 의의와 기능/303
5.2 복합운송증권의 내용과 특징/304

요약/307
연습문제/308
참고문헌 및 미주/309

10장 제4차 산업혁명과 물류

1. 제4차 산업혁명 314

1.1 배경/314
1.2 제4차 산업혁명의 양상/315

2. 제4차 산업혁명과 물류 323

2.1 빅데이터와 물류/323
2.2 드론과 물류/327
2.3 사물인터넷과 물류/329
2.4 블록체인과 물류/330
2.5 3D프린팅과 물류/332
2.6 인공지능(AI)과 물류/333

요약/335
연습문제/335
참고문헌 및 미주/336

11장 녹색물류와 국제운송

1. 녹색물류의 정의와 배경 340

1.1 녹색물류의 정의와 특성/340
1.2 녹색 항만의 정의와 의의/342
1.3 녹색물류와 녹색비즈니스/343

2. 국내외 녹색물류 현황 및 정책_____345

2.1 국내 녹색물류 현황/346
2.2 녹색물류 종류/346
2.3 녹색 소비/347

3. 녹색물류 법규_____348

3.1 국제법규/348
3.2 각국 법규/350

4. 녹색물류 도입 사례_____351

4.1 일본 주요 사례/351
4.2 홍콩항, 선전항 사례/353

5. 녹색물류 추진 사례_____357

5.1 UPS/357
5.2 일본통운/358
5.3 기술혁신 사례/360

6. 환경물류 정책방향_____363

6.1 환경물류의 표준 제정/363
6.2 그린경영 프로그램 개발/363
6.3 그린 포트(Green Port) 그린 터미널(Green Terminal) 개발/364
6.4 모달시프트 추진/364
6.5 친환경 선박 개발/364

요약/365
연습문제/365
참고문헌 및 미주/367

12장 전자상거래 무역과 물류

1. 전자상거래 무역의 기초_____370

1.1 배경/370
1.2 정의와 특징/370
1.3 해외직구 유형/373
1.4 현황/375

2. 해외직구 물류_____379

2.1 특송물품의 통관절차/379
2.2 특송물품 통관현황/381
2.3 특송회사/382

3. 개선방안 384

3.1 특송업체 시설 개선/384

3.2 IT기술 등 물류자동화에 노력해야 한다./384

3.3 친환경 물류와 지속 가능성이 확보되어야 한다./385

요약/385

연습문제/386

참고문헌 및 미주/387

찾아보기/389

1. 물류의 의의

2. 세계화

3. 세계화와 국제분업 생산

4. 대륙별 국제물류

세계화와 국제물류

로마제국은 아피아가도를 활용하여 물자와 인력을 신속하게 수송할 수 있었다.

— 제레미 리프킨, 『공감의 시대』

글로벌 기업은 기획과 마케팅은 본사에서 하지만, 생산은 인건비가 저렴한 국가에서 하고, 판매는 전 세계를 대상으로 하고 있다. 따라서 조달물류, 생산물류, 판매물류가 분화되고 있다. 이처럼 글로벌화의 결과 국제물류의 중요성이 더욱 커지고 있다.

1. 물류의 의의

1.1 물류의 중요성

1) 국가적 차원에서의 중요성

물류는 과거에서부터 현재까지 중요한 역할을 수행하고 있다. 예를 들어 몽골 군대는 그 막강함으로 이름을 떨쳤으며, 유럽과 아시아에 걸쳐서 가장 영토가 큰 몽골제국을 건설하였다. 몽골 군대는 기마병을 운용하였으며, 기마병의 기동성으로 상대방의 의표를 찔렀다. 알렉산더 대왕 역시 군수품 보급에서 상대방을 압도하였다. 당시 군대 조직은 전투장비 보급품의 공급을 위하여 보급부대를 별도로 두었다. 그러나 알렉산더 대왕이 이끄는 마케도니아 군에서는 전쟁물자 보급을 위한 수레 사용이 엄격히 제한되었다. 병사들은 자신의 장비와 보급품을 스스로 휴대하도록 훈련받았다.[1] 이와는 대조적으로 유럽 대륙을 호령하였던 나폴레옹 군대가 러시아 원정에서 패배한 것은 보급에서 실패하였기 때문이다. 나폴레옹 군은 모스크바를 점령하였지만, 러시아 현지에서 물자 조달에 실패하였다. 겨울이 닥치자 후퇴할 수밖에 없었다. 이만큼 물자 보급의 원활함이 전쟁의 승패에서 중요한 요소였다. 오늘날에도 물류의 신속성이 기업의 성패를 가름하는 중요한 요소이다.

Box 1-1 몽골제국과 물류

몽골 군대 병사들은 평소 전쟁에 참전할 때, 한 사람당 말을 2~3마리씩 준비하며, 많을 경우 6~7마리를 데리고 이동하였다. 몽골 말은 서양 말에 비하여 체구는 작았으나, 추위에 강하고 지구력이 강하였다. 한 마리는 자신이 타고, 다른 한 마리에는 식량 등을 실었다. 제2차 세계대전 때 독일 군대의 일일 평균 이동속도가 6~8킬로미터이고 일일 최대 속도가 32킬로미터이었던 데 비해 13~14세기 몽골군의 일일 평균 이동속도는 11~12킬로미터였고, 일일 최대 속도는 128~130킬로미터 이상이어서 몽골 군대의 기동성은 타의 추종을 불허하였다. 이처럼 몽골 군대의 탁월한 기동성으로 인하여 징기스칸 당시 호라즘 등 서역지역의 국가들은 예상보다 빠른 몽골 군대의 공격에 속수무책으로 당할 수밖에 없었다. 요즈음 용어로 해석한다면 몽골 군대의 강점은 물류의 신속성에 있었다.

로마제국의 아피아가도

로마제국의 기초가 된 것은 신속한 보급 및 군대의 이동이었다. 이를 가능케 한 것은 도로의 건설이었다. 로마 정치가 아피우스의 이름을 딴 아피아가도(街道)는 오늘날에도 사용될 만큼 견고한 도로였다. 로마제국은 아피아가도를 활용하여 물자와 인력을 신속하게 수송할 수 있었다. 이는 전쟁에서 큰 이점으로 작용하였다. 가도의 건설은 인류 최초 문명으로 알려져 있는 수메르 관개문명에서 시작하여 이집트, 바빌로니아, 페르시아, 로마 등 고대 인류문명의 핵심적 구성요소였다. 중국에서도 기원전 221년 진나라 시대에 거대한 가로가 건설되었으며, 남아메리카의 잉카제국 역시 가도를 건설하여 거대한 제국을 관리하였다.

출처 : 윤은숙, 「몽골제국시대 몽골군의 유목전법」, 『몽골학』, 제28호, 2010, pp.22~23. ; 제레미 리프킨(이경남 역), 『공감의 시대』, 민음사, 2010, p.245.

2) 기업 차원에서의 중요성

인터넷이 도입되고 전자상거래(Electronic Commerce)라는 새로운 시장이 열림에 따라 유통시장은 오프라인 시장에서 온라인 시장으로 이동하고 있다. 전자상거래 시장의 인터넷 쇼핑몰 간 치열한 경쟁에서 업체 간 차별화를 가져오는 서비스가 물류서비스이다. 제품은 이미 제조업체가 만든 것이기 때문에 쇼핑몰업체가 통제할 수 있는 요소가 아니다. 그리고 업체 간 가격경쟁 역시 치열한 만큼 더 이상 판매가격을 낮추기도 어렵다. 이때 마지막 남은 요소 중 하나가 물류이다. 즉, 소비자가 원하는 장소에 얼마나 신속하게 배송하느냐가 경쟁우위를 확보하는 중요한 요소인 것이다. 따라서 물류의 중요성이 커지고 있다.

물류의 또 다른 중요성은 본래 물류가 기업 활동의 각 영역 간 조화와 균형을 이루는 데 기여한다는 점이다. 본래 물류는 매우 복잡하게 구성되어 있다. 물류활동이 잘 이루어지고 있다는 것은 물류와 관련 있는 수많은 개별 요소들이 조화를

그림 1-1 물류의 역할

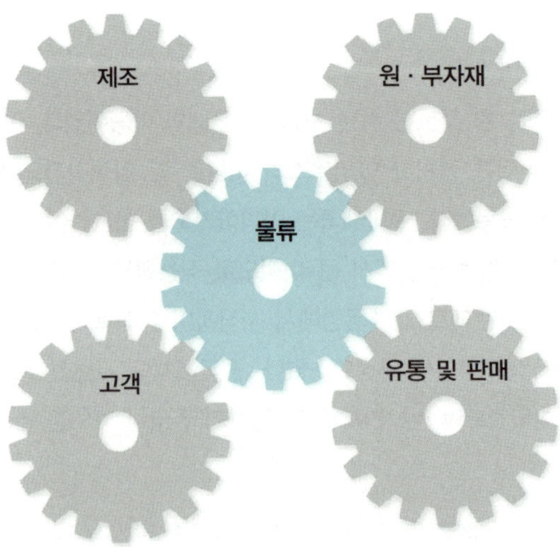

출처 : 장성기, 『물류관리론』, 제2판, 두남, 2018, p.45.

이루고 있으며 동시에 전체로서 통합이 잘 관리되고 있다는 의미이다.[2] 어떻게 보면 물류는 인체의 혈관과 같은 존재이다. 인체는 구석구석을 누비고 있는 혈관을 통해 영양분을 공급받는다. 인체의 어느 한 곳에 혈액이 공급되지 않는다면 그 부분은 괴사하고 만다. 이처럼 한 기업의 생산시스템이 원활하게 돌아가기 위해서는 곳곳에 물류가 원활하게 작동하고 있어야 한다.

2. 세계화

2.1 세계화의 의의

인터넷의 도입으로 정보통신혁명이 발생함에 따라 글로벌 기업들의 수가 증가하고 있다. 이들은 표준화된 제품을 전 세계 여러 곳의 시장에 판매하고 있다. 대표적인 예로 20세기 말의 IBM, 21세기 들어 애플, 삼성전자 등 글로벌 전자회사들과 폭스바겐, 도요타자동차 등 글로벌 자동차기업, 글로벌 전자기업들을 들 수 있다. 과거에는 이러한 일들이 가능하지 않았지만, 인터넷의 도입으로 각국 간 정보 교류 및 정보 공유가 가능해졌다. 또한 소비자들은 비록 개발도상국에 앉아 있다고 하더라도 인터넷을 통하여 선진국 소비자들의 행태와 소비 행태를 알 수 있는 상황이 되었다. 더구나 스마트폰의 등장으로 이러한 정보 확산은 더욱 가속화되고 있다. 이러한 정보통신혁명은 세계화를 촉진하고 있다.

2.2 정보통신혁명과 세계화

1) 인터넷과 제1 정보통신혁명

스마트폰의 등장은 제2의 정보통신혁명이라 부를 수 있다. 인터넷 시대 초기에는 책상 위에 놓여져 있는 데스크 탑 컴퓨터가 있어야 인터넷에 연결이 가능하였다. 30년 전만 하더라도 미국의 대학들은 컴퓨터실이 있는 것을 자랑하였다. 당시 국내에는 대학에 제대로 된 컴퓨터실도 많지 않았다. 더구나 막 보급되기 시작한 퍼스널 컴퓨터(PC)는 가격이 미화로 2천 달러 정도 주어야 구입이 가능하였다. 따라서 일반 기업체에 있는 컴퓨터에 비해서는 가격이 크게 낮아졌지만 여전히 대학생이 구입하기에는 부담스러운 가격이었다. 따라서 인터넷에 접근하기란 쉽지 않았다.

2) 스마트폰과 모바일 혁명

스티브 잡스가 개발한 아이폰이라는 새로운 유형의 휴대폰이 등장하면서 제2의 정보통신혁명이 가속화되고 있다. 스마트폰은 기존의 휴대폰 기능에 컴퓨터 기능과 인터넷 연결 기능을 결합한 영역 경계를 파괴한 disruptive innovation의 대표적 사례이다. 즉, 손안에서 컴퓨터와 인터넷 연결이 가능하도록 하였다. 더구나 가격이 매우 저렴한 점이 강점이다. 우리나라 예를 보아도 실제로 구입할 때 기기 구입비를 거의 내지 않는다. 따라서 소비자 입장에서는 구입가능성이 커지고 있다. 소비자들은 스마트폰을 활용하여 인터넷 쇼핑몰에서 제품을 검색 · 구입하고, 인공지능 핀테크를 통하여 결제까지 하고 있다. 따라서 스마트폰의 등장으로 국내 유통물류 체제는 급격하게 변동하고 있다. 더 이상 소비자들은 장을 보러 가지 않고도 쇼핑이 가능하게 되었다.

용어 설명

disruptive innovation

기존의 기술 질서를 무너뜨릴 정도의 기술혁신을 disruptive innovation이라 부른다. 대표적 사례로는 인터넷의 출현, 스마트폰의 출현을 들 수 있다. 스마트폰은 단순히 서로 전화만 하던 휴대폰 기능에 컴퓨터를 집어넣어서 혁신적인 제품으로 거듭났다. 따라서 스마트폰의 등장으로 기존 PC 시장과 기존 휴대폰 시장이 크게 영향을 받았다. 또한 고속철도 역시 새로운 운송수단으로서 항공산업을 위협하는 존재이다. 항공기는 빠르기는 하나 주로 공항이 교외에 있으므로 도심에서 공항까지 걸리는 시간을 생각하면 도시 한복판에 정거장이 있는 고속철도와 경쟁이 된다. 따라서 고속철도 역시 disruptive innovation으로 분류할 수 있다.

2.3 모바일 혁명과 세계화

스마트폰의 등장으로 개발도상국의 소비자들도 세계시장에 편입되고 있다. 과거에는 개발도상국 소비자들이 자국 내에 격리되어 있었다. 그러나 더 이상 신흥시장의 소비자들이 수동적인 소비자가 아니게 되었다. 신흥시장일수록 스마트폰의 역할이 커지고 있다. 예를 들어 중국이나 인도, 인도네시아 등의 신흥시장(Emerging Market ; EM)은 오프라인 정보통신시설 인프라가 열악한 점을 인지하고, 정보통신시설을 구축하는 대신에 바로 스마트폰을 활용한 전자상거래 확산으로 뛰어들고 있다. 가격이 저렴한 스마트폰의 보급으로 인도, 중국, 인도네시아 소비자들은 인터넷을 통하여 세계 글로벌 시장의 동향을 파악할 수 있게 되었다.

Box 1-2 세계화와 민족의 이동

인류 역사에서 보면 최초의 인류사회는 수렵채집사회였으며, 끊임없이 이동했던 것으로 나타나고 있다. 민족의 이동은 물자와 기술의 이동도 수반하고 있다.

1. 켈트족의 유럽 확산

BC. 2000년경 중앙아시아에서 형성된 켈트족은 BC 1300~800년경 북유럽에 도달하였으며, 독일 남서쪽에 위치한 본거지로부터 서유럽에 철기문명을 전파해 주었다. 기원전 8세기 영국, 스코틀랜드, 아일랜드로 이주하였으며, 프랑스, 스페인, 헝가리 지역으로 이주하였다.

2. 게르만족의 유럽 침입

'게르만'은 켈트어로 이웃을 가리킨다. AD. 4세기경 훈족의 침략으로 게르만족 분파들이 프랑스, 에스파냐 지역으로 이동하였다. 게르만족은 게르만어를 사용하는 민족의 총칭으로 오늘날 스웨덴인, 덴마크인, 아이슬랜드인, 앵글로색슨인, 독일인, 네덜란드인들이 그 후손들이다.

3. 유럽인의 아메리카 대륙 이주

1492년 콜럼버스가 아메리카 대륙을 발견한 이래, 16~19세기 동안 200~300만 명의 스페인인이 남미와 서인도제도에 정착하였으며, 100만 명의 포르투갈 사람들이 브라질에 갔다. 18세기까지 175만 명의 영국인이 캐나다로 이주하였으며, 20만 명의 독일인들은 북미 대륙에 이민을 갔다. 특히 1815~1840년 기간 동안에는 7천만 명의 유럽인들이 다른 대륙으로 갔다. 이 숫자는 1900년 현재 유럽 인구의 약 15%에 해당되는 대규모였다.

출처 : Guy Richard, 『인류 이민 2만년사 : 사람은 왜 옮겨 다니며 살았나』(전혜정 역), 에디터, 2004, p.58, p.59, p.76. ; 자크 아탈리(이효숙 역), 『호모 노마드 : 유목하는 인간』, 웅진지식하우스, 2010, p.165, p.168.

3. 세계화와 국제분업 생산

국제무역에서 국제운송은 중요한 개념이었다. 즉, 모든 생산은 국내에서 하고, 아담 스미스의 생산비설에 기초한 국제분업이론에 의하여 풍부한 물건은 수출하고 부족한 물건은 수입하였다. 따라서 물품 자체는 국내에서 생산된 것을 수출하거나, 외국에서 생산된 물품을 수입하는 형식이었다. 그러나 20세기 후반 들어 과거에는 비교역재[3]였던 노동의 국제 간 이동이 가능해지고, 해외 직접투자가 가능해지면서 국가 간 사람과 물자가 이동하기 시작하였다. 이 결과 심지어 수출할 물품을 국내에서 생산하지 않고, 수입국에서 생산하거나 해외에 생산거점을 마련하여 그곳에서 생산하여 인근 시장에 수출하는 형태가 나타나게 되었다.

1단계 : 해외 직접투자(Foreign Direct Investment ; FDI)

글로벌 기업들은 현지생산체제를 구축하였다. 이를 위하여 인건비가 저렴한 해외 개발도상국에 공장을 짓고, 그곳에서 생산하는 체제를 구축하였다. 이를 해외 직접투자(Foreign Direct Investment ; FDI)라고 한다. 해외 직접투자를 하는 이유는 첫째, 수입국의 관세장벽과 비관세장벽 등 무역장벽을 수입국 내에서 물품을 생산함으로써 회피하기 위해서이다. 둘째, 수입국이 개발도상국인 경우에는 인건비가 매우 저렴하여, 국내에서 생산하는 경우보다 생산비가 저렴하기 때문이다. 우리 기업들이 최근 동남아시아 국가들에 진출하는 것도 인건비 절약이 하나의 이유이다. 이러한 이유로 해외 직접투자가 활성화되기 시작하였다.

Box 1-3 경영층과 현지 근로자 간 문화적 갈등

최근 한국, 일본, 대만, 미국, 유럽의 다국적기업들이 동남아시아 여러 국가에 진출하고 있다. 그러나 다국적기업의 경영진은 현지 근로자들과 문화적 차이에서 오는 갈등을 경험하고 있다. 사실 동남아시아 각 나라는 독특한 문화적 특성을 보이고 있다. 예를 들어 태국인은 타인을 배려하고, 자기 목소리를 내기보다는 침묵을 유지한다. 그리고 인간관계에서 체면을 중시하는 특성을 보인다. 한편 미얀마는 오래전부터 담마땃(Dahmmathat)을 중심으로 독특한 분쟁해결 문화를 유지해 오고 있어서 근대 법률과는 차이가 있다. 따라서 현지 경영에서 이러한 문화적 갈등을 해소하는 것이 선결과제로 부상하고 있다.

출처 : 정용균, 「태국의 분쟁해결 및 협상전략 : Hofstede의 비교문화경영이론을 중심으로」, 『한국태국학회논총』, 제23권 제1호, 2016, pp.91~136. ; 「미얀마의 분쟁해결제도와 비즈니스협상」, 『중재연구』, 한국중재학회, 제28권 제4호, 2018, pp.61~88.

Box 1-4 세계화의 주역 : 마르코 폴로, 콜럼버스, 정화, 장보고

국제무역의 역사는 세계화의 과정이라고 볼 수 있다. 서양세계에 동양을 소개한 베네치아의 마르코 폴로, 신대륙을 발견함으로써 오늘날 태평양 경제권 시대를 연 크리스토퍼 콜럼버스, 남해 원정을 떠난 정화, 한 · 중 · 일 삼각 중계무역을 하였던 장보고는 각각의 시대에 살면서 세계화를 추진한 주역들이라고 평가할 수 있다.

유럽 동방무역의 중심지였던 베네치아의 마르코 폴로(Marco Polo)는 아버지와 숙부를 따라 몽골제국인 중국 원나라까지 여행하였다. 마르코 폴로는 원나라에 가서 쿠빌라이 칸을 만나고 그의 궁정에서 오랜 기간 관료로 생활하다가 20여 년 뒤에 베네치아로 귀향하였다. 이러한 내용은 그가 저술한 『동방견문록』에 자세하게 나와 있다. 이탈리아 제노바항구 사람이었던 크리스토퍼 콜럼버스(Christopher Columbus)는 이베리아 반도에 남아 있던 이슬람 세력 근거지인 알함브라 궁전이 함락되고, 에스파냐 왕국이 형성될 즈음, 이사벨라 여왕의 후원을 얻어 인도를 발견하기 위하여 항해에 나섰다. 오랜 항해 뒤에 그는 지금의 아메리카 대륙의 섬들에 도착하였다. 그 결과 유럽 대륙의 기근으로 인하여 인구의 5분의 1이 아메리카 대륙으로 이민을 단행하였으며 오늘날 거대 아메리카 경제권을 탄생시켰다.

명나라 환관이었던 정화(鄭和)는 영락제의 명으로 남해원정을 7차례에 걸쳐서 단행하였다. 정화가 지휘한 함대는 도자기와 비단, 찻잎을 수출하였다. 정화함대는 동남아시아를 거쳐서 인도와 아프리카까지 진출하였다. 장보고는 신라 청해진에 근거를 두고 일본 다자이후와 중국의 적산원에 근거를 마련하여 한 · 중 · 일 삼각무역을 하였다. 당시 신라인들은 우수한 선박제조기술과 항해술을 갖고 있었다. 이러한 사정은 일본의 자각대사 엔닌의 『입당구법순례행기』에 자세하게 기술되어 있다.

출처 : 마르코 폴로, 『동방견문록』 ; 엔닌, 『입당구법순례행기』 ; 크리스토퍼 콜롬버스, 『콜럼버스 항해록』 ; 정용균, 「해상왕 장보고의 무역네트워크와 환태평양 무역네트워크 구축에 대한 탐색적 연구」, 『무역학회지』, 제37권, 제5호, 2012, pp.193~229.

2단계 : 국제 분업시스템 구축과 SCM

종래의 국제무역은 주로 국내에서 생산하고 생산된 물품을 해외에 수출하는 형태였다. 이는 아담 스미스의 『국부론』 시절부터 변하지 않는 부분이다. 그러나 최근 우리나라를 비롯한 선진국들은 인건비와 지가 상승을 경험하고 있다. 즉, 인건비와 토지가격이 너무 올라서 국내에서 생산해서는 더 이상 물품의 가격경쟁력을 확보할 수 없게 되었다. 또한 기업의 핵심 역량이 강조되면서 기업들은 디자인, 제품설계, 마케팅 등 핵심 역량은 모기업에 놓아두고 생산부품 조달 등 나머지 기능들은 다른 기업으로부터 조달하는 아웃소싱(outsourcing)이 활발히 일어나게 되었다.

이에 따라 글로벌 기업들은 단순히 수입국에 공장을 짓는 것으로 만족하지 않고, 글로벌 생산계획을 수립하고 가장 최적의 생산거점이 어디인지 파악한 뒤에 그곳에서 생산을 하고, 그 주위 국가들이나 글로벌 시장에 판매하는 방식을 취하게 되었다. 예를 들어 자동차산업의 경우 부품을 해외에서 생산하고, 이를 모국이나 해외 생산거점의 완성차 공장에서 조립하여 최종 생산품을 글로벌 시장에 수출하는 형식이다. 부품 수입을 해외에 다변화함에 따라 모국의 본사와 해외 부품협력업체 간의 물류가 증가할 수밖에 없다. 그리고 물류가 신속할수록 가격이 저렴해지므로 물류의 중요성이 커지고 있다.

3단계 : 신흥시장의 대두와 리버스 이노베이션(Reverse Innovation)

과거에는 선진국에서 기술혁신을 주도하고 이를 바탕으로 물품을 제조한 다음, 선진국의 중산층 이상의 계층에 물품을 판매하고, 개발도상국에는 이보다 가격과 품질을 약간 낮춘 다음 판매하는 형식이었다면, 최근에는 신흥시장이 부상함에 따라 신흥시장의 소비자들을 대상으로 처음부터 연구개발센터를 신흥시장에 설립한 다음 그곳에 맞는 제품을 개발하고, 생산한 다음 신흥시장에서 판매하고, 그 제품을 선진국 시장에 판매하거나 글로벌 시장에 판매하는 방식으로 진화하고 있다. 신흥시장의 규모는 날로 커지고 있다. 중국의 15억 명의 인구, 인도의 12억 명의 인구, 아세안의 6억 3천만 명의 인구는 세계 전체에서 차지하는 비중이 크다. 이와는 대조적으로 선진국에서는 고령화가 진전됨에 따라 수요가 감소하고 있다. 그 결과 이러한 신흥시장에서 물품을 판매하지 않고서는 더 이상 글로벌 기업의 판매가 가능하지 않는 시대가 되어가고 있다. 이들 신흥시장(Emerging Market)에 진입하기 위해서는 혁신적인 제품을 개발해야 한다. 이러한 기술혁신

제품의 특징은 첫째, 핵심적 기능을 모두 갖추고 있다는 것이다. 둘째, 견고하여서 쉽게 고장이 나지 않는다는 것이다. 셋째, 가격이 매우 저렴하다는 것이다. 이러한 제품이 개발되면, 신흥시장에서 판매에 성공을 거둔다. 그러면 이러한 제품은 다시 선진국에서도 성공을 거둘 가능성이 커지게 된다.[4]

Box 1-5 신흥시장과 리버스 이노베이션 사례

1. 신흥시장의 특성

최근에는 신흥시장이 부상함에 따라 신흥시장의 소비자들을 대상으로 처음부터 연구개발센터를 신흥시장에 설립한 다음 그곳에 맞는 제품을 개발하고, 생산한 다음 신흥시장에서 판매하고, 그 제품을 선진국 시장에 판매하거나 글로벌 시장에 판매하는 방식으로 진화하고 있다. 신흥시장 소비자들은 평균적으로 소득이 낮은 BOP시장 계층이 크다고 할 수 있다. BOP시장이란 소득수준이 낮은 소비자 계층을 의미한다. 이들은 선진국 소비자들을 대상으로 만든 프리미엄 제품을 구매할 여력이 없다.

2. 검약적 기술혁신

종래에는 기술혁신이 선진국에서 이루어지고 이를 바탕으로 혁신적인 제품이 개발된 다음 이 제품이나 기술혁신이 개발도상국으로 이전된다고 알려져 왔다. 그러나 최근에는 개발도상국에서도 기술혁신이 이루어진다는 이론이 출현하였다. 특히 인도에서는 자원이 부족한 상황에서도 기술혁신이 이루어진 사례들이 나타나고 있다. 예를 들어 냉장고는 가격이 수백만원 하는 고가 제품이지만 인도 농촌의 한 발명가는 전기세도 들지 않고 야채를 수일간 보관 가능한 진흙냉장고를 만들어냈다. 미숙아들의 생명을 유지시켜주는 인큐베이터 역시 인도에서 나무와 전등, 포대기로 만들고, 선진국 인큐베이터 가격의 10분의 1 가격에 제품을 출시하고 있다.

3. 리버스 이노베이션

신흥시장에 진입하기 위해서는 혁신적인 제품을 개발해야 한다. 이러한 기술혁신 제품의 특징은 첫째, 핵심적 기능은 모두 갖추고 있다는 것이다. 둘째, 견고하여서 쉽게 고장이 나지 않는다는 것이다. 셋째, 가격이 매우 저렴하다는 것이다. 이러한 제품이 개발되면, 신흥시장에서 판매에 성공을 거둔다. 그러면 이러한 제품은 다시 선진국에서도 성공을 거둘 가능성이 커지게 된다.

4. 사례

리버스 이노베이션의 사례로는 미국의 제너럴 일랙트릭사(GE)가 개발도상국 임산부를 위해 만든 초음파진단기를 들 수 있다. 성능은 기존 제품과 비슷하면서도, 가격은 기존 제품의 10분의 1 가격에 출시되었다. 동 제품은 신흥시장을 위하여 개발되었지만 선진국에서도 성공을 거둘 수 있는 제품이다. 이처럼 신흥시장을 위하여 개발되었지만 오히려 역으로 선진국시장으로 진출하는 경우도 발생하고 있다.

출처 : 정용균, 「아세안 BOP시장 진입을 위한 제품개발전략 : Frugal Innovation을 중심으로」, 『동남아연구』, 한국외국어대 동남아연구소, 제29권 제1호, 2019, pp.35~59.

4. 대륙별 국제물류

4.1 아시아의 국제물류

아시아는 인건비가 기타 대륙에 비하여 저렴한 특징을 갖고 있어 국제 생산거점 및 물류거점으로서의 역할이 중요해지고 있는 지역이다. 더구나 인구 1위, 2위 국가인 중국과 인도가 아시아에 위치에 있으며, 인구 3위인 아세안이 위치해 있는 전략적으로 중요한 지역이다.

1) 특징

최근 우리나라를 비롯한 선진국들은 인건비와 지가 상승을 경험하고 있다. 즉, 인건비와 토지가격이 너무 올라 국내에서 생산해서는 더 이상 물품의 가격경쟁력을 확보할 수 없게 되었다. 그 결과 중국으로 진출하였으며, 최근에는 베트남과 인도네시아 등 동남아시아 지역으로 진출하고 있다. 당초에는 저렴한 노동력을 조달하기 용이하여 공장을 지었지만, 신흥시장의 경제성장과 더불어 신흥중산층이 성장함에 따라 소비시장으로서도 각광을 받고 있다. 또한 글로벌 공급사슬관리(GSCM) 차원에서도 진출하고 있다. 최근 동남아시아 여러 곳 공장에서 생산한 것들을 일본, 미국, 유럽 등 선진국 시장으로 혼재해서 보내는 집약형 물류거점도 생기고 있다. 싱가포르, 인도네시아, 대만 등이 이러한 물류거점으로 떠오르고 있다.[5]

2) 물류현황

최근 중국은 저렴한 인건비를 앞세워 다국적기업들을 유치하여 세계 공장으로서의 역할을 수행하고 있으며, 인구 15억 명의 소비시장으로 주목을 받고 있다. 그러나 도로망, 철도망 등 수송인프라는 주로 연해지역에 집중되어 있다. 최근 경제성장으로 중국 연해지역은 도시지역을 중심으로 인건비가 급격하게 상승하는 특징을 보이고 있다. 한편 내륙지역은 인건비는 저렴하지만 물류 접근성이 나쁘다. 최근 인건비 상승과 국가 간 무역갈등의 여파로 중국에서 동남아시아로 생산거점을 이전시키는 사례가 증가하고 있다. 한국과 중국, 싱가포르는 아시아의 허브항구를 목표로 물류를 정비하고 있다. 화물량이 증가함에 따라 통관의 전자화, 물류자동화, 스마트항만의 도입 등 물류혁신에 박차를 가하고 있다. 일본 기업 진출이 많은 태국은 트럭이 주요 운송수단이다. 최근 우리 기업들의 진출이 활발한 베트남에서는 다국적기업들이 시설투자를 함에 따라 물류부문 역시 혁신이 요구되고 있다.

그림 1-2 아시아 물류 현황

출처 : 유아사 카즈오, 『알기 쉬운 물류관리론』(박영섭 · 조종주 · 한낙현 역), 우용출판사, 2013, p.215.

Box 1-6 물류거점도시와 Hub-Spoke System

어떤 국가의 모든 도시와 지역이 동일한 속도로 성장하는 것은 아니다. 어떤 국가가 성장하려면 거점도시가 성장해야 한다. 그리고 거점도시를 중심으로 Hub-Spoke System이 구축되어야 한다. 즉, 거점도시에서 개발된 지식이나 정보가 지역도시나 배후 농촌 등으로 확산되어야 한다.

1. 유럽 이슬람세력의 중심지 "코르도바"

12세기 중엽 유럽의 이슬람세력은 지중해 지역에서 최고의 권위를 누리고 있었다. 코르도바는 유럽 이슬람세력의 총본산으로서 안달루시아 지역에서 아프리카 리비아에 이르는 광활한 지역을 지배하였다. 유럽에서 당시 가장 큰 도시였던 코르도바에서는 아랍어로 의사소통하고, 그리스어로 철학을 논하였으며, 라틴어, 아랍어, 히브리어로 기도를 했다. 아프리카의 금, 아시아의 향신료, 유럽의 밀 등 전 세계의 부가 이곳에 모였다.

2. 르네상스 시대의 "베네치아"

1350 ~ 1500년 동안 르네상스 시대에 동방무역을 담당했던 유럽의 창구는 이탈리아반도의 베네치아 항구였다. 베네치아 공화국은 동방의 물건이 북유럽으로 유입되는 데 있어 반드시 지나가야 하는 관문이었다. 베네치아는 조선소를 세웠으며 유럽과 아시아 사이의 무역을 장악했다. 유럽의 문인이나 건축가, 철학자들이 베네치아로 몰려들었으며, 이곳에서 숙성된 생각들은 유럽 전역으로 전파되어 나갔다.

3. 오늘날의 "싱가포르"

오늘날 싱가포르는 동남아시아 중앙에 위치하면서 해상교통로와 항공교통로에서 아시아와 유럽, 오세아니아를 잇는 거점도시로 자리매김하고 있다. 싱가포르 창이국제공항에 가보면 유럽이나 오세아니아로 가는 수많은 항공기들이 이륙하고 착륙하는 광경을 볼 수 있다. 싱가포르는 건국 초기 아시아 최초로 컨테이너 항만을 건설하면서 해상물류를 장악하였으며, 싱가포르국제중재센터(SIAC)를 중심으로 아시아 법률시장의 허브로 부상하고 있다.

출처 : 자크 아탈리, 『미래의 물결』(양영란 역), 위즈덤하우스, 2007, p.62, p.78. ; 박명섭, 『국제물류의 이해』, 법문사, 2016. ; 정용균, 「싱가포르의 분쟁해결문화와 제도」, 『무역통상학회지』, 2019.

4.2 북미의 국제물류

1) 특징

미국은 원재료의 조달처인 동시에 완성품의 수요처이기도 하다. 미국은 19세기에 일찍 철도망을 완성하고 20세기에 들어 전국에 고속도로망을 구축함으로써 물류의 접근이 양호하다. 또한 거대한 단일국가이므로 판매 효율이 좋고 구매력이 있는 매력적인 시장이다.[6] 원래 농산물의 자급자족이 이루어져 있는 데다가 최근 세일가스의 개발로 에너지 자급까지 이루어서 단일 시장이 더욱 견고해졌다. 한편 세계 각국 기업들은 미국 시장의 크기에 주목하여 미국에 진출하여 공장을 세우고 있다. 우리나라도 현대기아자동차 그룹이 앨라배마 주에 진출하여 자동차 공장을 건설하였다. 미국은 EU에 대항하기 위하여 미국, 캐나다, 멕시코를 하나의 시장으로 통합한 NAFTA를 출범한 바 있다. 미국은 생산비를 절감하기 위하여 상대적으로 인건비가 저렴한 멕시코에 공장을 세워 물품을 생산한 다음 미국과 캐나다로 반입하고 있다.

Box 1-7 대륙횡단철도, 고속도로, 자율주행 트럭

철도는 석탄처럼 무거운 물품을 탄광에서 강이나 바다까지 어떻게 하면 효율적으로 옮기느냐 하는 해묵은 문제에 대한 해답이었다. 16세기 무렵 광산에는 간단한 목재 레일이 깔렸고 말이 무거운 광차를 끌었다. 1750년부터는 목재보다 내구성이 뛰어난 철제 레일을 쓰기 시작했다. 철도는 경제발전에 영향을 주었다. 유럽에서는 국가가 철도를 발달시켰고 미국에서는 철도가 나라를 발전시켰다. 철도가 산업발전을 가장 촉진시킨 분야는 석탄산업과 철강산업이었다. 철도는 석탄 가격을 낮추어 시민들이 석탄을 주택 난방에 쓸 수 있게 하였다. 철도는 운송비용을 줄이고 시간을 단축해 상인과 기업들은 재고를 줄이게 되었다. 1830년대에는 선원이나 군인을 제외하고는 고향을 떠난 경우가 극히 드물었으며 특히 신선식품은 현지에서 생산된 것만 접할 수 있었다. 그러나 철도가 개통되자 신선한 야채, 우유 등이 대도시에 공급됨으로써 도시 주민의 삶이 획기적으로 개선되었다.

노벨 경제학상 수상자인 더글러스 노스(Douglas North)에 의하면 미국의 경제성장의 견인차는 대륙횡단철도의 건설이었다. 대륙횡단철도의 건설로 각 주의 주요 도시는 서로 연결되었으며, 처음 식민지가 건설된 동부지역과 서부지역이 연결되었다. 그로 인해 북미 대륙은 하나의 경제권으로 통합되었다. 그 이후에 20세기 후반기 들어 자동차가 대중화됨에 따라 전국에 고속도로 건설 붐이 일어났으며, 이에 따라 주를 넘어서 이동하는 물류운송수단으로서 트럭운송이 물류의 중심수단으로 부상하고 있다. 최근에는 전기자동차회사인 테슬라가 자율주행 트럭을 개발하고 있어 주목의 대상이 되고 있다. 자율주행 트럭이 상용화되면 기차와 같이 트럭들을 서로 연결하여 운송함으로써 기차를 활용한 운송과 같이 대규모 운송이 가능해지는 장점이 있다. 이는 door to door 서비스와 대량운송이 결합되어 미래의 운송방식이 될 가능성이 있다.

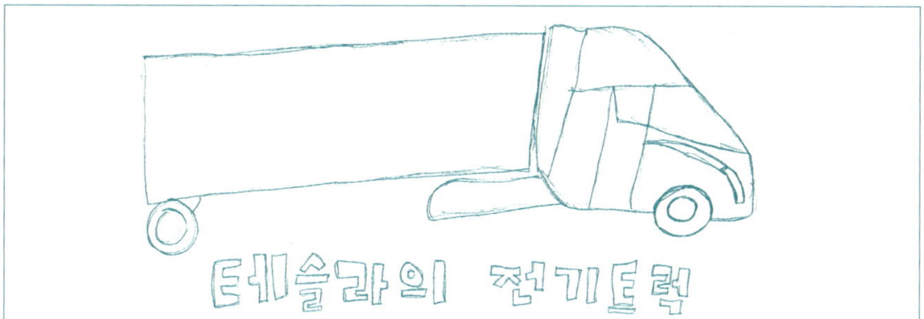

출처 : 크리스티안 월마(배현 역), 『철도의 세계사 : 철도는 어떻게 세상을 바꾸어 놓았나』, 다시봄, 2019, p.30, p.337, p.350.

2) 물류현황

미국은 물류업체의 서비스가 충실한 지역이다. 수송네트워크와 물류정보 시스템이 충실하며, 제3자 물류와 같은 새로운 유형의 서비스에도 전문화된 지역이다. 미국은 트럭과 함께 철도수송이 원활한 지역이다. 특히 미국은 대륙횡단철도의 건설과 함께 지방색이 강했던 여러 주들이 단일 경제권으로 통합되었다. 20세기 중반에 들어서는 자동차 공업의 부흥과 함께 도로교통도 활성화되었다.

(1) 미국의 철도운송

북미의 지리적 특징인 광활한 영토, 장거리운송로, 산업의 지역분산 등은 운송사업에 영향을 미쳤다. 예를 들어 태평양 해안의 시애틀은 보잉항공사와 마이크로소프트사가 자리 잡은 곳이며, 디트로이트 시는 오래전부터 자동차공업의 메카였다. 또한 오대호 연안은 밀 등 주요 농산물의 집산지이다. 이처럼 산업이 여러 지역으로 분산되자, 주간 통상(inter-state commerce)을 위하여 철도운송은 장거리운송 중심으로 조직화되었다. 예를 들어 철도운송은 규모의 경제를 실현하기 위해서 전용열차, 이단적열차(Double Stack Train ; DST), 40피트 컨테이너 등이 활용되고 있다.[7]

한편 미국에서는 해상운송의 선박회사와 육상운송의 철도회사 간 협조관계가 이미 19세기 말에 이루어졌다. 1950년대 초 미국에서는 컨테이너가 도입되기 훨씬 이전 벌크화물 운송을 위한 전용열차가 운행되었다. 1980년 초에 미국 철도회사들은 복합운송에 주목하였으며, 1980년 스태거스 철도법(The Staggers Rail Act)이 제정되면서 철도산업에 대한 규제가 완화되자[8] 철도회사는 트럭과의 중장거리 경쟁에서 우위를 차지하고자 이단적열차(DST)를 새로이 도입하였다. 이는 한 화차에 컨테이너를 2단으로 적재하여 운송량을 2배로 증가시킨 혁신적인 운송방법이다.[9] 이단적열차(DST)는 40피트 컨테이너 10개를 1량으로 하고, 그 같은 것을 15량 내지는 20량, 최대 28량까지 연결하여 운행한다. 이것은 컨테이너 전용열차로 운행되기 때문에 차량편성을 변경하지 않고 최종 목적지까지 운송한다.[10]

용어 설명

TOFC 방식과 COFC 방식

TOFC(Tail On Flat Car) 방식

컨테이너를 트레일러와 함께 철도화차 위에 적재하여 운송하는 방식으로 트레일러에서 컨테이너를 싣고 내리는 번거로움을 없애고 시간을 단축하는 효과가 있다. 반면 화차 위의 화물 높이가 높아져서 터널을 통과할 때 어려움이 있다. 미국에서 많이 사용하는 방식이나 최근 이단적재열차가 등장하면서 이용도가 낮아졌다.

COFC(Container On Flat Car) 방식

섀시를 분리한 컨테이너 화물을 철도화차에 얹어 운송하는 방식으로 이단적을 가능하게 하는 장점이 있다. 우리나라에서는 철도운송에 이 방식을 주로 이용한다.

출처 : 오원석 · 양정호, 『국제운송물류』, 탑북스, 2011, p.254, p.260.

(2) 미국의 컨테이너 도로운송

미국 내륙에 있는 수하인 문전까지 LCL(less than a container)화물[11]을 운송하는 데는 도로운송이 철도운송보다 유리하다. 철도운송에서 LCL 화물은 철도 터미널에서 철도의 화차 또는 트레일러에 적재되어 목적지 터미널에서 하차되어 분류한 뒤에 시내 배달용 트럭에 환적되어 최종 수하인 문전까지 배달되므로 시간이 상대적으로 많이 걸린다. 이에 비하여 트럭운송의 경우는 터미널에서의 이와 같은 작업이 필요치 않고, 보다 원활하게 송하인 문전에서 수하인 문전까지 door to door 서비스를 제공할 수 있다. 더구나 20세기 중반에 이르러 미국 전역에 고속도로망이 건설되어 도로운송의 활용률이 높아지게 되었다.

(3) 캐나다의 컨테이너 내륙운송

캐나다의 내륙운송망은 캐나다 인구 분포를 반영하고 있다. 캐나다는 태평양 연안의 벤쿠버, 5대호, 센트로렌스강 유역 주변에 인구가 밀집해 있는 지리적 조건으로 인해 동쪽의 밴쿠버, 서쪽의 몬트리올을 연결하는 장거리 철도운송이 주종을 이루고, 도로운송은 도시 주변의 근거리운송에 머무르고 있다. 그 특징은 다음과 같다.

첫째, 동서 간의 철도운송은 캐나다 국유철도(Canadian National Railways)와 캐나디안 퍼시픽 철도(Canadian Pacific Railway)가 독점하고 있다.

둘째, 캐나다에서는 미국과 같이 트럭회사가 선박회사의 해상컨테이너를 TOFC 방식으로 운송하는 것을 금지하고 있으므로, 트럭회사가 장거리운송에 진출하는 것이 법적 · 제도적으로 어려운 환경이다.

셋째, 미국에서는 TOFC 방식이 주류를 이루는 데 비해 캐나다에서는 오대호 주변과 동서양안 제항을 연결하는 운송이 80% 전후를 점유하고 있기 때문에 COFC 방식이 주류를 이루고 있다.

4.3 유럽의 국제물류

1) 특징

유럽은 세계 최대의 경제권이지만 나라마다 정책이 다르다. 따라서 상류와 물류 모두에 국가 간의 장벽이 존재한다. 이 장벽을 제거하려는 것이 유럽연합(EU)이다. EU는 국가단위로 편성되어 있던 물류시스템을 하나의 단일 시장으로 통합하려 하고 있다. 이를 위하여 물류거점의 집약화를 시도하고 있다. 물류거점이 집약되면 국경 통과시간이 단축되므로 국가별 물류거점 배치에서 여러 국가를 대상으로 한 물류거점 배치로 전환하고 있다.[12] 그리고 생산거점에도 변화가 이루어지고 있다. 생산거점도 집약화 재배치가 이루어지고 있다. 또한 물류업자 간 경쟁이 치열해지면서 수송비용도 감소하고 있다.

2) 물류현황

유럽지역의 특성을 북미지역과 비교해 보면, 유럽지역의 경우 미국의 1/4에 불과한 면적에서 거의 50%나 더 많은 인구가 살고 있다. 유럽 내에서는 주요 도시와 주요 생산지 간의 거리, 항구와 내륙 배후지 간의 거리가 미국에 비해 매우 짧다. 따라서 유럽의 도로 및 철도망은 인구분포에 따라 매우 밀집되어 있다. 이 결과 유럽의 수출입업자들은 장거리운송에 의한 규모의 경제보다는 융통성이 있고, 빈도수가 많은 물류서비스를 선호하며, 20피트 컨테이너가 유럽 내 복합운송의 주류를 이루고 있다.[13]

유럽은 역사와 전통이 살아 숨쉬는 유럽문명의 발상지이다. 따라서 자존심이 센 지역이기도 하다. 따라서 유럽 시장에서의 판매를 목적으로 유럽 현지에 공장을 짓는 경우 성공이 쉽지 않다. 기술력을 살린 특수한 제품을 생산하는 기업들은 성공하는 경우가 많지만 범용상품을 대량생산하는 기업의 경우에는 성공하는 경우가 많지 않다.[14] 물류거점은 바다를 접하고 있는 네덜란드와 벨기에 등에 설치되어 있다. 또한 항만과 내륙 배후까지의 화물운송체계가 잘 발달되어 있다. 유럽은 지정학적 여건 및 설비투자로 항만, 내륙수운, 철도, 도로 등 다양한 운송수단을 개발하여 왔으며, 일찍부터 경쟁력 제고를 위하여 물류합리화를 추진해 왔다. 유럽 내 주요 항만의 배후지역은 자국 영토뿐만 아니라 인접국가의 내륙까지 포함하고 있으며, 운송수단도 철도, 도로, 내륙수운 등의 수단을 적절히 이용하고 있다.

원활한 국제 컨테이너 운송 실현을 도모하는 경우에 문제는 복합운송 특성상

국제운송과 국내운송을 어떻게 조화시키는가이다. 유럽의 철도 시스템은 구조적인 문제에 시달리고 있다. 예를 들어 동유럽과 스페인은 철도 폭이 다르고 경고신호, 여객열차에 양보하는 신호 등 EU회원국 신호체계가 서로 다르고, 기술표준 및 운행규칙이 다르다. 따라서 철도 간에 별도의 협정을 맺지 않으면 국경을 통과할 때마다 기관차 승무원을 교체하고 운송서류를 새로 작성해야 하는 번거로움이 있다.[15] 유럽연합(EU)이라는 단일 경제통합체에 소속되어 있기는 하지만, 여러 회원국들이 주권을 갖고 있는 유럽에서는 국제운송과 국내운송의 접점이 각 연안국 항만지역의 컨테이너 터미널에 한정되지 않고, 항만지역 통과 후에도 여전히 국제운송이 계속되어 최종 목적국의 국경을 넘을 때에 비로소 국내운송으로 전환되는 특징을 갖고 있다.[16]

요약

물류는 과거에서부터 현재까지 중요한 역할을 수행하고 있다. 예를 들어 몽골 군대는 유럽과 아시아에 걸쳐 가장 영토가 큰 몽골제국을 건설하였다. 몽골 군대는 기마병을 운용하였으며, 기마병의 기동성으로 상대방의 의표를 찔렀다. 알렉산더 대왕 역시 군수품 보급에서 상대방을 압도하였다. 당시 군대 조직은 전투장비 보급품의 공급을 위하여 보급부대를 별도로 두었다. 그러나 알렉산더 대왕이 이끄는 마케도니아 군에서는 전쟁물자 보급을 위한 수레 사용이 엄격히 제한되었다. 병사들은 자신의 장비와 보급품을 스스로 휴대하도록 훈련받았다. 이처럼 과거 전쟁에서는 신속성이 승패를 가름하였다. 오늘날에도 신속성은 기업의 성패를 가름하는 중요한 요소이다. 글로벌 기업들은 글로벌 생산계획을 수립하고 가장 최적의 생산거점이 어디인지 파악한 뒤에 그곳에서 생산을 하고, 그 주위 국가들이나 글로벌 시장에 판매를 한다. 예를 들어 자동차산업의 경우 부품을 해외에서 생산하고, 이를 모국이나 해외 생산거점의 완성차 공장에서 조립하여 최종 생산품을 글로벌 시장에 수출한다. 부품 수입을 해외로 다변화함에 따라 모국의 본사와 해외 부품협력업체 간의 물류가 증가할 수밖에 없다. 그리고 물류가 신속할수록 가격이 저렴해지므로 물류의 중요성이 커지고 있다. 미국은 트럭과 함께 철도수송이 원활한 지역이다. 유럽은 세계 최대의 경제권이지만 나라마다 정책이 다르다. 따라서 상류와 물류 모두에 국가 간의 장벽이 존재한다. 이 장벽을 제거하려는 것이 유럽연합(EU)이다. EU는 국가단위로 편성되어 있던 물류시스템을 하나의 단일 시장으로 통합하려 하고 있다. 이를 위하여 물류거점의 집약화를 시도하고 있다. 물류거점이 집약되면 국경 통과시간이 단축되므로 국가별 물류거점 배치에서 여러 국가를 대상으로 한 물류거점 배치로 전환하고 있다.

연습문제

토론주제

1. 세계화의 의미에 대하여 토론하시오.
2. 물류의 중요성에 대하여 토론하시오.

일반문제

1. 국제분업생산체제에 관하여 설명하시오.
2. 모바일 혁명에 대하여 설명하시오.
3. SCM에 대하여 설명하시오.
4. FDI를 설명하시오.
5. 북미물류 특징을 설명하시오.
6. 아시아물류 특징을 설명하시오.
7. 유럽물류 특징을 설명하시오.
8. 스테거스 철도법에 대하여 설명하시오.
9. TOFC에 대하여 설명하시오.

10. COFC에 대하여 설명하시오.

11. DST에 대하여 설명하시오.

12. LCL 화물에 대하여 설명하시오.

심화문제

1. Hub-Spoke system에 대하여 설명하시오.
2. GSCM에 대하여 설명하시오
3. 자율주행 트럭에 대하여 설명하시오.
4. 신흥시장(EM)에 대하여 설명하시오.
5. Reverse Innovation에 대하여 설명하시오

참고문헌 및 미주

1. 박명섭, 『국제물류의 이해』, 제4판, 법문사, 2016, p.iii.
2. 장성기, 『물류관리론』, 제2판, 2018, 두남, p.44.
3. 국가 간 무역으로 이동할 수 없는 재화나 서비스를 비교역재라고 한다. 과거에는 사람들이 다른 나라로 가는 것이 허용되지 않았다. 심지어 봉건시대에는 자기가 속한 장원을 떠날 수도 없었다. 하물며 타국에 간다는 것은 상상하기 어려웠다. 오늘날 해외여행시대에는 상상하기 어려운 시대였다.
4. 정용균, 「아세안 BOP시장 진입을 위한 제품개발전략 : Frugal Innovation을 중심으로」, 『동남아연구』, 한국외국어대 동남아연구소, 제29권 제1호, 2019, pp.35~59.
5. 유아사 카즈오, 『알기 쉬운 물류관리론, 기본과 상식』(박명섭 · 조종주 · 한낙현 역), 우용출판사, 2013, p.214.
6. 유아사 카즈오(2013), p.216.
7. 유아사 카즈오(2013), p.216.
8. 우정욱 · 안준용 · 박영태, 「미국 철도화물 운송시장 구조변화분석」, 『국제상학』 제25권 제4호, 2010.
9. 이단적열차는 하중이 차륜에만 쏠리기 때문에 한 개의 플랫폼(카)에 싣는 40피트 컨테이너 2개에 채우는 화물의 양을 1만 파운드, 톤수로는 45톤으로 제한하고 있다. 이단적열차(DST)의 특성은 플랫카의 양쪽에 벌크헤드가(bulk head)가 설치되어 상하의 컨테이너를 고정시키는 역할을 하며, 또 다른 한

가지 형태로 플랫카의 양 끝에 벌크헤드 없이 컨티이너만을 상하로 이단적하는 방식이 있다. 위의 방식들의 주요 특징은 차량이 매우 가볍다는 것이며, 철도레일에 근접하도록 화차 바닥면이 낮게 오목하게 설계되어 있어 오목하게 설계된 부분에 컨테이너를 적재함으로써 터널을 통과할 수 있는 높이를 유지하였다.

10. 미국의 LA에서 시카고 구간의 운송에서는 1일의 평균 주행거리가 종래에 비해 대략 3배 가량인 것으로 나타나고 있다.

11. LCL(less than a container)화물. 혼재화물이라고 한다.

12. 유아사 카즈오(2013), p.218.

13. 이종인, 「지리적 여건이 국제복합운송에 미치는 영향에 관한 연구 : 북미지역과 EU지역 내륙운송을 중심으로」, 『인문사회과학논총』, 2006, pp.7~10.

14. 유아사 카즈오(2013), p.219.

15. 임석민, 「유럽대륙의 복합운송」, 『한국해운학회지』, 제29호, 1999, p.273.

16. 이종인(2006), pp.7~10.

1. 물류이론의 변천

2. 물류의 정의, 목적, 기능

3. 공급사슬관리

4. 협업과 경쟁

물류이론과 SCM

기업은 핵심 역량에 중점을 두고 나머지 부분은 아웃소싱해야 한다.

— **게리 하멜**(경영학자)

국제무역에서 물류는 매우 중요한 부분을 차지하고 있다. 일찍이 18세기에 아담 스미스는 『국부론』에서 국제무역으로서의 물류운송을 언급한 바 있다. 물류라는 개념은 물적 유통(physical distribution) 개념에서 출발하였고, 이는 로지스틱스(logistics)라는 개념으로 진화하였으며, 공급사슬관리(SCM)라는 개념으로 다시 변천하고 있다. 최근에는 제4차 산업혁명이 진행되면서 빅데이터, 드론, 자율주행 로봇, 블록체인 등 새로운 기술이 도입되고 있다.

1. 물류이론의 변천

물류라는 개념은 원래 영어의 physical distribution을 '물적 유통'으로 직역한 데서 기원하였다. 그리고 '물적 유통'을 줄여서 물류라고 한 것이다. 마치 금융이라는 용어가 자금 융통에서 비롯된 것과 유사하다. 현재도 물류라는 용어는 빈번히 사용되고 있으며, 우리말에 정착된 상태이다. 물류는 생산된 물품이 최종 소비자에게 전달될 때까지의 필요한 모든 활동이라고 정의할 수 있다. 1990년대 말에는 물류라는 용어 대신에 로지스틱스(logistics)라는 용어가 나오기 시작하였다.

로지스틱스라는 용어는 프랑스어인 logistique에서 파생된 용어이다. 그 어원은 loger인데 영어의 lodge라는 단어와 의미가 같다. 모두 군대에서 병사들이 막사를 치고 취사를 하는 宿營을 의미하는 단어이다. 19세기에 오면서 전쟁의 범위가 확대됨에 따라 보급 관련 업무는 시설 건설, 보급루트 개설 등으로 확대되어 전체적으로 그것들을 관리할 필요성이 제기되었다.[1] 로지스틱스는 기존의 물류라는 개념을 좀 더 확장한 원자재 및 부자재의 조달, 제품의 생산 · 판매 · 반품 · 회수 및 폐기에 이르는 생산의 전 과정을 이르는 개념이다.[2] 그러다가 21세기에 들

Box 2-1 자동차산업의 네트워크 경쟁

1. 완성차업체와 협력업체

자동차산업의 경쟁은 완성차업체인 폭스바겐, 도요타, 현대 간의 경쟁이 아니다. 자동차산업은 내연기관 자동차의 경우 부품이 약 10만 개가 소요된다. 이 많은 부품을 완성차업체가 모두 생산한다는 것은 비효율적이다. 따라서 보통 자동차산업은 하나의 완성차업체와 수천 개의 협력업체들로 구성되어 있다. 협력업체들은 다시 직접 자동차 부품을 공급하는 1차 협력업체들과 1차 협력업체에 원자재를 공급하는 2차 협력업체 등으로 구성되어 있다. 예를 들어 보자. 타이어는 그 자체가 하나의 완성품이지만, 자동차 산업에서는 하나의 부품이다. 그리고 타이어를 만드는 주 재료는 고무이다. 따라서 자동차산업에서는 타이어회사는 1차 협력업체, 말레이시아의 고무 농장은 2차 협력업체가 될 것이다.

2. 협업(collaboration)

지금까지 경영학 이론이나 경제학 이론에서 가장 존중되어 온 개념은 경쟁(competition)이라는 개념이었다. 경쟁이 될수록 가격은 저렴해질 것이고, 결국 소비자는 비싼 물건을 안 사도 되니 후생적 차원에서 바람직하다고 보았다. 그러나 네트워크 간 경쟁시대가 되다 보니, 네트워크 밖의 라이벌 기업과는 경쟁을 해야 하지만 네트워크 내의 기업들과는 긴밀한 협업을 해야 한다.

3. 네트워크 경쟁

자동차는 10만 개의 부품의 품질이 좋아야 고장 없이 탈 수 있다. 하나라도 부품에 문제가 생기면 그 자동차는 결함이 있게 된다. 따라서 독일의 폭스바겐, 일본의 도요타 자동차, 한국의 현대자동차 간의 경쟁은 단순히 세 회사 간의 경쟁이 아니다. 오히려 폭스바겐자동차 네트워크, 도요타자동차 네트워크와 현대자동차 네트워크 간의 경쟁이다. 공급사슬관리 기법은 이러한 네트워크 내의 공급사슬을 관리하는 기법이라고 할 수 있다.

어서는 공급사슬관리(supply chain management ; SCM)라는 새로운 물류 개념이 출현하였다. 이러한 새로운 개념이 등장하게 된 것은 인터넷의 출현으로 세계 경제가 글로벌화되면서 원자재 공급자, 제조업체, 유통업체 등을 하나의 네트워크 내에 포함시켜, 경쟁이 기업 대 기업 간 경쟁이 아니고, 네트워크 대 네트워크 간의 경쟁으로 변화했기 때문이다.

1.1 물류

물류는 운송, 보관, 포장, 하역, 유통가공, 물류정보기능을 통합한 개념이다. 과거에는 주로 운송을 중심으로 나머지 기능이 별도로 존재하였다면, 물류 개념에서는 이러한 중요 요소들을 하나의 개념으로 통합한 것이다. 즉, 전통적 개념에서는 운송업, 보관업, 하역업 등은 운송회사, 창고회사 등이 활동하는 별개의 영역이었다. 그러나 물류에서는 이를 전체적으로 하나의 흐름으로 파악하고 있다.

1.2 로지스틱스

로지스틱스는 물류 개념에 원자재 조달 활동과 생산관리를 통합한 개념이다. 과거에는 물류와 원자재 조달 활동은 별개의 영역이었다. 왜냐하면, 원사재 조달 활동은 기업이 주도적으로 수행하는 기업 내부의 활동으로 보아 물류활동과는 다른 성질의 개념으로 파악했기 때문이다. 더구나 생산관리는 기업 내부에서 일어나므로 당연히 기업 내부 활동으로 보았다. 그러나 로지스틱스에서는 기업 전체적 관점에서 이들이 모두 유기적으로 연결되어 있다는 생각에서 원자재 조달도 로지스틱스 범위에 포함시켰다.

1.3 공급사슬관리

공급사슬관리는 조달기업, 생산기업, 유통업체, 소비자 모두를 하나로 통합하여 모두가 승자가 되도록 전체적 차원에서 관리하는 개념이다. 공급사슬관리에서는 원자재를 공급해 주는 기업과 생산기업 간의 관계를 중시한다. 생산기업이 제대로 소비자들에게 어필할 수 있는 물건을 생산하기 위해서는 유통기업을 통하여 소비자들의 취향을 알아야 할 것이다. 따라서 유통기업과 생산기업은 서로 남이 아니며 공동운명체인 것이다. 그리고 소비자는 최근 프로슈머로 변하고 있어서 이들 역시 하나의 네트워크의 구성요소로 파악하고 있다.

그림 2-1 물류의 구성요소

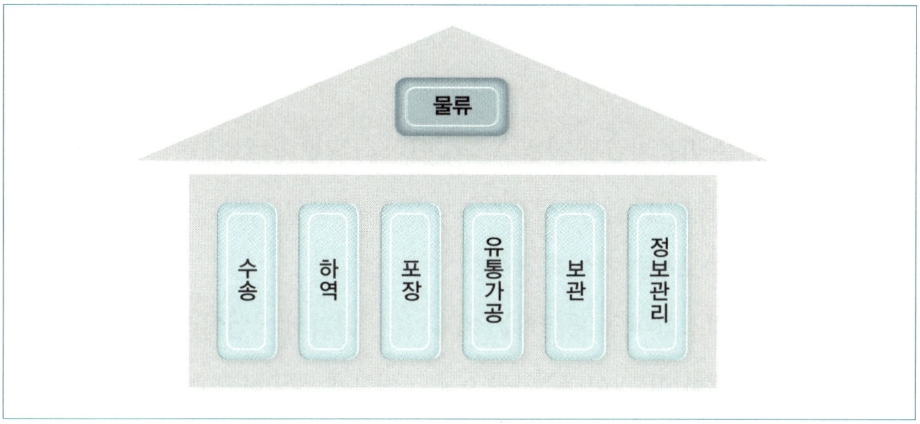

2. 물류의 정의, 목적, 기능

2.1 물류의 정의

첫째, 물류는 생산한 물품이 최종 소비자에게 전달될 때까지의 필요한 모든 활동이라고 정의할 수 있다.

둘째, 로지스틱스는 기존의 물류라는 개념을 좀 더 확장하여 원자재 및 부자재의 조달, 제품의 생산, 판매, 반품, 회수 및 폐기에 이르는 생산의 전 과정을 이르는 개념이다.

셋째, SCM은 원자재 공급자, 제조업체, 유통업체 간 물자와 자금, 정보를 통합하여 최적화하는 전략 개념의 종합경영 물류활동이라 정의된다.[3] 미국마케팅협회에 의하면 물류란 생산 단계에서 소비 및 이용 단계에 이르기까지 정보를 포함한 상품의 이동 및 취급을 관리하는 것으로, 최근에는 정보의 흐름 통제가 중요해지고 있다.

2.2 물류의 목적

물류의 목적은 비용절감과 서비스 향상이라고 말할 수 있다. 다시 말하면, 경쟁기업보다 낮은 물류비용으로 경쟁기업과 차별화된 서비스를 제공함으로써 기업의 경쟁우위를 확보하는 것이 목적이다.

첫째, 물류서비스의 제공 담당자는 기업이다. 따라서 기업이라면 모름지기 이윤극대화에 노력해야 할 것이다. 만약 이윤극대화에 성공하지 못한다면, 기업은 부도가 날 것이고 해체될 것이다. 따라서 기업이라면 이윤을 극대화해야 하며, 이를 위해서는 비용을 최소화해야 한다.[4]

둘째, 물류서비스는 지속적으로 개선되어야 한다. 이는 다시 말해서 서비스 향상이라고 말할 수 있다. 물류서비스의 수요자는 소비자들이거나 고객들이다. 경제학 정의에 의하면 소비자는 효용을 극대화한다. 그런데 인간의 욕망은 끝이 없다.[5] 그러므로 서비스는 아무리 개선되어도 더 개선될 여지가 있다. 결국 물류서비스의 수요는 질적인 면에서 끝이 없는 것이다.

셋째, 물류의 목적인 비용절감과 서비스 개선은 서로 상충관계에 있다. 왜냐하면 비용을 절감하다 보면 제품의 품질이 낮아지기 쉬우므로 고객 입장에서 보면 서비스 품질이 낮아지게 된다. 예를 들어 보자. 일반 항공사와 저가항공사는 가격에 차이가 있다. 손님 입장에서는 저가항공사를 이용하는 것이 저렴하므로 이를 선호할 것이다. 그러나 저가항공사는 가격이 저렴한 만큼 기내 서비스를 적게 받게 된다.

표 2-1 물류 개념의 변천

구분	물류	로지스틱스	SCM
시기	1970 ~ 1985	1986 ~ 1995	1996 ~ 현재
목적	생산 중심	판매 중심	고객 중심
범위	기능별 효율화	전사 사내물류 중심	공급사슬 전체 회적
수단	자동화	기업 내 정보시스템	기업 간 정보시스템
활용방법	분업화	다품종 소량생산	RFID
화두	자동화	동기화	전문화

2.3 물류의 기능

물류활동의 기능은 크게 5대 기능을 말한다. 즉, 포장기능, 보관기능, 하역기능, 운송기능, 정보관리 기능을 말하며, 유통가공 기능은 하역기능에 포함시키기도 한다.

1) 수송기능

운송기능은 원격지 교역이 특징인 국제무역에서 수출국과 수입국을 잇는 가장 중요한 활동 중의 하나이다.

첫째, 재화를 생산과 소비의 장소적 공간을 연결시키는 활동이다. 국제무역에서는 특히 중요하다. 왜냐하면 생산지와 소비지가 멀리 떨어져 있기 때문에 제때에 소비하기 위해서는 운송의 정시성이 필요하다.

둘째, 운송은 수송과 배송의 수배송과 같은 개념이다.

셋째, 선박, 항공기, 철도 등을 유기적으로 연계하는 복합운송이 중요해지고 있다.

2) 하역기능

하역기능은 국제무역에서 중요한 기능을 차지한다.

첫째, 목적항에 도착한 선박이나 항공기 등 운송수단에서 화물을 선적하거나 내리는 것, 물류센터에서 입고하거나 출고하는 작업, 피킹(picking), 분류 작업 등의 물류활동을 말한다.

둘째, 운송, 보관, 포장 사이에 물자의 취급과 관련한 지원 보조 활동을 말한다.

셋째, 제4차 산업혁명 시대를 맞이하여 로봇을 통한 하역운반 작업이 중요해지고 있다.

3) 포장기능

물류활동의 기능 중에서 기본적인 기능으로는 포장기능을 들 수 있다.

첫째, 포장은 생산과 소비를 연결시킨다. 물품의 생산업체가 물품을 생산하면 이는 최종적으로 소비자가 소비하게 된다. 그런데 공장에서 소비자에게 도달하기 위해서는 포장단계를 거쳐야 한다. 예를 들어, 생산은 대량생산 형태를 가지는 데 비해서 소비자는 일정 부분 소량을 소비하므로 생산물을 낱개로 포장해야 할 것이다. 또한 포장을 통해서 브랜드 네이밍을 하게 된다.

둘째, 포장은 생산의 종착점이자 물류의 출발점이다. 생산이 완료되면 비로소 여러 단계의 물적 유통단계를 거치게 되는데, 이때의 출발점이 포장이라고 할 수 있다.

셋째, 포장은 표준화, 모듈화, ULS가 중요하다.[6]

4) 보관기능

보관기능은 내부적으로 여러 가지 기능을 만족시킨다.

첫째, 재화를 물리적으로 보존하는 것을 말한다.

둘째, 생산과 소비라는 두 가지 다른 시점의 차이를 조절하는 중개기능을 수행한다. 제품이 생산된다고 하더라도 바로 소비된다는 보장이 없다. 더구나 국제무역의 경우에는 지리적으로 먼 지역으로 보내야 하므로 당연히 생산시점과 소비시점이 다를 수밖에 없다. 이때 보관은 생산과 해외 소비를 연결시켜 준다.

5) 유통가공 기능

첫째, 고객의 요구에 부응하기 위한 가공, 재포장, 조립, 다듬기, 원산지 표시 등 상품의 부가가치를 높이기 위한 제반 활동을 말한다.

둘째, 소비자의 기호가 다양해지고, 기업 간 경쟁이 치열해짐에 따라 과거에 비하여 유통가공 기능이 중요해지고 있다.

셋째, 소비자 선호는 양에서 질로 바뀌고 있어서 더욱 유통가공 기능이 중요해지고 있다.

셋째, 유통가공 기능은 소비자 취향이 다양해지고 소비자 주권이 강해짐에 따라 점차 소량화 · 다양화 방향으로 나아가고 있다.

6) 정보관리 기능

현대에 올수록 정보통신기술의 발달로 인해서 상품과 정보가 통합되고 있다.

첫째, 정보시스템을 활용하여 생산과 소비 사이의 간격을 보완하는 지원활동을 한다. 예를 들어 싱가포르 항구는 컨테이너선이 도착하는 시간에 컨테이너를 싣고 갈 트럭들이 도착하도록 트럭회사와 정보통신기술을 활용하여 연계한다.

둘째, 현대에 와서는 정보통신기술을 활용하여 SCM을 시행하고 있다.

셋째, 대표적인 물류정보 시스템으로는 WMS(Warehouse Management System)가 있다.

Box 2-2 물류의 기능

1. **수송** : 지체하지 않고 계속 움직이는 것이 필요
2. **하역** : 화물을 운송수단에서 선적하고 하역하는 기능
3. **포장** : 수송 · 보관하고 있는 화물을 보호하는 기능
4. **유통가공** : 상품에 브랜드 표시를 붙이거나 수입상의 요구대로 포장
5. **보관** : 가능한 한 보관시간을 줄여서 배송의 신속성을 제고
6. **정보관리** : 상품과 정보를 하나의 패키지로 파악

출처 : 유아사 카즈오, 『알기 쉬운 물류관리론』(박영섭 · 조종주 · 한낙현 역), 우용출판사, 2013, p.218.

2.4 물류의 범위

1) 조달물류

조달물류는 협력업체로부터 원자재와 부자재를 구매 조달하여 자재창고에 보관하고 있다가 생산공정에 투입하기 직전까지의 물류활동을 말한다. 예를 들어 소갈비로 유명한 음식점이 있다면 소갈비의 품질이 매출을 좌우할 것이다. 따라서 음식점 입장에서는 소 도축장과 긴밀한 관계가 중요해질 것이다.

2) 생산물류

생산물류는 원료, 원자재, 부자재 등을 생산공정에 투입하는 시점부터 제품이 생산 · 포장되어 나올 때까지의 물류활동을 말한다.

3) 판매물류

판매물류는 공장 또는 물류센터에서 출하되어 거래처 매장 고객에게 인도될 때까지의 물류활동을 말한다. 사실상 물류활동이라고 하면 주로 이 부분이 언급된다.

4) 사내물류

사내물류는 사외물류에 대응되는 개념이다. 생산공장의 사내물류는 공장 내에서 이루어지는 조달, 생산, 제품물류를 의미한다. 사내물류는 생산공장의 완제품 출하부터 물류센터 및 배송센터에 도착하기 전까지의 물류활동과 물류센터 창고 내에서의 입출고 보관활동을 말한다. 최근 로봇을 활용한 물류창고 내의 정리 및 분류 작업도 이슈가 되고 있다.

5) 리버스 물류

리버스 물류(reverse logistics)란 반대방향으로의 물류라는 의미이다. 회수물류의 3대 영역은 반품물류, 폐기물류, 회수물류이다.[7] 환경물류가 중요해짐에 따라 폐기물의 처리가 중요해지면서 리버스 물류가 중요해지고 있다.

6) 반품물류

반품물류란 고객이 공급된 제품을 교환, 환불, 수리 등의 이유로 판매자 또는 공급자에게 되돌려 보내면서 발생하는 물류이다.

7) 회수물류

첫째, 회수물류란 출하된 상품이나 포장용기 등을 다시 거두어들이는 물류활동을 말한다.

둘째, 팔레트나 컨테이너 빈 용기 등 재사용 가능한 제품을 회수하려는 물류활동을 말한다.

8) 환경물류

첫째, 환경물류(environment logistics)란 환경을 고려한 친환경 물류활동을 말한다.

둘째, 원재료의 탐색에서부터 최종 소비에 이르기까지의 과정과 사용 후 재활용, 폐기에 이르기까지의 물류 전 과정을 통하여 환경유해요소를 원천적으로 제거하거나 최소화할 수 있는 각종 활동을 말한다.

셋째, 녹색물류(green logistics)란 제품이나 서비스의 생산, 유통, 판매, 폐기에 이르기까지 전 기간 동안 모든 물류활동을 지구의 지속가능성에 입각하도록 설계하는 것을 말한다.[8]

3. 공급사슬관리

3.1 SCM 기본 개념

SCM은 공급사슬관리(Supply Chain Management)를 의미한다. 공급사슬관리는 자동차산업에서 보듯이, 어떤 완제품을 최종 소비자에게 공급하는 데 있어 여러 단계를 거치는 경우 주로 활용된다. 예를 들어 보자. 자동차회사가 자동차를 생산하기 위해서는 이천 개가 넘는 협력업체로부터 부품을 조달받아야 한다. 왜냐하면, 승용차 한 대 생산하는 데 들어가는 부품 수가 10만 개 정도 소요되는데 현대나 쌍용 같은 완성차업체가 이 부품 10만 개를 모두 생산하기에는 너무 비용이 많이 들어가고 규모의 경제를 실현하기 어렵기 때문이다. 따라서 완성차업체는 부품을 외부에서 조달한다. 완성차의 품질은 결국 협력업체가 공급하는 부품의 품질에 달려 있다. 즉, 생산에 참여한 기업들 간 협력이 있어야 우수한 품질의 자동차를 생산해낼 수 있다.[9]

그림 2-2

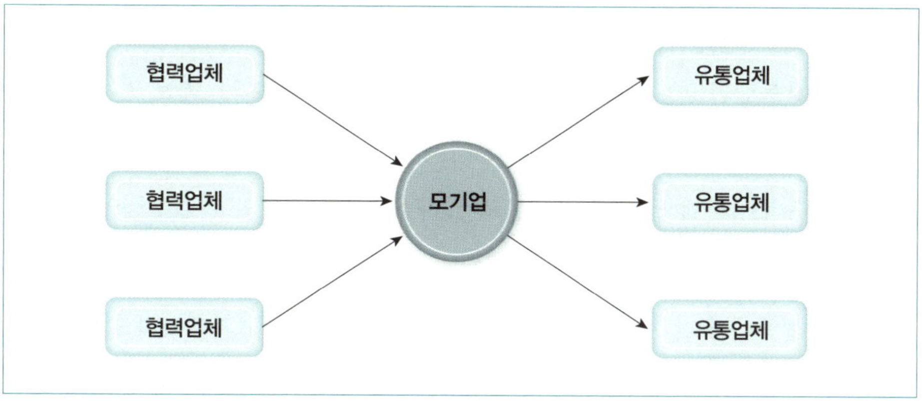

자동차산업은 완성차업체, 1차 협력업체, 2차 협력업체 등으로 구성된다. 〈그림 2-2〉에서 보듯이 2차 협력업체들은 1차 협력업체에 원재료를 공급한다. 예를 들어 보자. 자동차에 반드시 들어가는 부품인 자동차 타이어는 완성차업체 관점에서 보면 1차 협력업체이다. 한편 자동차 타이어의 주재료는 고무이다. 따라서 말레이시아에 있는 고무나무 재배 플랜테이션은 완성차업체 관점에서 보면 2차 협력업체이다. 2차 협력업체로부터 고무를 납품받은 타이어 제조회사는 타이어를 제조하여 완성차업체에 납품한다. 완성차업체는 완성된 자동차를 유통업체를 통하여 이를 최종 소비자에게 판매한다.

3.2 e-SCM 필요성

최근 SCM이라는 용어와 함께 e-SCM이 같이 사용되고 있다. e-SCM은 e-비즈니스 환경에서의 SCM을 의미한다. 즉, SCM의 활동을 인터넷을 기반으로 실시간 신속하고 효율적으로 처리하는 것을 의미한다. 〈그림 2-2〉에서 보듯이 최종재의 품질은 전적으로 완성차업체와 부품업체 간 긴밀한 협력에 달려 있으며, 서로 협력하려면 서로 간 의사소통이 필수적이다. 정보통신기술이 발달하기 전에는 전화나 소포 등으로 서로 간 정보를 전달하였으며, 정보통신기술이 발달한 현재는 인터넷이나 인트라넷을 활용하여 서로 간 정보를 공유한다. e-SCM은 공급사슬관리에 정보통신기술을 활용하는 것을 말한다. 예를 들어 보자. 최근 미국 항공기 제조회사인 보잉사는 전 세계에서 항공기 부품을 납품받고 있다. 우리나라의 항공기회사도 보잉사에 날개를 납품하고 있다. 그러면 고도의 정밀부품인 항공기 날개를 제대로 생산하기 위해서는 보잉사와 한국 항공기 제조회사 간 긴밀하게 실시간으로 협력해야 할 것이다. 이때 정보통신기술이 핵심적 기술이라 할 수 있으며, 이러한 정보통신기술을 융합시켜 SCM 기법을 사용하는 것이 e-SCM이다.

3.3 SCM의 발전단계

1단계 : 물류단계

초기 SCM은 공급사슬 범위 중에서 하위 흐름 공급사슬의 효율성 향상에 중점을 두었다. 이 단계는 창고와 배송을 동시에 고려하여 고객에게 보다 빠른 배송과 재고비용 절감에 주로 중점을 두는 단계이다.

2단계 : 초기 SCM 단계

초기 SCM은 내부 공급사슬의 강화에 중점을 둔다. 이 단계는 조달 · 생산 · 주문 관리기능을 통합하고 강화하는 단계이다. EDI를 본격적으로 사용하여 조달 · 생산 · 주문 관리를 효율적으로 시행하는 단계이다.

3단계 : 통합 SCM 단계

현재 많이 사용되는 SCM이다. SCM 1단계는 창고와 배송의 통합, 2단계는 1단계에 내부로의 원자재 유입인 조달과 제품의 출고(주문관리)가 추가된 것이고, 3단계는 2단계에 원재료 공급사와 고객이라는 경제주체가 양쪽 끝에 추가된 단계이다.

4단계 : 협업 SCM 단계

이 단계는 SCM 3단계에 제품개발 마케팅과 고객서비스 등이 추가되는 단계이다. 이 단계는 공급사슬상의 기업들 간 협업(collaboration)이 매우 중요해지는 단계이다. 이 단계에 들어서면 공급사슬상의 기업들은 각각 핵심 역량으로 무장하고 나머지는 아웃소싱한다. 이 단계에 들어서면 협력업체 간 관계가 더욱 강화된다.[10]

3.4 SCM의 기법

1) QR(Quick Response)

최근 기업들은 고객들에게 신속하게 물품을 배송하기 위하여 물류효율화를 추구하고 있다. 이러한 물류효율화가 중요하게 된 것은 의류산업에서 유행의 주도권이 소비자로 이전함에 따라 납기가 중요해졌기 때문이다.[11] QR(Quick Response)은 '신속대응 보급' 개념으로 1985년 미국의 패션의류산업에서 처음 도입하였으며, 소매업자와 제조업자의 정보공유를 통해 효과적으로 원재료를 조달하여 제품을 제조 · 유통함으로써 재고량을 최소화시키려는 전략이다. 다시 말해서 QR 전략이란, 유통기업과 제조업체가 상호 협력하여 소비자에게 적절한 상품을 적절한 시기에 적절한 양을 제공하는 것을 목적으로 표준상품 코드, 데이터베이스, 전자문서 교환 등의 정보처리기술을 활용함으로써 물류효율화를 실현하는 기법이다.[12]

2) ECR(Efficient Consumer Response)

ECR은 1990년대 초 미국 슈퍼마켓들이 필요한 상품을 필요한 때에 필요한 양만큼 공급받기 위하여 구축한 시스템이다. 요약하면, 소매업체와 제조업체가 서로 적시에 정보를 교환함으로써 이제까지 갖고 있던 안전 분량의 재고를 줄이는 것이다. 사실 재고는 항상 기업체에 부담으로 작용하고 있다. 만약 재고량을 줄일 수 있다면 재고비용의 감소를 통하여 기업 경영에 큰 도움이 될 것이다. ECR을 활용하면 주먹구구식의 대략적 예상에 의한 재고의 과부족을 줄이고 전표를 보거나 문의하는 사무처리 비용도 줄이게 된다.[13] 정보통신기술의 도움으로 유통업체에 물품이 떨어지면 제조업체는 신속하게 물품을 보충해 준다. 이러한 물품 조달의 신속성을 확보하기 위하여 ECR은 EDI와 POS 시스템 등 정보기술을 활용한다.[14]

3) 크로스 도킹(Cross Docking) 시스템

크로스 도킹(Cross-Docking)이란 제조업체와 도매업체, 도매업체와 소매업체 등 공급사슬상의 각종 관련 기업 간 물품이 이동되는 시간을 감소시키기 위해 보관기능 없이 물품을 통과시키는 시스템' 이다. 다시 말해서 크로스 도킹(Cross-Docking)이란 '배송된 물건을 창고에 보관하지 않고 운송과 동시에 바로 소매점별로 분류하여 배송하는 시스템' 이다. 이를 통해 물류창고에서 적체되는 시간을 감소시킬 수 있으므로 당연히 재고보충기간이 짧아지게 된다. 크로스 도킹 시스템은 EDI, 바코드, 스캐닝 기술을 통하여 자동화된 창고관리 및 재고관리를 지원하여 물류 및 조달 체제를 신속하게 하고 있다.[15]

4) VMI(Vendor Managed Inventory)

VMI(Vendor Managed Inventory)란 '공급자 주도 재고관리' 라는 의미로 제조업체가 주도하여 재고를 관리하는 시스템이다. 요약하면 VMI는 제조업체가 유통업체의 상품을 보충하기 위하여 유통업체와 제조업체 사이에서 정보를 교환하는 프로그램이다. VMI를 통해서 유통업체 물류센터에 있는 각종 데이터가 제조업체에게 전달되면, 제조업체가 주도적으로 유통업체의 물류센터로 제품을 배송하고 심지어는 진열까지 하는 SCM 방식의 하나이다. 이때 재고수준은 일정할 필요가 없으며, 상황에 따라 변화하는 고객수요 등에 바탕을 두고 적정한 수준으로 재고를 관리해 준다. 현재 우리나라의 대형 할인점이나 백화점은 대부분 VMI 기법으로 재고를 관리하고 있다.[16]

5) CMI(Co-Managed Inventory)

CMI(Collaborative-Managed Inventory)란 '공동 재고관리'라는 의미이다. 그러나 현실적으로는 유통업체 주도 하에 제조업체가 재고를 관리해 주는 기법이다. 유통업체가 주도한다는 점에서 VMI와 구별된다. VMI가 유통업체의 출고데이터에 기반을 둔 반면 CMI는 소비자의 구매정보에 중점을 둔다는 것이 차별적인 요

Box 2-3

베네통의 QR 성공사례

베네통은 총수요량의 80%에 해당되는 제품은 미리 생산하고, 20%는 판매 시기에 맞추어 생산한다. 이때 20%의 물량공급은 긴급한 신속성이 요청된다. 이를 해결하기 위하여 베네통은 전 세계 여러 국가 소비자들의 선호 스타일, 가격 동향과 관련된 데이터베이스를 구축하고 이를 기반으로 생산 및 판매를 하고 있다. 특히 베네통은 의류의 상당 부분을 염색을 보류한 채 보유하고 있다가, 패션쇼 등 그해 유행할 색상에 대한 의사결정이 내려지면, 최종 염색과정에서 당해연도 소비자 수요에 맞추어 염색을 한다.

아마존의 CPFR 성공사례

미국의 인터넷 서점으로 출발한 유통계의 대기업인 아마존은 출판사들과 협력관계를 구축함으로써 재고비용을 줄이고, 독자들에게 신속하게 책을 공급하는 데 성공하였다. 공급처인 출판사들과 협업을 위하여 아마존은 공동 업무 협약서를 체결하였으며, 공동계획을 수립하고 출판사와 아마존 간 재고보충 계획을 공유하면서 출판사들과 아마존 간의 신뢰도를 제고하는 데 성공하였다.

출처 : 김갑중 · 김철수 · 서우종, 『e-비즈니스원론』, 사이텍미디어, 2004, pp.195~196.

소이다. CMI는 유통업체가 소비자의 수요 예측을 하고 이를 근거로 주문을 하면 이에 따라 제조업체가 제품을 공급하고 재고를 관리하는 기법이다.[17] 과거에는 소비자의 구매정보를 얻기가 어려웠다. 그러나 최근에는 POS 시스템을 통하여 유통업체가 실시간으로 소비자 행동을 알 수 있게 되었다. 유통업체가 자신들이 획득한 소비자 정보를 제조업체와 공유한다는 점에서 차별성이 있다.

6) CPFR

CPFR(Collaborative Planning, Forecasting, and Replenishment)은 '공동 수요 예측, 공급관리 혹은 협력적 계획, 예측, 보충관리'라는 뜻으로 '제조업체와 유통업체와의 협업전략을 통해 상품의 생산, 공급에 있어 공동으로 계획 · 예측하고 상품의 보충을 구현하는 방식'이다. 공급사슬을 구성하는 업체 중에서 어느 한 곳이 주도하게 되면 서로 간의 입장 차이로 문제가 발생할 수 있다. CPFR은 공급사슬 상의 기업들이 공동으로 소비자 수요를 예측하고, 생산을 계획하며, 재고를 보충해나가는 방식이다. 따라서 제조업체와 유통업체 간의 신뢰 구축과 협업을 전제조건으로 한다.[18]

4. 협업과 경쟁

4.1 경쟁패러다임

공급사슬관리 개념이 도입되기 이전에는 과거 패러다임에서 가장 중요한 개념이 경쟁(competition)이었다. 즉, 경쟁이 이루어져야 소비자 복지 차원에서도 바람직한 결과가 도출된다는 것이었다. 다른 말로 하면 독점이나 과점이 이루어지면 담합에 의하여 물건 가격을 올릴 것이므로 소비자들에게는 좋지 않다. 따라서 소비자들 입장에서는 여러 기업들이 경쟁적으로 제품을 공급해야 제품 가격도 저렴해지고, 품질도 좋아질 것이라는 것이다. 경제학의 시조라 할 수 있는 아담 스미스(Adam Smith) 역시 『국부론』에서 비교우위(comparative advantage)론을 토대로 자유무역을 주장하였다. 기업들이 자국에 비교우위가 있는 제품은 수출하고 비교열위에 있는 제품을 수입하면 무역하는 국가들이 모두 이익이라는 것이다. 경제학에서부터 시작한 경쟁의 바람직한 측면은 경영학에도 이어졌다.

미국 하버드 대학교의 마이클 포터(Michael Porter) 교수는 경쟁우위(competitive advantage)라는 개념을 제시하였다. 즉, 기업이 성공하려면 경쟁에서 우위를 가져야 하며, 경쟁에서 우위를 가지려면 시장에서 가격선도자가 되거나 제품 차별화전략을 구사해야 된다는 것이다. 가격선도자란 기술혁신을 통해 지속적으로 경쟁기업보다 제품 가격을 낮출 수 있는 기업을 의미한다. 한편 경쟁우위를 가져올 수 있는 전략의 한 가지는 경쟁회사 제품보다는 어딘가 다른 특성이 부가된 제품을 생산한다는 의미이다. 예를 들어 보자. 치약의 경우 일반회사들의 치약제품이 치아를 닦아주는 기능만을 가진다면, 차별화된 제품이란 이러한 기본적인 기능에다가 치아를 하얗게 하는 미백효과가 있거나, 치주염을 완화시키는 기능을 추가한 제품을 의미한다. 이처럼 기존 회사와는 다른 기능이 첨가된 제품을 생산하는 전략을 제품차별화전략이라 한다.[19] 경쟁패러다임에서는 어떤 전략을 사용하든 최종 목표는 경쟁에서 이기는 것이다.

용어 설명

후생경제학의 제1정리

후생경제학의 제1정리에 의하면 "완전경쟁시장에서의 경쟁균형은 파레토 최적배분을 가져온다". 즉, 국민경제에서 복지 차원에서 국민들에게 바람직한 자원배분이 이루어지려면 시장 자체가 완전경쟁시장에 가까워야 한다는 의미이다. 여기서 파레토 최적배분(Pareto Optimal Allocation)은 이탈리아 출신 경제학자인 빌프레도 파레토(Pareto)가 제시한 개념이다. 이는 생산가능곡선 상에서 한 곳에서 다른 곳으로 이동하기 위해서는 무언가 희생을 해야 된다는 의미이다. 즉, 국민경제에서 한 종류의 생산물을 더 증가시키려면 다른 종류의 생산물의 감소를 가져와야 할 정도로 효율성이 보장되는 경우가 파레토 최적배분이다.

출처 : Hall Varian, *Microeconomic Theory*, Prentice Hall, 1980.

4.2 협업패러다임

공급사슬관리 개념이 도입되면서 공급사슬을 구성하고 있는 회원사들은 서로 경쟁하는 존재라기보다는 협업(collaboration)하는 존재라는 인식을 갖게 되었다. 따라서 기존의 경쟁 개념과는 배치되는 개념이 출현하였다. 같은 공급사슬 내에 있는 생산기업은 유통기업과 면밀하게 협력해야 소비자 취향에 맞는 제품을 생산할 수 있었다. 따라서 생산업체와 유통업체는 경쟁하는 관계가 아니라 서로 협업하는 관계이다. 또 다른 예를 들어 보자. 자동차는 부품 수가 10만 개에 달한다. 글로벌 자동차산업의 현대, 도요타, 폭스바겐 등 완성차업체들은 자동차에 들어가는 모든 부품을 만들지는 않는다. 따라서 완성차 회사는 부품제조회사들과 협력해야 품질이 좋은 자동차를 생산할 수 있다. 아무리 다른 부품이 좋더라도 하나의 부품에 문제가 있다면 자동차는 고장이 날 것이다.

일본의 자동차가 세계시장에 진입할 수 있었던 이유는 고장이 적게 났기 때문이다. 세계시장에서 일본 자동차의 이미지는 "고장 안 나는 차"이다. 그러면 왜 고장이 나지 않을까? 그것은 부품회사들이 장인정신을 가지고 부품을 만들었기 때문이고, 완성차업체와 부품회사 간 신뢰관계가 구축되었기 때문이다. 전자산업도 마찬가지이다. 전자산업 역시 제품 생산에 중요한 부품들이 들어간다. 결국 전자제품의 견고성은 부품의 견고성에 달려 있다. 따라서 전자산업 역시 최종 재화인 전자제품을 생산하는 기업과 부품을 생산하는 기업이 서로 협업관계에 있다. 과거의 경쟁패러다임 시대에는 경비 절감, 생산비 절감 등이 주요 이슈였다면, 협업패러다임 시대에서는 신뢰, 몰입 등이 중요한 개념으로 떠오르고 있다.

그림 2-3 협업패러다임

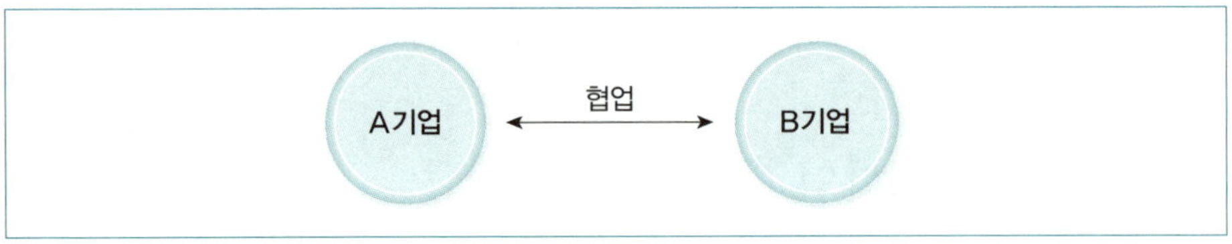

4.3 협력 속 경쟁

최근 글로벌 경제는 국제 분업을 기초로 생산활동이 이루어지고 있다. 다시 말해서 한 기업이 속하는 국민경제 내에서 모든 관련 제품을 생산하지 않는다는 의미이다. 특히 다국적기업들은 자원이나 부품을 조달할 때에 글로벌 관점에서 보기 시작하고 있다. 왜냐하면 세계화가 진척됨에 따라 글로벌 경쟁의 강도가 전례 없이 강해졌기 때문이다. 자동차산업을 예로 들어 보자. 자동차 부품을 조달할 때, 예전에는 국내 부품회사에서만 부품을 조달하였다면, 지금은 전 세계 부품제조업체들을 대상으로 구매활동에 들어간다. 그리고 조사 결과 다른 국가에 속한 기업이 제품 품질도 좋고, 가격이 저렴한 부품을 생산하고 있다면 그 회사에서 부품을 조달하고 있다. 따라서 협력 속 경쟁(copetiton)이라는 개념이 제안되고 있다. 즉, 현재 적대적 관계에 있는 기업에서조차도 부품을 조달하고 서로 협력해야 할지도 모른다. 따라서 동일 시장 내의 기업들을 단순히 흑백논리로 적과 아군으로 구분할 필요가 없다. 과거에 경쟁기업이라고 생각했던 회사로부터 부품을 조달할지 모른다. 예를 들어 보자. 삼성전자는 스마트폰 시장에서 애플과 경쟁하는 관계지만, 이와 동시에 서로 협력관계에 있기도 하다. 왜냐하면 애플의 아이폰 제작에 삼성이 제조한 액정이 들어가기 때문이다. 따라서 삼성전자와 애플은 경쟁관계이면서 협력관계이기도 하다.

용어 설명

Copetition

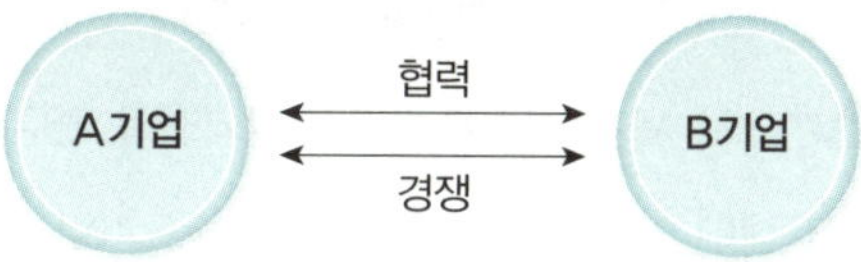

Copetition은 Cooperation과 Competition의 합성어이다. 즉, 현대 글로벌 시장에서는 영원한 적도 영원한 친구도 없다. 따라서 기업들이 글로벌 경쟁 환경에서 살아나기 위해서는 보다 큰 차원에서 비즈니스를 해야 한다. 즉, 협력할 때는 협력하고, 경쟁해야 할 때는 경쟁해야 한다. 과거에는 경쟁이 주요 비즈니스 관계였다면 현대는 경쟁과 협력이 서로 어우려져야 한다는 의미이다. 왜냐하면 기술혁신의 속도가 가속화됨에 따라 전혀 관련도 없는 회사 간에도 경쟁이 성립되고 있어 예측이 어려운 상황이다. 예를 들어 보자. 우리나라 보약시장은 과거에 인기가 있었다. 직장생활을 하는 어른들은 일 년에 한 번 정도 보약을 구입하여 들기도 하였다. 그러다 일반 양약을 생산해 온 제약회사에서 한약 재료인 홍삼을 분말이나 엑기스로 상품화하여 판매함에 따라 서로 별개의 시장이던 양약시장과 한약시장은 서로 영향을 주고받게 되었고, 보약시장은 크게 위축되었다. 또 다른 예로는 휴대폰 시장을 들 수 있다. 애플이 스마트폰을 만들기 전까지는 컴퓨터 시장과 휴대폰 시장은 별개의 시장이었다. 그러나 스마트폰이 출시됨에 따라 컴퓨터 시장과 휴대폰 시장은 통합되기에 이르렀다. 그 결과 컴퓨터 시장이 크게 위축되었다. 이처럼 기술혁신이 가속화되는 환경에서는 적도 없고 아군도 없다. 따라서 아군과 적을 구별하는 것 자체가 무의미하다. 따라서 협력할 때는 협력하고 경쟁할 때는 경쟁해야 한다.

출처 : 정용균, 「전자무역시대의 은행 위기와 금융공급체인 구축을 통한 은행의 글로벌 마케팅전략 : 거래비용경제학 분석」, 『e-비즈니스연구』, 제7권 제1호, 2006, p.249 참조.

요약

물류라는 개념은 원래 영어의 physical distribution을 '물적 유통'으로 직역한 데서 기원하였다. 다시 '물적 유통'을 줄여서 물류라고 한 것이다. 마치 금융이라는 용어가 자금 융통에서 비롯된 것과 유사하다. 현재도 물류라는 용어는 빈번히 사용되고 있으며, 우리말에 정착된 상태이다. 물류는 생산된 물품이 최종 소비자에게 전달될 때까지 필요한 모든 활동이라고 정의할 수 있다. 1990년대 말에는 물류라는 용어 대신에 로지스틱스라는 용어가 나오기 시작한다. 로지스틱스는 기존의 물류라는 개념을 좀 더 확장한 원자재 및 부자재의 조달, 제품의 생산, 판매, 반품, 회수 및 폐기에 이르는 생산의 전 과정을 이르는 개념이다. 그러다가 21세기에 들어서는 공급사슬관리(supply chain managemtn ; SCM)라는 새로운 물류 개념이 출현하였다. 이러한 새로운 개념이 등장하게 된 것은 인터넷의 출현으로 세계 경제가 글로벌화되면서, 원자재의 조달, 기업, 유통업체 등을 하나의 네트워크 내에 포함시켜, 경쟁이 기업 대 기업 간 경쟁이 아니고, 네트워크 대 네트워크 간의 경쟁으로 변화했기 때문이다.

연습문제

토론주제

1. 물류이론의 변천에 대하여 토론하시오.
2. SCM의 의의에 대하여 토론하시오.

일반문제

1. 수송기능에 대하여 설명하시오.
2. 포장기능에 대하여 설명하시오.
3. 보관기능에 대하여 설명하시오.

4. 하역기능에 대하여 설명하시오.

5. 유통가공 기능에 대하여 설명하시오.

6. 정보관리 기능에 대하여 설명하시오.

7. 조달물류에 대하여 설명하시오.

8. 생산물류에 대하여 설명하시오.

9. 판매물류에 대하여 설명하시오.

10. 사내물류에 대하여 설명하시오.

11. 회수물류에 대하여 설명하시오.

12. 반품물류에 대하여 설명하시오.

심화문제

1. 물류와 로지스틱스를 비교하시오.

2. 환경물류의 의의에 대하여 설명하시오.

3. SCM에 대하여 설명하시오.

4. 리버스 물류에 대하여 설명하시오.

5. QR에 대하여 설명하시오.

6. ECR에 대하여 설명하시오.

7. Cross-Docking 시스템의 의의를 설명하시오.

8. VMI에 대하여 설명하시오.

9. Collaboration에 대하여 설명하시오.

10. Copetition에 대하여 설명하시오.

11. 파레토 최적배분에 대하여 설명하시오.

참고문헌 및 미주

1. 박명섭, 『국제물류의 이해』, 제4판, 법문사, 2016, p.8.
2. 오영택, 『글로벌 시대의 물류관리론』, 2017, 범한, p.25.
3. 오영택(2017), p.25.
4. 경제학에서는 이를 duality theorem이라 부른다. 즉, 이윤을 극대화하기 위해서는 비용을 최소화해야 한다.
5. 자전거가 없는 사람은 자전거가 있으면 만족이 증가할 것이다. 그런데 자전거를 이미 소유하고 있는 사람은 소형 승용차가 생기면 만족이 증가할 것이다. 소형 승용차가 있는 사람이라면 중형 승용차를 더 선망할 것이다. 이처럼 소비자의 욕망은 끝이 없다.
6. 오영택(2017), pp.35.
7. 장성기, 『물류관리론』, 두남, 개정 2판, 2018, p.327.
8. 오영택(2017), pp.39~40.
9. 김갑중 · 김철수 · 서우종, 『e-비즈니스원론』, 사이텍미디어, 2004, p.184.
10. 김갑중 · 김철수 · 서우종(2004), p.186.
11. 김은주 · 박명섭, 『글로벌 전자물류, Global e-로지스틱스의 이해』, 우용출판사, 2004, p.110.
12. 김갑중 · 김철수 · 서우종(2004), p.194.
13. 김은주 · 박명섭(2004), p.111.
14. 김갑중 · 김철수 · 서우종(2004), p.195.
15. 오영택(2017), pp.68.
16. 김갑중 · 김철수 · 서우종(2004), p.196.
17. 김갑중 · 김철수 · 서우종(2004), p.196.
18. 김갑중 · 김철수 · 서우종(2004), p.197.
19. Michael Porter, *Competitive Advantage : Creating and Sustaining Superior Performance*, The Free Press, 1985.

1. 국제물류 개념의 진화

2. 운송론

3. 보관론

4. 물류정보 시스템

물류관리와 물류정보 시스템

물류는 경제에서 암흑 대륙이며, 이윤의 보고이다.

— **피터 드러커**(경영학자)

물류에서 제3자 물류가 중요해지고 있다. 기존 기업들은 운송사업부를 회사 내부에 두었으나, 회사 규모가 커지고 글로벌 경쟁이 심화됨에 따라 운송사업부를 별도로 분리하여 물류회사를 세웠으며 독립성도 부여하였다. 최근에는 제3자 물류에 정보통신기술이 결합된 제4자 물류가 출현하고 있다. 더욱이 제4차 산업혁명이 진행되면서 빅데이터, 드론, 자율주행 로봇, 블록체인 등 새로운 기술이 도입됨으로써 제4자 물류는 더욱 가속화되고 있다.

1. 국제물류 개념의 진화

1.1 제1자 물류

원초적인 물류는 기업 내에 운송부서를 두는 것이다. 이를 제1자 물류라고 정

그림 3-1 제1자 물류

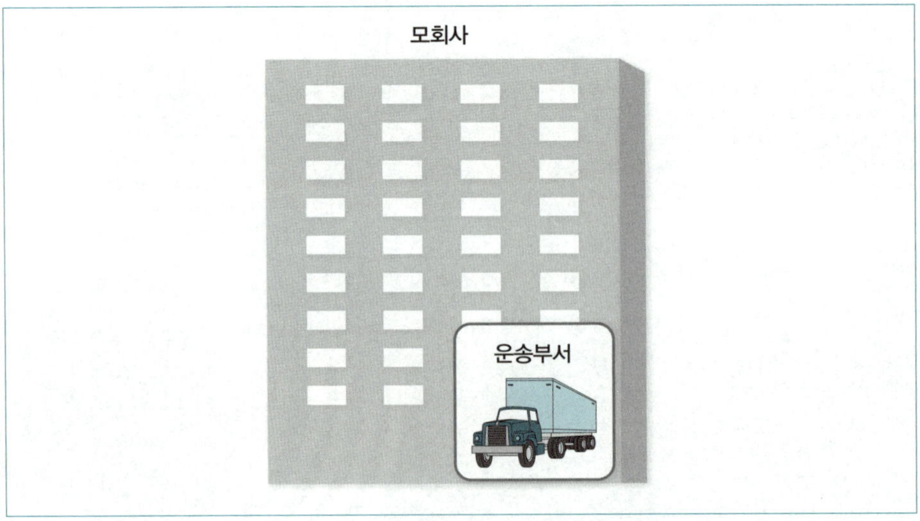

의한다. 기업의 규모가 크지 않은 경우 구태여 고객 또는 소비자에게 배송을 위해서 별도의 자회사를 둘 이유가 없다. 물류량이 많지 않은 경우 기업은 자기 회사 내에 운송부를 두고, 모든 운송물류 관련 서비스를 운송부를 통하여 해결한다.

1.2 제2자 물류

기업이 성장하고 기업의 규모가 커질 경우 모기업은 기업 내에 두었던 운송부서를 확대 개편하여 물류회사로 만들어 독립시킨다. 그러나 물류회사는 여전히 모기업의 통제와 관리를 받는 형태이다. 예를 들어 모기업이 크게 성장하여 회사가 분사하고 공장이 여러 곳에 있는 경우, 각 개별 기업마다 운송부서를 둘 것이 아니라 각 기업의 운송부서를 하나로 통합하여 규모의 경제를 실현하고자 하는 동인이 발생한다. 제2자 물류는 그러한 경우에 해당한다.

그림 3-2 제2자 물류

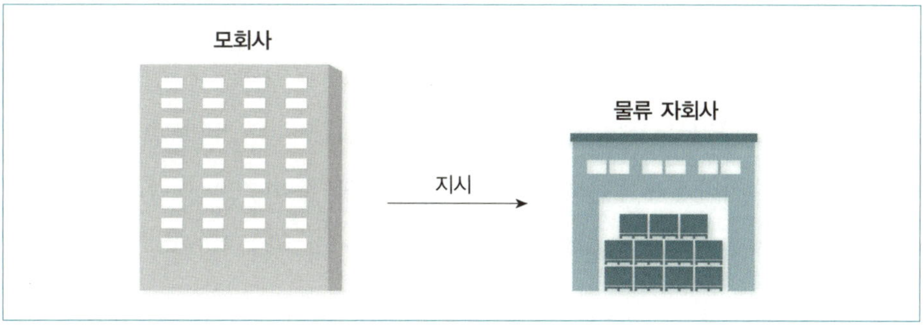

1.3 제3자 물류

독립한 물류기업이 성장하기 위해서는 물류기업 자체의 이윤극대화를 위하여 노력해야 할 것이다. 그러나 모기업의 통제 하에서는 물류기업이 성장하는 데 한계가 존재한다. 예를 들어 보자. 물류기업 입장에서 어떠한 신규 사업 분야에 진출해야 하는 상황에 있다고 하자. 그러나 모기업에 종속되어 있는 경우 그러한 의사결정은 모기업에 맡겨야 한다. 모기업은 모기업 전체의 차원에서 물류기업의 이익을 관리할 것이다. 따라서 어떤 경우에는 모기업의 목표와 물류기업의 목표가 차이가 날 수 있다. 이러한 한계점을 타개하기 위해서는 물류기업이 독자적으로 성장해야 한다. 제3자 물류는 최종 의사결정을 물류기업 자체가 독립적으로 행하는 경우이다.

그림 3-3 제3자 물류

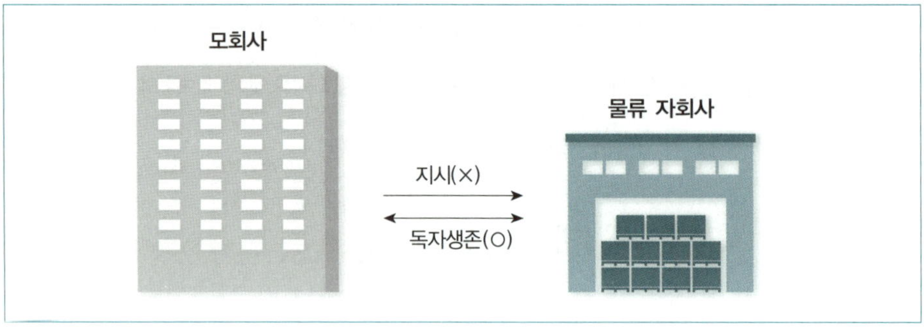

기업들은 제3자 물류를 도입한 결과 비용이 절감되고 운영의 효율성이 개선되었으며, 고객서비스가 개선되었다고 한다. 또한 물류 아웃소싱, 즉 외주를 통하여 기업이 핵심 사업에 자원을 투입함으로써 집중력이 강화되었다는 견해를 제시하고 있다. [표 3-1]은 제3자 물류 도입효과를 살펴보기 위하여 미국 기업들과 유럽 기업들을 조사한 결과이다. 전체적으로 보면 조사대상 기업들 중 유럽 기업이 미국 기업보다 제3자 물류의 효과를 더 크게 느끼고 있는 것으로 나타나고 있다. 유럽 기업들은 특히 운영효율성 개선, 고객서비스 개선, 비용절감 면에서 제3자 물류 도입효과가 크다고 보고하고 있다. 한편, 미국 기업들은 비용절감 효과가 크다고 응답한 기업들이 많았다.

표 3-1 제3자 물류 만족도 조사[1]

구분	미국(1995)	유럽(1996)
비용절감	38%	56%
인력전문성 시장 지식 향상	24%	29%
운영효율성 개선	11%	53%
고객서비스 개선	9%	49%
핵심 사업에 대한 집중력 강화	7%	51%
유연성 향상	5%	55%

1.4 제4자 물류

1) 배경

자회사 물류 형태에서 출발하여 아웃소싱전략을 통한 제3자 물류 형태로 발전하여 오던 물류활동은 제4자 물류로 진화하고 있다. 이처럼 제4자 물류가 출현한 배경은 첫째, 고객들의 요구가 다양해지고 있기 때문이다. 요즈음 소비자들은 과거에 비하여 소량 주문하는 경향이 있고, 자주 주문하는 빈도가 늘어나고 있는 등 소비행태 변화가 발생하고 있어 이에 능동적으로 대처해야 할 필요성이 제기되고 있다.[2] 둘째, 최근 물류업무가 갈수록 복잡해지고 물류서비스가 자기 회사를 차별화시킬 수 있는 경쟁요소로 등장하게 되자 기업들은 하나의 업체로부터 원스톱(one-stop) 서비스를 받기를 원하고 있다.[3]

2) 정의

4자 물류란 물류 전문지식과 정보기술을 활용하여 물류컨설팅 서비스까지 제공할 수 있는 물류전문그룹이 파트너십 형성으로 가상조직을 구성하여 기업에

"토탈 물류" 서비스를 제공하는 것을 말한다. 다시 말해서 제4자 물류란 "제3자 물류업체, 경영컨설팅업체, 정보기술업체가 조직을 형성하여 물류공급체인 전반에 걸쳐서 통합서비스를 제공하는 것"[4]을 말한다.

그림 3-4 제4자 물류

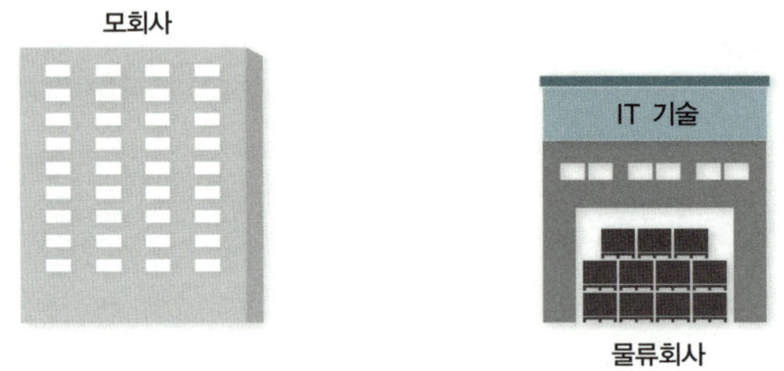

1.5 제3자 물류와 제4자 물류의 비교

고도화되고 종합적인 서비스를 제공받고자 하는 화주 입장에서는 제3자 물류와는 차별성이 있는 제4자 물류를 제공받고자 한다. 제3자와 제4자 물류의 차이점은 다음과 같다.

첫째, 제4자 물류는 제3자 물류보다 장기적이며, 공급망 전체의 관점을 갖고 있다. 즉, 제4자 물류는 '부분과 전체' 라는 차원에서 보면 전체적 관점에서 물류에 접근한다.[5]

둘째, 제4자 물류서비스 제공업체는 제3자 물류와는 달리 물류전문기업, IT 업체 및 컨설팅 업체가 컨소시엄을 구성하여 가상기업(virtual enterprise)[6] 형태로 서비스를 제공한다.

셋째, 제3자 물류가 운영의 관점에서 물류를 바라보고 있다면, 제4자 물류는 전략적 관점에 중점을 둔다.[7] 이는 전략과 전술의 차이로 이해할 수 있다. 전략은 보다 장기적 관점에서 전쟁이나 기업활동을 바라본다.

넷째, 제4자 물류는 가상기업 형태를 가질 가능성이 많다. 즉, 사이버공간상에 기업의 소재지가 있으므로, 다른 대륙에 있는 전문가들도 참여할 수 있다. 따라서 물리적 장소에 소재지를 둔 기업보다 우수한 사원을 모집할 수 있다.[8]

다섯째, e-비즈니스 환경에 적응하여 인터넷 등 최신 정보기술 기반에서 e-SCM, e-CRM 등 물류전략과 조화를 이루면서 서비스를 제공한다.[9]

여섯째, 고객은 제4자 물류업체와 단일계약을 통해서 가능한 모든 분야의 물류서비스를 제공받으므로[10], 고객 입장에서는 시간과 비용을 절약할 수 있다.

표 3-2 제3자 물류와 제4자 물류의 비교

	제3자 물류	제4자 물류
시간	단기적 관점에서 물류를 바라본다.	장기적 관점에서 물류를 바라본다.
업무	주로 운영적 차원에서 바라본다.	전략적 차원에서 바라본다.
범위	부분적 차원	공급사슬 전체적 네트워크 차원에서 물류를 통제한다.
내용	주변 물류에 집중	토탈 물류 제공
업체	물류전문기업	물류전문기업, 정보기술업체, 컨설팅업체가 통합서비스 제공
서비스	물류정보 제공	물류정보, e-SCM, e-CRM
계약	복잡한 물류업무를 위하여 다수의 물류회사와 다수 계약을 체결한다.	단일계약 체결

2. 운송론

2.1 수송의 기능

1) 제품 이동

수송의 우선적인 기능은 가치사슬의 상류 또는 하류로 제품을 이동시키는 것이다. 수송은 시간적 · 금전적 · 환경적 자원을 활용하기 때문에 수송이 제품의 가치를 증진시킬 때만 제품이 이동한다.

첫째, 제품의 수송 중에는 접근이 불가능하기 때문에 시간적 자원의 사용을 포함한다. 이를 위하여 물류센터 재고를 감축시켜야 하는 것이 중요한 고려사항이다.

둘째, 수송은 재정적 자원을 활용한다. 차량 운영비, 운전기사의 경비 등을 고려해야 한다.

셋째, 수송은 환경적 자원을 활용한다. 수송은 석유 등 에너지 소비를 직접적으로 가져온다.[11] 따라서 효율적으로 자원을 활용해야 한다.

2) 제품 저장

수송의 기능은 일시적 저장이다. 창고에서의 하역과 선적 비용이 수송차량에서 1일 저장 요금을 초과하는 경우가 대다수일 것이므로 수송차량을 활용하는 것이 낫다. 한 가지 방법은 차량에 제품을 선적한 다음 우회 또는 간접 경로를 통해 목적지로 가는 것이다.[12]

2.2 운송의 기본 원칙

1) 규모의 경제(economies of scale) 원칙

수송화물의 크기가 클수록 화물 단위당 운송비가 저렴해진다는 의미이다. 그 이유는 화물 처리의 고정비는 화물이 크나 작으나 비슷하기 때문에, 화물이 커질수록 화물 단위당 고정비는 분산되기 때문이다.[13] 글로벌 경쟁이 구조화 · 일상화됨에 따라 기업들의 원가절감 노력이 치열해지고 있다. 따라서 가능한 한 화물의 혼재화(consolidation)를 통해서 운송비용을 절약하려 한다. 최근 국제운송은 해상운송에서 컨테이너선의 초대형화가 지속되고 있으며, 도로운송에서도 한 명의 운전사가 여러 대의 트럭을 연결시켜 운송하는 자율주행 트럭이 시험되고 있다. 이러한 현상들은 규모의 경제를 실현하기 위한 것이다.

2) 거리의 경제(economies of distance) 원칙

거리의 경제란 수송거리가 멀수록 경제성이 있다는 의미이다. 다시 말해서 거리가 멀수록 거리 단위당 운송비가 감소한다는 의미이다. 예를 들어 800킬로미터짜리 수송 1건을 처리하는 것이 400킬로미터짜리 수송 2건을 처리하는 것에 비하여 비용이 덜 든다는 것이다. 거리가 더 먼 경우는 고정비용을 분산시키므로, 거리당 운송비를 감소시킨다.[14]

2.3 운송수단별 특징

1) 도로운송

도로운송업이 증가한 것은 제2차 세계대전 이후 고속도로 수송이 크게 증가한 결과이다. 고속도로 증설로 도시 간 이동이 빨라졌다. 또한 door to door 서비스의 증대로 차량의 장점이 부각되었다. 도로운송은 장점이 다양하다.

첫째, 도로운송은 배송에 융통성이 있다. 즉, 문전까지 운송해 주는 door to door 서비스가 가능하다.

둘째, 철도운송에 비하여 환적시간이 짧으므로 하역작업이 쉽고, 직송이 가능하다.

셋째, 자동차 차종이 다양하기 때문에 다양한 수송수요에 대처할 수 있다.

넷째, 철도나 선박의 경우 항만이나 철도시설에 대한 고정투자비가 막대하게 소요된다. 그러나 상대적으로 차량을 통한 운송은 고정투자비가 적게 소요된다.

2) 철도운송

첫째, 철도는 항공운송과 도로운송에 비하여 운임이 저렴하다.

둘째, 안전성이 우수하다.

셋째, 기후에 관계없이 운송이 가능하다. 즉, 전천후 기동이 가능하다.

넷째, 공해물질 배출이 적어서 차량보다 녹색물류에 적합하다.

3) 항공운송

첫째, 항공운송은 주로 고부가가치 제품을 운송한다. 노트북 같은 고가 상품 수송에 사용된다.

둘째, 항공화물은 주로 프리미엄 서비스로 활용된다.

셋째, 항공운송은 신속하다.

4) 해상운송

첫째, 대형 유조선의 발전으로 원유생산국과 원유소비국 간 원유 운송에 해상운송이 활용되고 있다.

둘째, 큰 부피 상품 운송에 적합하다.

셋째, 컨테이너 운송에서 중요하다. 최근 2만TEU급 초대형 컨테이너선들이 발주되고 있다. 따라서 운임이 저렴해지고 있다.

2.4 운송의 변화[15]

1) 소량 다빈도 운송

전자상거래가 활성화됨에 따라 소비자들은 수동적인 소비가 아니라 적극적으로 온라인과 오프라인을 넘나들며 쇼핑에 나서고 있다.[16] 현대 소비자들의 권한이 커짐에 따라 소비자의 다양한 선호에 맞추어 기업들도 다품종 소량생산 방식을 일반화하고 있어서 소량 화물이 급증하고 있다. 또한 빈번히 운송하고 있다.

2) JIT(Just In Time) 수배송

현대 소비자들은 적시배송을 원하고 있으며, 생산 기업들은 재고를 줄이기 위하여 JIT 수배송을 일반화하고 있다.

Box 3-1 도요타의 Just In Time(JIT) 생산방식

도요타자동차 생산방식으로 유명한 것은 JIT 생산방식이다. 이 방식으로 인해 도요타자동차는 재고를 많이 준비하지 않고서도 생산에 임할 수 있었다. 이러한 생산방식으로 인해 도요타자동차가 경쟁회사들을 압도할 수 있었다. 도요타는 재고를 낭비로 보았고 미국은 보험으로 보았다. 도요타의 간반시스템은 90일 일정으로 생산일정이 잡히면 각 공급선에 90일 동안 필요한 부품의 양을 비공식적으로 통보해 두고 30일분 부품만을 공식적으로 주문한다. 그리고 30일 동안 생산일정에 따라 매일매일의 소요량을 정확히 주문한다. 도요타는 최근 고성능 컴퓨터 소프트웨어를 활용하여 제품 생산 15일 전에 가상 생산라인을 설정하고 부품 수요를 정확히 예측하여 협력업체들에게 미리 하달해 놓고 고객의 옵션에 따라 자동차 조립을 5일 이내에 마친다. 도요타는 생산라인을 24시간 가동하고 조립기간을 5일 이내로 앞당겨 이전보다 37% 이상 재고물량을 감소시켰다.

출처 : 임석민, 『물류관리론』, 삼영사, 제2판, 2016, p.106.

3) 배송의 택배화

유통시장에서 전자상거래가 활성화되면서 현대 소비자들은 매장에 가지 않고 집에서 온라인으로 쇼핑을 하는 경우가 많아지고 있다. 집에 앉아서 쇼핑을 하는 만큼, 물품 자체도 유통업체가 직접 자기 집의 문 앞에까지 화물을 가져다주기를 바라고 있다. 따라서 door to door 서비스가 일반화되고 있다.

4) 복합운송의 일반화

door to door 서비스가 일반화되면서 2개 이상의 운송수단을 활용하여 생산자의 공장 문 앞에서 소비자의 문 앞에까지 운송해 주기를 바라는 것을 충족시켜 주고 있다.

5) 항공운송의 급증

시간의 가치가 증대되면서 신속성을 무기로 하는 항공운송이 각광을 받고 있다. 또한 기업들은 재고관리 면에서 무재고를 지향하므로 더욱 속도가 중요해지고 있다.

3. 보관론

3.1 보관의 정의

1) 물리적 보존 기능

보관(storage)은 재화를 물리적으로 보존하고 관리하는 것으로 정의된다. 상품이 생산되면, 이 상품은 최종 소비자가 구매할 때까지 원래의 상품 상태를 유지해야 할 것이다. 원래의 상품 상태를 유지하지 못한다면 상품 가치는 하락하고 말 것이다. 따라서 보관기능은 중요한 측면이 있다.

2) 시간적 효용 창조

물품의 생산과 소비의 시간을 조정하여 시간적 효용을 창조하는 활동을 의미한다. 물품의 생산과 동시에 소비자가 이를 즉시 구매하여 소비하는 경우는 많지 않다. 왜냐하면 생산지와 소비지가 다를 경우가 많기 때문이다. 따라서 생산지와 소비지 간에 시간적 격차가 발생하는데, 이를 조정해 주는 것이 보관이다.

3) 일정량의 재고 유지

공산품의 경우 소비시점보다 몇 개월 먼저 생산하는 경우가 보통이다. 그런데 생산시점에 미래 소비량이 어떻게 될지 예측하기 어렵다. 예를 들어 에어컨을 생각해 보자. 내년 여름에 사용할 에어컨을 금년 안에 생산해야 한다면, 내년도에 어느 정도 물량이 팔릴 것인지 예측해야 하는데, 이는 기상 상태에 달려 있다. 만약 너무 적게 생산해 놓았다면 내년도에 팔 기회를 놓치게 될 것이다. 따라서 어느 정도 재고가 필요하다.[17]

3.2 창고와 물류시설

1) 창고의 정의

보통 창고(warehouse)는 물품을 보관하기 위한 장소를 의미한다. 현대 물류에서 로지스틱스 개념이 도입되면서, 창고는 단순히 물품을 보관하는 장소라기보다는 재화의 생산시점과 소비시점 간에 제품을 보관하고, 저장된 제품에 대한 관리 및 처리 정보를 제공하는 로지스틱스의 한 부분으로 정의된다.[18]

2) 창고와 물류센터

물류거점의 기능은 보관기능, 상품진열 기능, 출하단위 조정 기능, 혼재 기능, 납기 준수 기능으로 구분할 수 있다. 이 중에서 창고는 저장과 보관 기능이 강조되는 개념인 데 비하여, 물류센터(logistics center)는 보관 · 출하 및 정보시스템의 토탈물류 기능을 강조하는 데서 그 차이점이 존재한다. 특히 물류센터는 보관기능보다는 출하기능과 납기 준수 기능이 중시된다.[19]

3.3 창고의 역할

1) 혼재(consolidation) 기능

창고에서 물품을 혼재한다. 즉, 창고에서 물품을 목적지별로 운송용기에 적입하는 역할을 수행한다.

2) 제품 믹싱(product mixing) 기능

창고에서 물품을 믹싱하는 역할을 수행한다. 예를 들어 두 가지 다른 종류의 상품을 섞어서 하나의 패키지로 변형할 수 있다.

3) 크로스 도킹(cross docking) 기능

현대 창고에서는 보관가능보다는 일시적으로 보관하였다가 다른 장소로 바로 이동하는 기능을 중시한다. 즉, 단절 없는 운송을 위한 것이다. 이러한 기능을 크로스 도킹이라고 한다.

4) 운송지연으로부터 보호 기능

현대 창고는 불가피한 사유로 인해서 운송이 지연되었을 때 일시적으로 제품을 보호하는 기능을 수행한다.

3.4 재고관리

1) 재고관리의 개념

재고관리란 판매하기 위하여 보유하고 있는 원자재, 부품, 완제품에 대한 관리이다. 재고관리의 주관심사는 비용이다. 델컴퓨터의 경쟁력은 직접거래에서 나오고, 직접거래는 효율적 재고관리를 가능하게 한다. 직접거래를 하는 델의 재고자산 보유기간은 평균 6일에 지나지 않지만, 소매체인을 통해 간접판매를 하는 경쟁업체들은 평균 50일에 달한다. 부품값이 1주일에 1%씩 하락하는 PC업체에서 50일은 7%의 손해를 의미한다. 한편 기업이 비용절감을 위해 재고수준을 낮게 유지하면 간단하지만, 고객이 물품 구입을 원할 때 기업이 그 물품을 줄 수 없으면 고객을 잃게 된다. 따라서 비용절감과 함께 품절 방지를 위한 최적의 재고수준을 유지하는 것이 관건이다.[20]

2) ABC분석

ABC(Activity Based Costing)분석은 상품의 가치가 동일하지 않기 때문에 기업이익에 미치는 영향을 고려하여 상품을 몇 개의 범주(category)로 분류하여 차별적으로 관리하는 것이다. 대부분의 기업은 어떠한 형태로든 이 기법을 이용하고 있다. ABC분석은 19세기 말 이탈리아의 사회경제학자인 파레토가 80 : 20 법칙을 밝혀내면서 시작되었다. 그는 소득의 80%를 20%의 인구가 차지한다고 일반화했다(80 : 20 법칙). 이것을 통계학자인 쥬란(Juran)이 현장의 불량요인 분석에 도입하여 불량 개선에 큰 성과를 얻었다. 그리고 쥬란과 거의 같은 시기에 미국기업인 GE(General Electric)에서 재고관리를 위한 ABC분석법을 개발하였다.

(1) 재고의 범주 구분

재고를 몇 개의 범주로 분류할지는 기업의 형편에 따라 달라진다. 요는 품목의 가치를 분석하여 구분해야 한다는 점이다. 따라서 가치에 기초한 재고관리가 가능해진다. 예로써 사용하기 편한 4가지 구분을 소개하면 다음과 같다.

A등급 : 이것은 일반적으로 전체 가치의 70% 이상을 점하는 재고로 전체 품목의 1/10 정도에 해당한다. A등급의 재고는 수시로 매일 점검해야 한다.

B등급 : 이것은 20/20으로 불리운다. 이유는 전체 품목 수의 약 20%를 차지하며 가치도 20% 정도를 점하기 때문이다. B는 A보다는 덜 중요하지만 시스템 전체로는 여전히 중요하므로 일정 수준의 관리가 필요하다.

C등급 : 대부분의 부품은 C에 해당하며, 이것은 상대적으로 가치가 낮은 부품이다. 안전재고의 수준이 상당히 높으므로 상대적으로 덜 빈번하게 점검해도 된다.

D등급 : 'Dogs' 또는 'Dead' 라고 불리는 이 등급은 최근 상당 기간 사용이 없었던 재고이다. 더 이상의 사용이 없다고 판단되면 가능한 한 빨리 처분해야 한다.[21]

(2) 효과

기업의 생산방식이 대량생산 방식에서 다품종 소량생산 방식으로 변환되자 기업의 원가구조에서 간접원가의 비중이 크게 증가하였다. ABC분석 기법은 직접비용뿐만 아니라 간접비용까지 고려하는 이점이 있다.[22]

4. 물류정보 시스템

4.1 물류자동화의 배경

국가 간 화물 이동은 고속컨테이너선의 등장으로 신속히 이루어지고 있으나, 화물운송과 관련된 서류는 수작업으로 처리하고 우편이나 인편을 통하여 전달되므로 비용과 시간 면에서 비효율성이 노출되어 왔다. 특히 한 · 중 · 일 간 무역은 거리가 가까워서 물품이 선하증권 등 선적서류보다 먼저 도착하여 업무효율이 떨어지는 문제가 발생하고 있다.[23] 이러한 비효율성을 타개하기 위하여 물류부문 무역자동화가 추진되고 있다. 물류부문은 크게 보면 세관이나 항만 당국 등 정부기관, 선박회사, 창고업체, 화물주선업체 등 민간부문, 그리고 무역자동화사업자인 한국무역정보통신(KTNET)과 한국물류정보통신(KLNET) 등 세 부문으로 구성되어 있다. 이처럼 물류부문 자체가 복잡한 구조로 되어 있어 자동화가 어려운 분야이다. 자동화가 이루어지기 위해서는 표준화가 선행되어야 하는데 정부기관 간, 민간부문, 자동화사업자 간에도 독자적으로 자동화를 추진하고 있어 물류부문 전체적인 자동화는 쉽지 않은 상황이다.

4.2 EDI

1) 물류자동화와 EDI

수출상이나 수입상이 선박회사와 운송계약을 맺을 때 EDI 시스템을 활용하면 선박을 쉽게 수배할 수 있다. 예를 들어 각 선박회사가 하나의 전산망으로 연결되어 있다면 어느 선박이 어느 항로에 투입 가능한지 쉽게 알 수 있을 것이다. 이는 마치 우리나라 철도 전산시스템으로 좌석을 예약하면 어느 역에서 예약하건 전국의 철도망이 하나의 전산망으로 통합되어 있기 때문에 서울역에서 예약하는 손님이나 부산역에서 예약하는 손님이나 컴퓨터 단말기에 종합되어서 동시에 나타나게 되는 것과 마찬가지이다.

2) uLogisHub(차세대물류포털)

(1) 정의

uLogisHub(차세대물류포털)는 국내외 물류업체를 위한 B2B, B2G 통합물류 서비스를 제공하는 전자물류 플랫폼이다. 2013년 5월에 개통된 uLogisHub는 통합물류 서비스를 모바일 환경에 적합하게 확대 개편하였으며, 단위 업무 기능별로 단절된 업무 프로세스를 데이터 관점에서 통합 재구성하여 사용자 업무 효율성을 제고하였다.[24]

(2) 구성

플랫폼은 항공물류 포털, 해상물류 포털, 글로벌 포털, 특송 포털로 구성된다. 항공물류 포털은 항공사 항공포워더의 적하목록 및 하기 신고, B2B 데이터 교환을 지원한다. 해상물류 포털은 선사, 해상 포워더의 적하목록 및 하선 신고, 선적 자동화, B2B 데이터 교환을 지원한다. 글로벌 포털은 해외 물류업체의 한국 내 신고업무 및 국내 물류업체 연계를 지원한다.

4.3 POS

물류정보 시스템 중에서 현재 기업이 유용하게 사용하고 있는 시스템은 POS(Point of Sale)이다. POS 시스템이란 판매와 관련된 데이터를 상품이 판매되는 즉시 그 시점에서 취득하여 경영활동에 활용하는 시스템을 말한다.[25] 이는 바코드라는 정보기술을 활용한 것이다.

1) 정의

POS(Point of Sale : 판매시점관리)란 정보관리 시스템으로 상품의 바코드에 부여된 정보를 제품 판매 즉시 취합해 관리할 수 있도록 지원하는 시스템을 의미한다. 유통업체의 경우 상품의 판매동향 분석을 통해 인기제품 및 비인기제품의 신속한 파악이 가능하고, 타 점포와의 상품 판매동향을 비교 · 분석하는 데 동 시스템을 활용할 수 있다. 제조업체의 경우 POS 시스템을 통해 확보된 정보 분석을 통해 생산계획 수립에 이용할 수 있고, 경쟁사 제품과 판매동향을 비교 · 분석하는 데 활용할 수 있다.[26]

2) 유용성

POS 시스템으로부터 얻는 정보는 분류기준에 따라 다양하게 구분할 수 있다. POS 시스템으로부터 얻을 수 있는 정보는 상품정보와 고객정보로 구분된다. 상품정보란 특정 기간 동안 특정 상품을 얼마나 판매하였는가에 대한 정보이며, 고객정보는 특정 제품을 구매한 사람과 그들의 구매성향을 분석한 정보이다.[27]

3) 정보

기업들은 POS 시스템을 이용해 다양한 정보를 얻고 있다. POS 시스템을 이용해 얻는 정보로는 단품별 판매실적과 구성비, 품목별 판매순위, 품목별 판매동향, 제조업체별 판매실적, 신상품 판매실적 등이 있다. 각각에 대하여 살펴보면 다음과 같다.

(1) 품목별 판매실적

POS 시스템을 이용해 기업은 해당 품목의 월별 · 주별 판매금액, 취급점포 수 등에 대하여 알 수 있고, 이를 통하여 자사의 판매실적과 비교할 수 있다.

(2) 판매실적 구성비

판매금액 구성비를 그래프로 비교할 수 있는 정보이며, 이들 정보는 백화점, 편의점, 할인점 등 다양한 형태의 유통업체를 대상으로 지역별 · 시기별로 정보를 검색할 수 있다.

(3) 단품별 판매동향

해당 단품을 판매금액 순으로 나타낸 정보로 상품에 대해 상품코드, 상품명, 제조업체명, 판매금액, 판매수량, 점유율에 대한 정보를 제공한다. 이때 지역별, 업태별, 해당 주기별 판매동향은 그래프로 확인할 수 있다.

(4) 제조업체별 판매실적

제조업체별 매출액 규모를 파악할 수 있고, 제조업체명, 단품 수, 판매금액, 점유율 등에 대한 정보를 알 수 있으며, 제조업체별 판매액의 구성비를 그래프로 볼 수 있다.

(5) 제조사별 단품순위

제조업체별 단품의 순위 및 판매금액, 판매수량, 점유율을 제조업체별 판매실적과 연계하여 업태별로 검색할 수 있다.

(6) 기회손실

기회손실 정보는 크게 두 가지로 자점취급정보와 자점비취급정보로 나눌 수 있다. 자점취급정보란 POS 시스템에 참여한 유통업체의 각 점포별로 자점에서 취급하는 상품 중 자점에서의 판매실적은 부진하지만 타점에서의 판매실적이 좋은 상품에 대한 분석 정보를 말한다.[28]

7) 신상품 판매실적

최근 2개월 이내에 등록된 상품을 대상으로 판매현황을 보여준다.[29]

4.4 RFID

RFID(Radio Frequency IDentification : 무선식별)는 제4차 산업혁명이 진행되면서 주목을 받고 있다. 제4차 산업혁명이 진행되면서 제조업의 혁신인 "인더스트리 4.0"과 자율주행차의 핵심 기반인 전자 센서(sensor)가 중요하게 부각되고 있다. 인더스트리 4.0이 작동되기 위해서는 각 작업기계에 센서가 부착되어 있어 일이 어느 정도 진행되었는지 알 수 있어야 한다. 수많은 센서에서 창출되는 정보는 빅데이터의 기반이 된다. RFID는 이러한 센서로 이행하는 중간단계로 볼 수 있다.[30] 향후 제4차 산업혁명을 주도하기 위해서는 기반기술로서 센서 산업의 육성이 필요한 시점이다.

1) 정의

RFID는 판독기 및 안테나를 통하여 대상물에 부착된 태그(tag)에 기록된 정보를 컴퓨터를 이용하여 판독하는 무선주파수 인식기술이다.[31] 제품 정보가 저장된 전자태그나 칩을 통해 디지털화된 정보를 주고받는 기술로, 흔히 대형 유통업체에 가면 볼 수 있는 바코드에서 한 단계 진보한 것이다. 우리가 자주 접하는 바코드는 리더기를 통해 한 번에 하나의 상품만을 인식한다. 이에 비해 RFID는 한 번에 여러 개의 상품을 인식하기 때문에 정보량과 활용도 면에서 월등하다. 또한 바코드는 접촉식으로 상품에 리더기를 대야만 인식하기 때문에 인식 거리가 매우 짧은 반면, RFID는 비접촉식이라 특정 범위 내에 있는 많은 상품을 동시에 인식한다.

2) 구성

(1) 태그

상품이나 컨테이너 등에 부착되는 몸체에 해당되는 부분이다. 태그는 데이터가 입력되는 반도체 칩과 송신하는 안테나로 구성된다. 태그는 판독기와 교신하여 데이터를 무선으로 판독기(reader)에 전송하는 기능을 담당한다.[32] 태그는 배터리가 있는 능동형과 수동형으로 구분된다. 능동형은 가격이 비싸지만, 장거리 데이터 교환이 가능해 대형 창고, 컨테이너, 트럭 등에 적합하다. 수동형은 가격이 저렴한 대신에 감지거리가 1미터 내외로 짧은 편이다.[33]

(2) 안테나

무선주파수를 발사하며 태그로부터 전송된 데이터를 수신하여 판독기에 전달하는 기능을 담당한다. 다양한 크기로 제작이 가능하며, 태그의 크기를 결정하는 요소이다.[34]

(3) 판독기

판독기는 안테나와 제어장치로 구성되어 있다. 태그로부터 수신한 정보를 해독하는 기능을 담당한다. 제어장치는 암호화, 암호해독, 데이터 저장 태그, 서버 컴퓨터와 통신을 수행한다.[35] 용도에 따라 이동형, 고정형, 휴대용 등이 있다.

(4) 서버

여러 개의 태그로부터 들어오는 데이터를 처리하는 기능과 분산되어 있는 다수의 태그를 관리하는 기능을 담당한다.[36]

3) RFID의 장단점

(1) 장점

첫째, 대량의 데이터를 빠르게 판독 가능하다. 이러한 점에서 유통산업에서 30여 년 사용되고 있는 바코드보다 우수하다.

둘째, 반영구적이며 재사용이 가능하다. 읽기 · 쓰기 기능이 있어서 활용도가 높다.

셋째, 다양한 크기로 제작이 가능하다. 따라서 여러 산업에서 용도에 맞게 활용이 가능한 범용성이 있다는 장점이 있다.

(2) 단점

첫째, 아직 가격이 비싼 편이다.

둘째, 아직까지 100% 인식에 못 미치고 있기 때문에 향후 기술개발이 필요하다. 아직 바코드에 비해서 인식률이 낮아 실제 산업현장에서 활용되기 위해서는 개선이 필요하다.

셋째, 국가마다 주파수 대역이 달라서 기술표준화가 필요하다.[37] RFID가 국제적으로 활용되기 위해서는 기술의 표준화가 요청된다.

4) 응용사례

(1) 의류산업

의류에 RFID칩을 부착하면 상품의 도난을 방지할 수 있다. 현재는 매장에서 CCTV로 절도 여부를 감시하고 있으나 이는 고객을 잠재적 절도용의자로 보는 것이고 사생활 침해의 요소가 있다. 의류에 RFID칩을 부착하면 사생활 침해 논란이 완화될 것이다.

(2) 톨게이트

고속도로에서는 속도의 감속이 필요 없도록 차량에 RFID칩을 부착하고 톨게이트에 설치된 판독기로 확인하면, 차량은 멈추지 않고 톨게이트를 통과하고 판독기를 통해 요금을 징수한다. 싱가포르에는 이미 오래전부터 이러한 장비가 구축되어 있었다.

(3) 놀이공원

혼잡한 놀이공원에서 제일 문제는 부모들이 아이를 잃어버리는 것이다. 아이들이 놀이공원에 입장하면 RFID칩을 부착한 팔찌를 채워서 미아를 방지하게 한다.

(4) 종합병원

환자가 병원에 들어오면 환자의 의료기록 정보를 담고 있는 RFID칩을 부착한 팔찌를 제공한다. 현재는 종합병원에서 환자가 내과, 외과 등 세부 질병을 진료할 때마다 여러 차례 수속을 밟아야 하며, 의료비 지불도 별도로 하는 만큼 행정업무가 과다하다. RFID칩은 잘못된 약의 투여 등 의료사고도 예방이 가능하다.

(5) 컨테이너 터미널

카메라 및 바코드 중심의 항만출입 시스템은 식별률이 낮고, 식별하는 데 시간도 많이 걸려서(30~40초) 문제점이 많았다. 2005년부터 모든 컨테이너 항만에 RFID 기반의 U-Port 인프라가 구축되어 2008년 2월부터 모든 컨테이너 항만에서 위치추적이 가능해졌다.[38]

Box 3-2 RFID와 농업

농업분야에서 RFID의 활용도가 높은 부분은 생산이력 관리 시스템이라고 할 수 있다. 이 시스템은 농산물의 생산 · 판매 · 유통 과정에서 발생하는 모든 문제를 한눈에 추적할 수 있도록 하는 것이다. 농산물의 모든 정보가 입력된 전자태그를 포장단위별로 부착해 단말기가 인식할 수 있도록 함으로써 개별 농가의 디지털화된 생산이력 정보를 제공한다. 소비자는 언제 어디서든 단말기나 휴대전화 인터넷 서비스를 통해 농가 인적사항, 생산품목, 출하일, 수량, 작업일지 등을 조회할 수 있다. RFID는 기본적으로 생산자와 소비자의 거리를 좁혀 서로 신뢰수준을 높일 수 있는 계기를 만들어준다. 이 RFID 시스템이 도입되면 소비자는 시장에 가서 확인해 보지 않더라도 농산물 구입 정보를 얻게 된다. 2005년의 김치파동처럼 식품사고가 발생했을 경우 원인을 분석하고 대처할 수 있도록 하는 것도 RFID의 중요한 기능이다.

"RFID가 앞당기는 디지털 유통 세상"

출처 : 유병규, 『디지털농업시대』, 삼성경제연구소, 2007, p.83.

요약

원초적인 물류는 기업 내에 운송부서를 두는 것이다. 이를 제1자 물류라고 정의한다. 기업의 규모가 크지 않은 경우는 구태여 고객 또는 소비자에게 배송을 위해서 별도의 자회사를 둘 이유가 없다. 물류량이 많지 않은 경우 기업은 자기 회사 내에 운송부를 두고, 모든 운송물류 관련 서비스를 운송부를 통하여 해결한다. 한편 업이 성장하고 기업의 규모가 커질 경우 모기업은 기업 내에 두었던 운송부서를 확대 개편하여 물류회사로 만들어 독립시킨다. 그러나 물류회사는 여전히 모기업의 통제와 관리를 받는 형태이다. 예를 들어 모기업이 크게 성장하여 여러 개 업종으로 다변화되었을 때 각 개별 기업마다 운송부서를 둘 것이 아니라 각 기업의 운송부서를 하나로 통합하여 규모의 경제를 실현하고자 하는 동인이 발생한다. 제2자 물류는 그러한 경우에 해당한다.

독립한 물류기업이 성장하기 위해서는 물류기업 자체의 이윤극대화를 위하여 노력해야 할 것이다. 그러나 모기업의 통제 하에서는 물류기업이 성장하는 데 한계가 존재한다. 예를 들어 보자. 물류기업 입장에서는 어떠한 사업분야에 진출해야 한다. 그러나 모기업에 종속되어 있는 경우에는 그러한 의사결정은 모기업에 맡겨야 한다. 모기업은 모기업 전체의 차원에서 물류기업의 이익을 관리할 것이다. 따라서 어떤 경우에는 모기업의 목표와 물류기업의 목표가 차이가 날 수 있다. 이러한 한계점을 타개하기 위해서는 물류기업이 독자적으로 성장해야 한다. 제3자 물류는 최종 의사결정을 물류기업 자체가 독립적으로 행하는 경우이다. 자회사 물류 형태에서 출발하여 고객의 욕구를 충족시키기 위하여 물류아웃소싱 제3자 물류 형태로 발전하여 오던 물류활동의 아웃소싱 전략은 보다 고도화되고 혁신적인 물류서비스 제공을 위하여, 그리고 제3자 물류서비스 한계성으로 인해 제4자 물류가 탄생하였다. 즉, 4자 물류란 종합물류서비스를 제공할 수 있는 물류전문지식과 정보기술을 가지고 물류컨설팅 서비스까지 동시에 제공할 수 있는 물류전문그룹이 또는 물류전문업체, IT업체 물류컨설팅 업체가 상호 긍정적이며 장기적 차원에서 창의적인 관계를 가진 파트너십 형성으로 가상조직을 구성하여 공급체인상의 모든 물류기능에 대하여 종합서비스를 제공하는 것을 말한다. 그러므로 제4자 물류는 종전의 제3자 물류서비스 기능에 더하여 통합정보 시스템 구축을 위한 정보기술 및 물류컨설팅 기법을 갖고 있어야 한다.

연습문제

토론주제

1. 제3자 물류와 제4자 물류를 비교하시오.
2. RFID와 사물인터넷의 관계에 대하여 토론하시오.

일반문제

1. 제1자 물류를 설명하시오.
2. 제2자 물류를 설명하시오.
3. 제3자 물류를 설명하시오.
4. 제4자 물류를 설명하시오.
5. 규모의 경제 원칙을 설명하시오.
6. 거리의 경제 원칙을 설명하시오.
7. 다품종 소량생산 방식을 설명하시오.
8. door to door 서비스를 설명하시오.
9. 복합운송에 대하여 설명하시오.
10. RFID에 대하여 설명하시오.
11. POS에 대하여 설명하시오.
12. EDI에 대하여 설명하시오.

심화문제

1. 제3자 물류와 제4자 물류의 차이점을 보이시오.
2. 물류와 로지스틱스를 비교하시오.
3. uLogisHub 기능에 대하여 설명하시오.
4. ABC분석에 대하여 예를 들어 설명하시오.
5. JIT 생산방식에 대하여 설명하시오.
6. SCM에 대하여 설명하시오.
7. RFID의 활용사례를 들어 보시오.

8. POS의 활용사례를 들어 보시오.

9. EDI의 활용사례를 들어 보시오.

참고문헌 및 미주

1. 송계의, "제4자 물류의 구현전략과 물류효율화", 한국무역학회 세미나 및 토론회, 2002, 2,
2. 얼마 전에 타계한 미래학자 앨빈 토플러(Alvin Toffler)는 현대 소비자를 정의하기 위하여 프로슈머(prosumer)라는 용어를 제안하고 있으며, 프로슈머경제(prosumer economy)의 대두를 환기시키고 있다. 앨빈 토플러는 "전통경제학에서는 생산은 기업이 담당하고, 소비자는 단순히 소비만 하는 존재라고 간주하지만, 소비자는 단순히 소비만 하는 존재가 아니고 생산에 참여해 왔던 존재"라는 견해를 제시하고 있다. 그는 미국 시카고대학의 게리 베커(Gary Becker) 교수가 소비자가 교육 등에 들이는 시간의 가치를 계산한 공로로 1992년 노벨상을 수상하였다고 전하고 있다. 사실 부모가 개인적으로 자신의 자녀에게 행하는 교육은 경제활동에 포함되지 않는다. 그러나 자식의 교육에서 부모의 밥상머리 교육이 중요함은 널리 알려져 온 지혜이다. 앨빈 토플러는 이제 소비자는 단순히 앉아서 기업이 제공하는 제품이나 서비스를 받는 존재가 아니라, 생산에도 참여하는 적극적인 소비자로 변모하고 있다는 견해를 제시하고 있다. 앨빈 토플러(김중웅 역), 『부의 미래』, 정림출판, 2006, p.232.
3. 최근 물류는 단순히 차량의 운송만을 의미하는 부분적 측면을 넘어서 기업 전체적 차원에서 계획을 수립하는 단계로 들어서고 있다. 기업도 이를 인식하고 전체적 차원에서 물류활동을 조언해 줄 수 있는 물류전문업체의 컨설팅을 받고 싶어하고 있다. 이러한 점들이 4자 물류 도입을 앞당기고 있다. 오영택, 『글로벌 시대의 물류관리론』, 2017, 범한, p.193.
4. 오영택, 『글로벌 시대의 물류관리론』, 2017, 범한, p.194.
5. 현대 양자물리학에서 빛의 속성에 대하여 '불확정성 원리'를 제안한 것으로 유명한 하이젠베르그의 저서 이름이 『부분과 전체』이다. 비선형(non-linear) 계량경제학에는 local maximum과 global maximum이란 개념이 있다. 초기값(initial value)을 어떻게 부여하느냐에 따라 모델은 local maximum에 도달하기도 하고, global maximum에 도달하기도 한다. 즉, 실험자 입장에서는 최댓값을 구했다고 생각하지만, 전체적 관점에서는 최댓값이 아닐 수도 있다.
6. 가상기업(virtual enterprise)이란 사이버공간상에서 구축한 기업이다. 미국에서는 사이버공간에 집을 마련하고, 직장을 갖는 Second Life라는 사이트도 존재한다. 가상기업은 지리적 경계를 넘어 존재하므로, 조직이 형성되었을 때 회사원끼리 비행기를 타고 가서 서로 만나지 않아도 되므로 여러 지역에서 인재를 조달 가능한 이점이 존재한다.

7. 오영택, 『글로벌 시대의 물류관리론』, 2017, 범한, p.195.
8. 예를 들어 파트타임으로 세계적으로 우수한 물류전문가를 사원으로 초빙할 수 있다.
9. 송계의, "제4자 물류의 구현전략과 물류효율화", 한국무역학회 세미나 및 토론회, 2002, 2,
10. 오영택(2017), p.195.
11. 장성기, 『물류관리론』, 두남, 2018, p.184.
12. 장성기(2018), p.185.
13. 고정비로는 수송 주문에 따른 관리비, 선적과 하역을 위한 차량배차시간 청구서 발송 등이 있다. 이들은 화물의 크기에 따라 변하지 않는다. 장성기, 『물류관리론』, 두남, 2018, p.185.
14. 장성기(2018), p.186.
15. 오영택(2017), p.464. 내용을 확장하였음.
16. 따라서 현대에 이르러 마케팅도 온오프마케팅이 활성화되고 있다.
17. 경기변동조차도 재고사이클이 존재한다.
18. 장성기(2018), p.213.
19. 유아사 카즈오, 『알기 쉬운 물류관리론, 기본과 상식』(박명섭 · 조종주 · 한낙현 역), 우용출판사, 2013, p.120.
20. 임석민, 『물류관리론』, 2016, pp.78~79.
21. 임석민(2016), pp.78~79.
22. 오영택(2017), p.255.
23. 이를 선하증권의 위기라고 한다.
24. KTNET, 『전자무역 물류총서』, 두남, 2016, p.290.
25. 오영택(2017), p.358.
26. 장성기(2018), p.283.
27. 장성기(2018), p.283.
28. 기회손실 자점비취급정보란 POS 데이터서비스 참여 유통업체의 각 점포별로 자점에서 취급하지 않는 상품 중 타점에서 판매가 잘 이루어지는 상품에 대한 분석 정보를 의미한다. 장성기, 『물류관리론』, 두남, 2018, p.283.
29. 장성기(2018), pp.284~285.
30. 사물인터넷은 통신기술을 특정하지 않아서 신축적으로 사용되나, RFID는 특정 기술을 의미한다.
31. 장성기(2018), p.285.
32. 오영택(2017), p.353.
33. 임석민(2016), p.351.
34. 오영택(2017), p.353.
35. 임석민(2016), p.354.
36. 오영택(2017), p.353.

37. 오영택(2017), p.356.

38. 임석민(2016), p.362.

1. 스마트물류

2. 인공지능과 물류

3. 스마트항만

4. 자율주행 선박

스마트물류와 인공지능

인공지능이 도래함에 따라 인류생활은 특이점에 도달할 것이다.

— 래리 커즈와일

최근 인공지능이 광범위하게 일상생활에 들어옴에 따라 인류문명은 일찍이 경험하지 못한 상황에 직면하고 있다. 인공지능은 물류부문에도 예외 없이 적용되고 있다. 구글의 자율주행차를 중심으로 인공지능이 도래함에 따라, 자율주행 트럭이 상용화되면 도로운송 부문에서 커다란 변화가 발생할 것으로 예상된다. 한편 해상에서는 자율주행 선박도 시험운항되고 있다. 이미 물류창고에는 인공지능이 장착된 물류로봇이 일을 하고 있어서 비용절감 효과를 거두고 있다. 더구나 국제항만의 컨테이너 터미널들은 유럽의 로테르담 항만을 기점으로 하여 무인완전자동화 로보틱 항만으로 탈바꿈하고 있다. 이러한 거스를 수 없는 대세로 인하여 인공지능의 적용은 불가피한 선택으로 전환되고 있다.

1. 스마트물류

한국은 2013년 국가 물류비가 145조 8천억원으로, 2006년 이후 100조원을 넘어서고 있다. 이를 세분화해 보면, 운송비가 69%, 재고유지 관리비가 22.8%, 물류정보비가 4.02%, 포장이 2.37%, 하역비가 1.98%를 점유하고 있다. 국내총생산(GDP) 대비 물류비는 10~11% 수준으로 미국의 8.05%, 일본의 9.21%보다 높은 수준이다.[1] 따라서 우리나라 물류비는 주요 경쟁국들에 비하여 높은 편이다. 그러므로 스마트물류를 도입함으로써 물류생산성을 제고해야 할 때이다.

1.1 스마트물류의 개념

스마트물류는 인공지능(AI), 사물인터넷 등 정보기술과 물류 관련 메카트로닉스 제어기술을 융합하여 수송 · 보관 · 포장 · 하역 정보 등의 물류활동을 관리자에게 실시간으로 제공함으로써 효율성과 생산성을 향상시키는 물류활동이라고 정의된다.

1.2 스마트물류의 배경

1) 스마트 소비자의 출현

과거의 소비자가 기업으로부터 수동적으로 정보를 제공받아 구매의사 결정을 하는 수동적 존재였다면, 현대의 스마트 소비자는 모든 상품정보를 장악하고 있는 적극적 의미의 소비자를 의미한다. 현대 소비자들은 오프라인 상점에서 쇼핑할 때 스마트폰으로 상품을 검색하는 비중이 3분의 2에 달하고 있다. 또한 제품 구매 후에도 온라인으로 제품에 관하여 피드백을 하는 것으로 나타나고 있어서 쇼핑에 자기의사를 표시하는 것으로 나타나고 있다.

과거의 소비자가 단순히 광고를 보고 제품을 구매하는 수동적 존재였다면, 현대의 스마트 소비자는 프로슈머(prosumer)이다. 미래학자인 앨빈 토플러(Alvin Toffler)가 제시한 프로슈머는 프로듀서(생산자)와 컨슈머(소비자)를 결합한 합성어이다. 예를 들어 보자. 자동차산업의 경우, 과거에는 자동차회사가 자동차를 생산하고, 광고를 내보내서 소비자들에게 구매를 유도하였다. 그러나 현대 소비자들은 신형 자동차가 출시되면 자동차회사 게시판에 그 자동차에 대한 인상과 개선점들을 쏟아놓는다. 그러면 자동차회사는 얼마 안 가서 소비자들의 의견을 반영하여 페이스리프트 모델을 내어놓는다. 또한 소비자들이 세단보다는 SUV을 선호하면 이를 자동차 생산계획에 반영한다. 이처럼 오늘날의 소비자들은 단순히 수동적인 소비자가 아니라 생산에도 참여하는 소비자이다.

그림 4-1 스마트 소비자의 진화

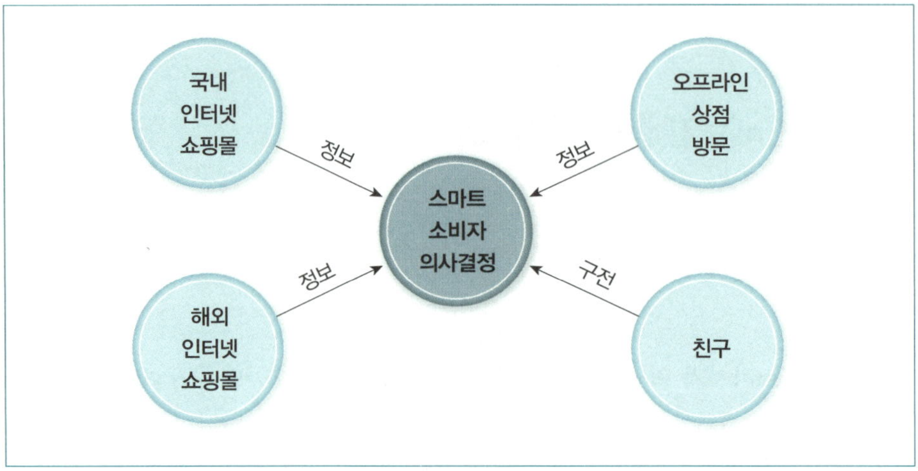

2) 대량수송에서 맞춤형 운송서비스로 변화

수송규모가 확대되고, 소량 다품종 처리시설이 도입되면서 물류창고는 대형화 · 고도화되고 있다. 대형화는 온라인 구매의 증가와 대형화주기업의 출현, 인프라 측면에서는 교통이 편리한 지점에 물류센터의 건립 등으로 나타나고 있다. 고도화는 1인 가구의 증대, 온라인 거래의 확대 등으로 물품의 유형 크기가 다양해지면서 이를 처리하기 위한 새로운 창고관리 기술이 도입되는 것을 말한다.

3) 물류창고의 스마트창고로의 변화

스마트창고(Smart warehouse)란 창고와 관련하여 효율적인 작업을 위하여 최신 물류 IT기술을 적용하여 구축한 창고를 의미한다. 스마트창고의 대표적 사례로는 일본 홈인테리어 전문기업인 니토리 홀딩스를 들 수 있다. 2016년 3월 니토리 홀딩스의 물류자회사인 홈로지스틱스는 일본 최초로 집짓기 놀이형 로봇창고 시스템을 도입하였다. 이 로봇창고 시스템은 노르웨이의 야곱 하테랜드 컴퓨터회사가 제작한 오토스토어로 전 세계 100여 곳에 적용된 차세대 로봇 스토리지 시스템이다. 격자모양으로 된 창고에서 고밀도로 수납된 빈 위를 로봇이 돌아다니며 자동으로 입출하하는 자동창고형 피킹 시스템이다. 입고작업은 인간이 포트에서 상품을 빈에 넣으면 로봇이 빈을 들어서 운반하여 격납하는 방식으로 이루어지며, 출고작업은 로봇이 상품이 들어 있는 빈을 찾아서 포트에 운반해 오면 작업자가 피킹만 하면 된다. 과거 작업자 인간이 창고를 돌아다니며 상품을 피킹하던 경우와는 달리 포트에 머물러 있으므로 그만큼 시간이 적게 들고 실수가 줄어든다.[2]

그림 4-2 스마트창고

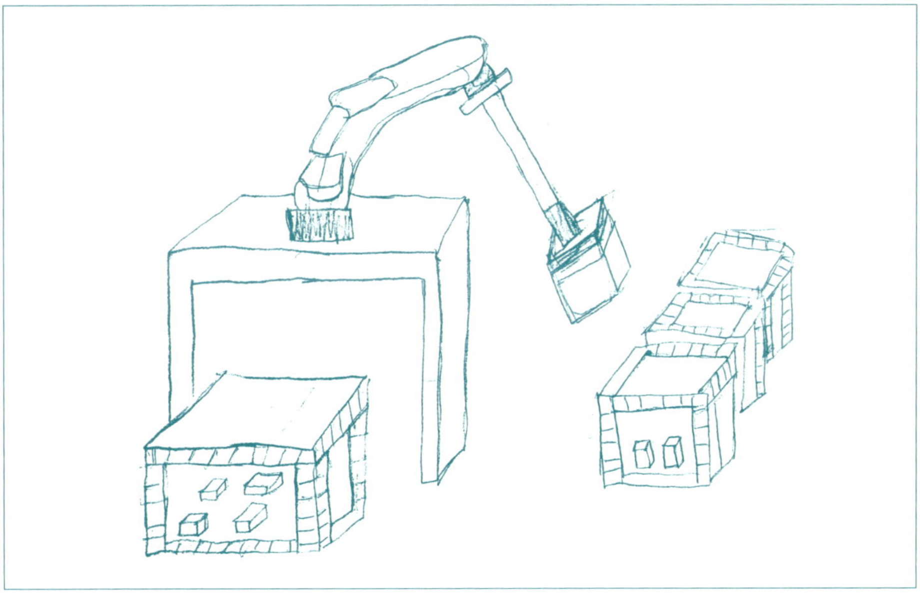

4) 물류로봇의 출현

물류로봇은 물류센터 및 공장의 사물인터넷(IoT) 기술과 인공지능을 활용한 자율주행 기술을 결합한 로봇시스템이다. 아마존은 물류로봇을 활용하여 물류 생산성을 올리고 있다. 아마존은 자사 물류센터에서 4만 5천 대 이상의 물류로봇을 활용하여 물류비용과 처리시간을 단축하고 있다. 아마존의 물류 모형은 로봇은 이송만 하고, 사람은 피킹 기능만 수행하는 인간-로봇 협업체제이다. 아마존은 지능엔진이 탑재된 키바로봇을 도입하였다. 키바로봇은 머신러닝과 딥러닝 알고리즘을 채용하여 이동경로 계산 및 최적화, 재고 선반과 물건의 인지, 이동하는 키바로봇 간의 충돌 방지 등을 수행한다. 이를 통해 기존의 1시간 이상 걸리던 물류 순환 속도를 15분으로 단축하고 재고 공간과 운영비용 또한 절감하였다.[3]

그림 4-3 물류로봇

1.3 스마트물류 현황

1) 사물인터넷의 도입

물류분야 사물인터넷(IoT)은 모니터링 기능과 분석 및 의사결정 부분으로 구분된다. 모니터링 기능은 센서 기술을 활용하여 공급망 내의 사물들을 감시하는 기능이며, 의사결정 기능은 센서가 보내온 빅데이터를 처리하고 이를 통하여 의사결정을 하는 기능이다. 최근에는 인공지능 소프트웨어를 탑재하여 외부 환경과 상태 변화를 인지 학습하여 자율적으로 의사결정을 하는 IoT 장치들이 나타나고 있다.[4]

표 4-1 스마트물류 기반 기술

기술	분야	적용 방안
인공지능	운송 · 하역	빅데이터 자료를 AI로 분석하여 최적 경로 계산 화물별 착발 스케줄에 따라 자동으로 수행
사물인터넷	운송 · 보관	차량에 센서를 부착하여 연료량의 자동제어센서를 통하여 재고량 실시간으로 파악
빅데이터	운송 · 보관	물류현장에서 수집된 빅데이터를 활용 최적 운송루트 산정 소비량, 판매량, 생산량에 대한 빅데이터를 활용하여 적정 재고량 유지
클라우드	공급사슬관리	공급사슬상의 회사 간 데이터 공유를 통해 공급사슬의 효율화를 추구
로봇	하역 · 보관	창고관리에 로봇을 활용함으로써 비용과 시간 단축 제조와 수송 부분의 정보교류를 통하여 정확한 피킹 작업
드론	운송 · 하역	공중으로 배송하므로 정시 도착, 컨테이너선의 접안을 도움
3D프린팅	운송 · 재고관리	물품을 수입국에서 제조하므로 운송비 절감 필요 시 제조가 가능하므로 재고비용 절감

출처 : 박문수 · 김장현, 「4차 산업혁명과 인천시 항만의 스마트물류 적용에 관한 탐색적 접근」, 『물류학회지』, 2018, p.49.

2) 스마트 컨테이너

컨테이너에 센서와 무선통신 기능을 강화하여 부정한 개봉과 위치정보, 온도 등을 감지하는 컨테이너를 말한다. 따라서 채소, 생선, 과일 등 신선물류에는 중요한 역할을 할 것으로 기대되고 있다.

3) 해상용 컨테이너 모니터링 시스템(CTMS)

해상용 컨테이너 모니터링 시스템은 화물컨테이너 해상물류산업에서 무선인식기술을 도입하여 화물컨테이너의 개폐 여부 및 침입을 감지하여 알려주는 전자보안장치와 컨테이너 물류정보 및 이동을 추적하는 장치이다. 향후 물류보안에 중요한 역할을 할 것으로 기대된다.

2. 인공지능과 물류

2.1 인공지능의 개념

인공지능(Artificial Intelligence ; AI)이란 인공적으로 만들어진 지능을 가지는 실제, 또는 그러한 실체를 만들기 위하여 지능 자체를 연구하는 분야로 정의된다.[5] 인공지능을 만드는 것은 인류가 비행기를 만드는 것으로 비유된다. 그리스 신화에 보면, 인간은 날기 위하여 처음 새의 비행 모습을 모방하여 날개를 만들었지만 실패한다.[6] 라이트 형제가 제작한 비행기 날개는 새처럼 날갯짓을 하지는 않는다. 그러나 양력을 이용하여 비행에 성공한다.[7] 새와 비행기 비유처럼, 인공지능은 인간 지능의 메카니즘을 그대로 흉내내지는 않는다. 인공지능은 별도의 메카니즘을 가진다. 그러나 인공지능은 인간지능이 발현하는 결과와 유사한 지능을 구현한다. 예를 들어 바둑 인공지능인 알파고와 인간 프로기사가 바둑을 둘 때, 알파고는 인간 기사가 이해할 수 없는 방식으로 바둑의 착점을 한다.[8] 그러나 바둑이라는 게임에서는 전체적으로는 인간보다 우수한 결과를 보이고 있다.[9]

용어 설명 **튜링테스트**

컴퓨터와 인공지능 개념 창안의 선구자라고 할 수 있는 튜링은 하나의 테스트를 제안하였다. 그의 이름을 따서 튜링테스트라고 불리는 검증방법은 다음과 같다. 컴퓨터와 다른 방에 있는 인간이 화면과 키보드로 컴퓨터와 대화를 하고 그 사람이 상대방이 컴퓨터라는 사실을 알아채지 못하면 인공지능이 성공한 것이라고 한다.

출처 : 마쓰오 유타카, 『인공지능과 딥러닝』(박기원 역), 동아엠앤비, 2004, p.46.

2.2 인공지능의 역사

인공지능이 처음 출현한 것은 1956년 여름 미국 다트머스대학교에서 존 매카시, 마빈 민스키, 엘런 뉴웰, 허버트 사이먼이라는 4명의 저명한 학자가 워크샵을 가진 데서 출발하였다. 따라서 인공지능이 본격적으로 출현한 것은 불과 60여 년 밖에 되지 않았다.

1) 제1차 AI 단계

제1차 AI 단계는 추론과 탐색을 설계하는 데서 시작되었다. 예를 들어 보자. 로봇에게 방에 있는 물건을 가져오게 하는 프로그램을 짤 수 있다. 이는 전제조건-행동-결과의 3단계로 구분된다.[10]

전제조건	: 방 밖에 있다.
행동	: 문을 열면
결과	: 문이 열린 상태가 된다.

전제조건	: 문이 열린 상태이다.
행동	: 실내로 이동한다.
결과	: 방 안에 있는 상태가 된다.

전제조건	: 방 안에 있다.
행동	: 배터리를 집는다.
결과	: 방 안에서 배터리를 집은 상태가 된다.[11]

전제조건	: 방 안에서 배터리를 집은 상태이다.
행동	: 실외로 이동한다.
결과	: 배터리를 집은 상태로 실외에 있는 상태가 된다.

2) 제2차 AI 단계

제2차 AI 단계는 컴퓨터에 지식을 부여하는 설계 단계이다. 인공지능이 똑똑해지기 위해서는 인간이 축적한 지식을 컴퓨터에 입력해야 한다. 아직 인공지능이 스스로 이동하고 돌아다니며 경험하면서 지식을 축적할 수 없으므로 인간이 인공지능에게 지식을 가르쳐주는 것으로 비유할 수 있다. 마치 아이가 새로 태어나면 엄마가 아이에게 젖을 주거나 우유병을 물려주거나, 수저로 아이에게 음식을 먹여주는 것과 유사하다. 따라서 아직 인공지능은 스스로 지식을 학습하지는 않는다. 인간이 학습하여 축적한 지식을 인공지능에게 가르쳐주는 단계이다. 대표적인 사례는 전문가시스템(Expert System)이다. 인간이 전문가시스템에 질문을 하면, 전문가시스템은 저장해 놓은 지식 데이터베이스에서 자료를 출력하여 인간에게 알려준다.

Box 4-1 인공지능의 역사

1차 AI 단계 : 추론과 탐색을 설계

2차 AI 단계 : AI에게 지식을 제공하는 단계

3차 AI 단계 : 기계러닝(machine learning) 단계

4차 AI 단계 : 딥러닝(deep learning)이 구현되는 단계

5차 AI 단계 : 일반 인공지능이 구현되는 단계

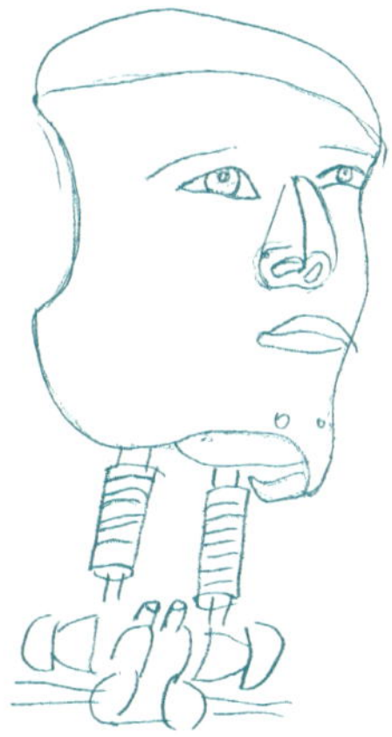

그림 출처 : 테크니들, 『인공지능 비즈니스 트렌드』, 와이즈맵, 2019.

3) 제3차 AI 단계

제3차 AI 단계는 기계학습(machine learning) 단계이다. 기계학습은 전문가 시스템에서 진일보하여 인간이 인공지능에게 지식을 가르쳐주지 않아도 인공지능 스스로 지식을 찾아서 검색해 학습하는 단계이다. 이러한 단계는 인터넷이 활성화되고, 모바일 폰이 대중화되면서 빅데이터가 가능해졌기 때문이다. 그러나 기계러닝의 문제점은 아직 인공지능이 무엇을 학습해야 특징을 파악할지 모른다는 점이다. 예를 들어 보자. 고양이라는 동물을 인식하는 데 있어서 고양이의 어떤 특징(feature)들이 고양이의 주된 특징인지 알기 어렵다는 것이다. 사람은 오감을 통해 고양이는 평소 졸리는 듯한 모습이고, 부드러운 털이 많고, 야옹하고 소리를 낸다는 사실을 인지한다. 인간은 바로 고양이를 인식한다. 그러나 인공지능은 아직 고양이를 본 적이 없는 상황에서 고양이를 알기가 어렵다.

따라서 고양이의 그림을 수만 장 보여주면서 고양이가 어떤 존재인지 알아채기를 바란다. 그러나 그냥 고양이 그림만 보여준다고 인공지능이 바로 고양이를

인식하지는 못한다. 인간이 힌트를 주어야 한다. 그리고 주된 특징을 사전적으로 알려주어야 한다. 이를 지도학습이라고 한다. 따라서 일반적인 기계학습의 경우에도 인간의 도움이 필요하다.

4) 제4차 AI 단계

제4차 AI 단계는 기계학습의 더 발전된 모습인 딥러닝(deep learning)이 구현되는 단계이다. 딥러닝은 인간의 도움 없이도 인공지능 스스로 학습하여 패턴을 인식할 수 있는 기계학습의 진보된 형태로 커다란 전환점이라고 할 수 있다. 비유컨대 이 단계에 이르면 인공지능은 인간의 도움 없이도 자율적으로 학습한다. 예를 들어 보자. 인공지능이 고양이를 인식하는 데 있어서 인간이 어떠한 지름길 특징들을 얘기하지 않아도, 인공지능 스스로 어떤 특징이 고양이를 인식하는 데 가장 유효한 특징인지 알아채는 단계이다.

5) 제5차 AI 단계

제5차 AI 단계는 현재 진행형이라고 할 수 있다. 아직까지 인공지능은 오직 지식 관련 분야에서만 두각을 나타내고 있다. 그러나 인공지능이 인간과 협력하기 위해서는 인간의 감정을 이해해야 할 것이다. 아직 인공지능은 인간의 감정을 제대로 이해하고 의사소통하는 단계에는 이르지 못하고 있다. 또한 현재까지의 인공지능은 알파고와 같이 특정 분야에서 적용 가능한 인공지능이다. 연구자들은 여러 분야에 두루 적용 가능한 일반 인공지능을 연구하고 있다.[12]

6) 제6차 AI 단계

제6차 AI 단계는 인공지능이 일반 인공지능 단계에 도달하고, 이러한 인공지능이 인간 형태의 로봇에 장착되어 두뇌기능을 수행하는 단계이다. 이 단계에 이르기 전에 로봇이 인간처럼 물건을 집을 수 있도록 손을 딱딱하지 않게 설계해야 한다. 그리고 인간과 의사소통하며 서로 협력하는 단계이다. 이 단계에 이르면 AI는 SF영화 스타트랙 넥스트 제네레이션에 나오는 인공지능 로봇인 "데이터"와 같아질 것이다.

2.3 인공지능과 물류

인공지능은 스마트물류에서 핵심적인 역할을 수행하고 있으며, 향후 이러한 경향은 더욱 심화될 것으로 전망된다. 다만 인공지능 단독으로 물류에 영향을 주기보다는 빅데이터 및 센서 기술을 활용한 사물인터넷, 로봇 기술들이 융합된 형태로 나타날 것이다. 첫째, 인공지능은 빅데이터와 불가분의 관계에 있다. 왜냐하면 인공지능을 학습시키기 위해서는 대량의 데이터가 필요하며 이는 빅데이터로부터 구할 수 있기 때문이다. 예를 들어 보자. 자율주행차가 성공하기 위해서는 시내에서의 온갖 돌발변수에 대응해야 한다. 그러기 위해서는 인공지능이 많은 데이터를 갖고 있어야 한다. 향후 자율주행 트럭이 나오기 위해서는 이러한 점이 선결조건이다.

둘째, 인공지능은 사물인터넷과 불가분의 관계에 있다. 왜냐하면 인공지능을 학습시키기 위한 빅데이터는 사물인터넷을 활용한 센서를 통해 들어오는 다량의 정보가 필요하기 때문이다.

셋째, 인공지능은 로봇과 불가분의 관계에 있다. 최종적으로 인공지능이 완결되기 위해서는 스타트랙의 무관으로 나온 "데이터"[13]처럼 그 자체가 휴머노이드에 근접해야 그 효과가 극대화될 것이기 때문이다. 현재도 스마트물류창고에서는 물류로봇이 활약하고 있다.

3. 스마트항만

3.1 배경

1) 선박의 초대형화

컨테이너선은 현대 해상운송에서 가장 중요한 유형의 선박이다. 1950년에 최초로 50 TEU급 컨테이너선이 등장한 이래 60년 만에 화물운송능력이 300배 증가한 1만 5천 TEU급 컨테이너선이 운항되고 있는 현실이다. 컨테이너선이 대형화됨에 따라 초대형 컨테이너선이 기항할 수 있는 항만의 수는 줄어들고 있다. 예를 들어 1만 5천 TEU급 컨테이너선은 길이가 400미터, 폭은 60미터 내외로 수심이 얕거나 크레인 아웃리치가 작은 장비를 가진 항만에는 기항이 불가능하다. 선사는 대개 약 24~36시간 내에 컨테이너 양하나 선적이 이루어지기를 바라고 있다. 따라서 항만생산성이 높은 항만을 선호한다. 최근에는 2만 5천 TEU급 초대형 컨테이너선도 운송에 투입되고 있다.

2) 항만의 무인자동화

1993년에 최초로 유럽에서 무인자동화 항만이 등장했다. 네덜란드는 인건비가 상승하고 기술이 발전함에 따라 무인자동화 항만 건설에 나섰다. 무인자동화 항만은 재래식 터미널에 비하여 인건비가 3분의 1만 들고 생산성은 높다. 그러나 초기 투자비용이 많이 들고 높은 기술력이 요구된다. 현재 네덜란드, 독일, 중국 등에서 운영되고 있으며 싱가포르, 부산항 등에서는 반자동터미널이 운영되고 있다.

3) 항만의 친환경화

전 지구적 차원의 경제성장에 따른 지구온난화, 대기오염 증가로 인해서 기후변화 대응이 글로벌 어젠다로 부상하고 있다. 이에 세계 각국은 해운 항만물류 분야에서 2050년까지 이산화탄소 배출량을 50% 감축하는 목표를 설정하였다. 이를 위하여 2008년 7월 세계 55개 항만은 '세계항만기후선언'을 채택하였으며, 항만 내륙운송 부문의 탄소배출 저감 실천에 합의하였다.[14] 이를 실천하기 위하여 해외 선진 항만들은 기술개발을 통하여 친환경 항만 구축에 나서고 있다. 특히 무인자동화 터미널은 전기배터리를 장착한 AGV를 이용하는 등 에너지원을 전기로 전환함으로써 이산화탄소 배출량을 줄이고 있다.

3.2 정의

스마트항만은 항만기술 분야에서 미래 항만의 첨단화, 청정화, 고도화를 달성하기 위하여 항만물류장비, 항만물류 인프라, 항만운영 시스템 및 관련 시설의 무인자동화, 고생산성화, 그린화를 적용한 항만이다. 스마트항만 기능은 스마트(Smart) 기능과 그린(Green) 기능으로 구분할 수 있다. 스마트 기능은 자동화를 실현함으로써 항만의 물류생산성을 높이는 것을 의미한다. 따라서 스마트항만의 실천적 목표는 고생산성화 및 완전무인자동화를 지향한다. 그린 기능은 항만의 청정성 유지를 목표로 한다. 대부분의 항만은 하역작업과 선적작업을 하는 도중에, 내연기관 하역장비를 사용하는 과정에서 이산화탄소(CO_2)가 배출되기 마련이며 많은 미세먼지가 발생한다. 따라서 그린항만을 실현하기 위하여 이산화탄소 배출량 제로를 실천 목표로 한다.

3.3 현황

1) 무인완전자동화 터미널

(1) 네덜란드 ECT(Europe Container Terminal)

네덜란드의 유럽 컨테이너 터미널(ECT)은 로테르담 항구에 건설된 세계 최초의 자동화 컨테이너 터미널로 장치장 배치방법을 수평에서 수직으로 변경하여 설계한 신개념 터미널이다. 현재는 수직 배치 컨테이너 터미널이 다수 운영되고 있

표 4-2 로테르담 완전무인자동화 터미널

터미널명	개장연도	하역시스템	비고
DDN(Delta Dedicated North)	1993	C/C-AGV-ASC-SC	C/C : 대선박(유인) 대AGV : 무인 AGV : 무인 ASC : 대 AGV : 무인
DDE(Delta Dedicated East)	1996	C/C-AGV-ASC-SC	C/C : 대선박(유인) 대AGV : 무인 AGV : 무인 ASC : 대 AGV : 무인
DDW(Delta Dedicated West)	2002	C/C-AGV-ASC-SC	C/C : 대선박(유인) 대AGV : 무인 AGV : 무인 ASC : 대 AGV : 무인
Euromax	2010	C/C-AGV-ARMGC	C/C : 대선박(유인) 대AGV : 무인 AGV : 무인 ARMGC : 대AGV : 무인 대RT : 원격
RWG(Rotterdam World Gateway)	2015	C/C-AGV-ARMGC	안벽장비까지 무인화함

출처 : 최상희, 「미래를 선도하는 스마트항만 물류기술」, 『전자공학회지』 39권 5호, 2012, p.394. ; KMI 동향분석(2017).

으나 당시에는 세계에서 최초로 배치 형태를 바꾼 획기적인 물류시스템이었다. 또한 네덜란드 ECT는 자동화된 컨테이너운반차량(Automated Guided Vehicle ; AGV), 야드하역크레인(Automated Stacking Crane ; ASC)을 최초로 배치한 무인하역시스템을 개발하였다. 현재 세계에서 가장 큰 규모의 자동화 컨테이너 터미널을 운영하고 있으며, 전체 면적은 265헥타르, 안벽길이 3.6킬로미터, 수심은 16.65미터에 이르는 초대형 항만이다.

ECT 중 다섯 곳은 완전무인자동화로 운영되고 있다. 즉, 안벽장비와 이송장비의 연계작업, 컨테이너 이송, 이송장비와 야드장비의 연계작업, 야드 적재, 인출작업 등이 모두 무인으로 수행되고 있다. 그러나 자동화 장비와 유인장비 연계작업이 이루어지는 곳은 원격조정으로 작업을 수행한다. 예를 들어 외부에서 운전자가 탑승한 컨테이너 적재 차량이 터미널로 들어올 경우, 터미널의 중앙통제센터에서 원격조정으로 컨테이너를 싣고 내린다.[15] 최근 2015년에는 안벽크레인까지 무인화한 RWG(Rotterdam World Gateway)를 개장하였다.

(2) 독일 CTA(Container Terminal Altenwerder)

독일의 CTA 자동화 컨테이너 터미널은 1997년 독일이 항만생산성 증가, 서비스 향상, 물류비 절감을 목적으로 자동화 터미널 개발에 착수한 데서 비롯되었다. 5년의 개발과 시험운행 끝에 2002년 세계에서 두 번째로 완전무인자동화 컨테이너 터미널 운영에 들어갔다. 전체 면적은 1평방킬로미터, 안벽길이는 1.4킬로미터, 수심은 16.7미터의 초대형 터미널이다. 독일의 CTA 또한 완전자동화로 운영되고 있다. 안벽장비와 이송장비의 연계작업, 컨테이너 이송, 이송장비와 야드장비의 연계작업, 야드 적재, 인출작업 등이 모두 무인으로 수행되고 있다. 자동화 장비가 작업하는 구역과 유인트럭이 진입하는 구역은 엄격하게 분리되어 있다.

표 4-3 독일 CTA 터미널

구분	항목	현황
항만 인프라	총면적	1.0평방킬로미터
	안벽길이	1.4킬로미터
	수심	16.7미터
하역장비	C/C	15
	AGV	84
	ASC	52
	Rail Crane	4
기타	최대 선형	1만 2천 TEU급 컨테이너선 기항

출처 : 최상희, 「미래를 선도하는 스마트항만 물류기술」, 『전자공학회지』 39권 5호, 2012, p.395.

(3) 미국 롱비치항

미국은 2016년 4월에 완전무인자동화 터미널인 롱비치 컨테이너 터미널(LBCT)를 개장하였다. 미국 롱비치항은 미국의 서부 관문항구의 하나이다. 롱비치 무인자동화 터미널의 안벽길이는 1,295미터이며, 72대의 ASC, 70대의 AGV를 갖추고 있다. 롱비치항 완전무인자동화 터미널 측은 자동화 이전과 비교해서 질소산화물, 황산화물, 이산화탄소와 같은 오염물질 배출이 84% 이상 감소했다고 발표하였다.[16]

(4) 중국 상하이 양산항 자동화 터미널

2017년 12월에 운영에 들어간 상하이 양산항 4단계 자동화 터미널은 선박에서 컨테이너를 터미널로 내리는 하역작업에서부터 트랙터 차량에서 컨테이너를 옮겨 나르고 항만의 출입구를 통과하는 전 과정이 모두 자동화된 항만이다. 양산항 4단계 자동화 터미널은 중국의 상해국제항만그룹(SIPG)과 젠화상해중공업(ZPMC)이 양산도에 공동 개발한 항만으로 전체 면적이 2백 2십만 평방미터이고, 평균수심은 11미터인 완전무인자동화 컨테이너 터미널이다. 총 길이는 2,350미터이며, 7개의 선석을 보유하고 있다. 이 중에서 2개의 선석은 7만 톤급 컨테이너 선박용이며, 5곳은 5만 톤급 선박이 접안 가능하다. 현재 개장하여 운영 중인 터미널은 10대의 자동 갠트리 크레인과 40대의 ASC, 50대의 AGV를 운영하고 있다.[17]

(5) 중국 칭다오 치엔환 컨테이너 터미널

2017년 5월에 운영에 들어간 칭다오 치엔환 컨테이너 터미널은 제1단계 2개 선석을 아시아 권역에서는 최초로 완전무인자동화 컨테이너 터미널로 운영하고 있다. 예를 들어 ZIM시카고호는 칭다오항에 입항하여 당일 새벽 12시에 하역작업을 시작하여 오전 9시 25분에 모든 선적화물을 하역하였는데, 그 시간 동안 모두 1,785개 컨테이너를 하역할 만큼 작업효율이 뛰어나다. 칭다오항은 완전 스마트화, 높은 효율성 및 안정성, 이산화탄소 배출 제로 등의 성과를 내고 있다.

2) 반자동화 터미널

터미널 전체가 무인자동화 단계에 이르지는 못했으나 일부 자동화에 성공한 터미널들도 있다. 이들은 야드장비만을 자동화한 시스템으로, 장치장 작업은 무인으로 원격운전하고 전기동력을 사용한다. 그러나 터미널 내 이동장비는 유인 야드트럭을 사용한다. 이러한 사례로는 싱가포르의 PPT(Pasir Panjang Terminal), 벨기에의 엔트워프항, 한국의 현대상선 신항 등이 있다. 싱가포르나 벨기에 엔트워프항의 경우 야드장비로 천정형 크레인(Over Head Bridge Crane ; OHBC)을 사용한다. 한국의 경우 5단 10열의 자동화 야드장비인 ARMGC를 사용한다. 이러한 장비는 야드 트럭이나 외부 트럭과의 연계작업에서 원격조정을 하여 컨테이너를 적재하거나 하역한다.[18]

3) 향후 계획 중인 완전무인자동화 터미널

(1) 싱가포르 TUAS 터미널

싱가포르는 2020년부터 2040년까지 65개 선석을 건설하고 모든 시스템을 완전무인자동화 시스템으로 운영하기로 확정하였다. TUAS 터미널은 로보틱 기술 이외에도 그린 기술, 드론 기술, 선박 추적 및 정시입항 기술 등 스마트 기술 실현을 목표로 하고 있다.[19] 이 외에도 이탈리아와 중국 당산항 터미널이 준비 중에 있다.

(2) 한국 부산항 터미널

한국 부산항도 최근 로보틱 항만 구축에 나서고 있다. 부산항 제2신항 건설계획에 따르면 제4차 산업혁명 시대를 선도하기 위하여 스마트항만이 도입될 예정이다. 부산항 제2신항에는 자동화된 항만장비와 5G통신을 이용한 실시간 정보 공유를 통하여 항만 내 최적 물류프로세스를 구현할 예정이다.

4. 자율주행 선박

4.1 자율운항 선박의 무인화 단계

1) 운항보조화 단계

기상정보와 여러 가지 환경요소를 고려하여 자동으로 최적의 항로를 생성하고 이를 추종하도록 제어하는 등의 기술을 바탕으로 선원 및 항해사의 업무를 지원하여 운항의 효율성을 향상시키는 단계이다. 이 단계에서는 위성통신을 활용하여 선박의 운항데이터를 육상으로 전송하여 육상관제센터에서 선박의 운항 상태를 실시간으로 모니터링할 수 있도록 한다.

2) 부분 무인화 단계

육상관제센터에서 선박을 원격제어하며 최소한의 유지・보수를 위한 선원만 남기고 선박을 자동화하는 단계이다. 부분 무인화 단계는 다시 근해와 원해로 나누어질 수 있다. 통신 속도 및 안정성이 확보되는 근해에서는 먼저 선박 원격제어 기술을 충분히 검증하면서 육상관제센터의 개입을 조금씩 줄이고 선박의 자율성을 높인다.[20]

3) 완전무인화 단계

운항보조화 단계 및 부분 무인화 단계에서 다수의 선박에서 다년간에 걸쳐 확보한 데이터를 바탕으로 환경 및 내부 상태 인식기술을 고도화하고 주어진 상황에서 의사결정 시스템이 자동적으로 신속하고 최적화된 결정을 하여 선박 운항을 스스로 제어할 수 있는 단계이다. 그러나 선원이 탑승하지 않으므로 높은 수준의 장비 유지 · 보수 기술 및 예측 기술이 요구된다.[21]

4.2 자율운항 선박의 요소 기술

1) 충돌회피기술

자율운항 선박의 안전한 항해를 위해서는 충돌회피기술이 중요하다. 선박의 안전한 운항을 위한 전자장비들이 활용되고 있지만 아직도 선박충돌 사고가 적지 않게 발생하고 있다. 선박충돌 사고의 주된 원인은 항해사의 실책에 의한 것이 다수이다. 충돌 발생 원인의 75~90%를 차지하고 있다. 따라서 충돌위험 상황에서 항해사의 주관적 판단을 제한하고 지능형 의사결정 시스템에 의하여 충돌회피 운항을 결정한다면 충돌사고 발생건수는 줄어들 것이다. 충돌회피기술은 충돌위험 상황을 탐지하는 기술과 충돌회피를 위한 운항경로를 생성하는 기술로 구분할 수 있다.[22]

2) 최적항로 생성기술

자율운항 선박의 자동항로 생성 및 추종 기술은 자율운항 선박의 필수기술이다. 기존의 최적항로 생성기술은 가능한 여러 후보항로들을 생성한 뒤에 연료소비가 가장 적은 항로를 찾는 방식으로 최적의 경제항로를 생성한다.

3) 자동접안기술

무인선박은 항해사의 도움 없이 항구 부두에 접안을 하고 이안을 해야 한다. 그러나 특히 대형 선박의 경우에는 바람, 조류 등의 영향을 많이 받기 때문에 항해사가 수동으로 접안하는 것도 쉽지 않다. 자동접안기술은 자율운항 선박 기술 중 가장 어려운 기술에 속한다.

4) 선박 육상 간 통신기술

무인선박을 원격제어하기 위해서는 육상관제센터와 선박 사이에 원활한 통신망이 필수적이다. 예를 들어 선내에서 수집한 데이터를 육상으로 전송하는 과정에서 데이터에 손실이 발생하면 관제센터에서 정확한 상황파악을 할 수 없을 것이다. 선내 데이터를 수집하는 것도 중요하다. 이를 위한 통신망이 중요하다. 무인선박에서는 상호 보완적인 관계에 있는 여러 센서 신호를 융합하여 의사결정을 한다.

5) 사이버보안기술

무인선박은 위성통신을 통해 선내 시스템에 접근이 가능하기 때문에 외부의 사이버 공격에 대비하기 위한 사이버보안기술이 필요하다.

요약

최근 인공지능이 광범위하게 일상생활에 들어옴에 따라 인류문명은 일찍이 경험하지 못한 상황에 직면하고 있다. 인공지능은 물류부문에도 예외 없이 적용되고 있다. 스마트창고(Smart warehouse)란 창고와 관련하여 효율적인 작업을 위하여 최신 물류 IT기술을 적용하여 구축한 창고를 의미한다. 구글의 자율주행차를 중심으로 인공지능이 도래함에 따라 자율주행 트럭이 상용화되면 도로운송 부문에서 커다란 충격이 가해질 것으로 예상된다. 더구나 최근에는 해상운송에서도 자율주행 선박이 시험되고 있다. 자율운항 선박의 안전한 항해를 위해서는 충돌회피기술이 중요하다. 자율운항 선박의 자동항로 생성 및 추종 기술은 자율운항 선박의 필수기술이다. 자동 접안 및 이안 기술은 자율운항 선박 기술 중 가장 어려운 기술에 속한다. 무인선박을 원격제어하기 위해서는 육상관제센터와 선박 사이에 원활한 통신망이 필수적이다. 무인선박은 위성통신을 통해 선내 시스템에 접근이 가능하기 때문에 외부의 사이버공격에 대비하기 위한 사이버보안기술이 필요하다. 스마트항만은 항만기술 분야에서 미래 항만의 첨단화 · 청정화 · 고도화를 달성하기 위하여 항만 물류장비, 항만물류 인프라, 항만운영 시스템 및 관련 시설의 무인화, 자동화, 고생산성화, 그린화를 적용한 항만이다. 이미 물류창고에서는 인공지능이 장착된 물류로봇이 일을 하고 있어서 비용절감 효과를 거두고 있다. 더구나 국제항만의 컨테이너 터미널들은 유럽의 로테르담 항만을 기점으로 하여 무인완전자동화 로보틱 항만으로 탈바꿈하고 있다. 이러한 거스를 수 없는 대세로 인하여 인공지능의 적용은 불가피한 선택으로 전환되고 있다.

연습문제

토론주제

1. 스마트물류에 대하여 토론하시오.
2. 인공지능이 물류에 준 영향에 대하여 토론하시오.

일반문제

1. 프로슈머에 대하여 설명하시오.
2. smart warehouse에 대하여 설명하시오.
3. 물류로봇에 대하여 설명하시오.
4. 빅데이터에 대하여 설명하시오.
5. 클라우드 컴퓨팅에 대하여 설명하시오.
6. 스마트항만에 대하여 설명하시오.
7. 튜링테스트에 대하여 설명하시오.
8. AGV에 대하여 설명하시오.
9. 자율무인선박에 대하여 설명하시오.

심화문제

1. 인공지능의 역사에 대하여 설명하시오.
2. 딥러닝에 대하여 설명하시오.
3. 머신러닝에 대하여 설명하시오.
4. 로테르담 무인자동화 터미널에 대하여 설명하시오.
5. 독일 CTA에 대하여 설명하시오.
6. 중국 상하이항 자동화 터미널에 대하여 설명하시오.
7. 한국 부산항 자동화 터미널 수립계획에 대하여 설명하시오.

참고문헌 및 미주

1. 함형범, 「한중 스마트물류 정책에 대한 비교연구」, 『e-비즈니스연구』, 19권 5호, 2018, p.179.
2. 박문수 · 김장현, 「4차산업혁명과 인천시 항만의 스마트물류 적용에 관한 탐색적 접근」, 『물류학회지』, 28권 제4호, 2018, p.52.
3. 최혁준 · 정현재, 「스마트물류 동향 및 평택항 IoT 적용방안」, 『e-비즈니스연구』, 18권 6호, 2017,

p.152.

4. 최혁준 · 정현재(2017), p.152.

5. 마쓰오 유타카, 『인공지능과 딥러닝』(박기원 역), 동아엠앤비, 2004, p.47.

6. 해가 뜨자 날개 깃털 사이를 이어 붙인 아교가 녹아서 사람은 추락하고 만다.

7. 마쓰오 유타카(2004), p.49.

8. 바둑 인공지능은 인간 기사들이 확립해 온 바둑의 정석이나 저명 프로기사들의 기보에서는 본 적이 없는 방식으로 바둑을 둔다.

9. 현재는 오히려 인간 프로기사가 알파고 등 인공지능 바둑 소프트웨어의 기보를 연구하여 인간 간의 바둑게임에서 승률을 올리고 있기도 한다. 그러나 인간 프로기사는 알파고가 왜 그러한 수를 두었는지를 완전히 이해하지는 못하고 있다. 최근 바둑 인공지능도 계속 진화하여 최고 수준의 인간 프로기사들이 바둑 인공지능과 대결을 할 때 2점을 먼저 깔고 시작해야 해볼 만한 상황이라고 한다.

10. 마쓰오 유타카(2004), p.73.

11. 마쓰오 유타카(2004), p.73.

12. 마틴 포드, 『AI마인드』(김태영 외 4인 역), 터닝포인트, 2019 참조.

13. 우리나라에서도 절찬리에 방영되었던 "스타트랙 넥스트 제네레이션"에는 우주선의 승무원으로 인공지능 로봇이 등장한다.

14. 최상희, 「미래를 선도하는 스마트항만 물류기술」, 『전자공학회지』, 39권 제5호, 2012, p.393.

15. 최상희(2012), p.393.

16. MK 2017, 6월 8일 기사

17. 김형근, 「중국 로보틱 항만 현황과 우리나라 자동화 항만 구축 필요성 연구」, 『중국학』 제64집 , 2018, p.292.

18. 최상희(2012), p.395.

19. 한국해양수산개발원, 『KMI 동향분석』, 제31권, 2017 6월호, p.11.

20. 정화룡 · 장현준 · 송영은, 「대형 무인선박의 자율운항 기술 개발동향」, 『제어로봇시스템학회논문지』, 제25권 제1호, 2019, 76-87.

21. 정화룡 · 장현준 · 송영은(2019), 76-87.

22. 정화룡 · 장현준 · 송영은(2019), 76-87.

1. 해상운송의 기초

2. 해운시장 환경의 변화

3. 선박

4. 정기선 운송

5. 부정기선 운송

6. 선적서류

7. 국제운송계약

해상운송

바스코 다 가마는 아프리카 희망봉을 넘어 인도에 도착하였다.

—『동인도회사와 아시아의 바다』

국제무역에서 해상운송이 차지하는 비중은 매우 높다고 할 것이다. 대항해시대에 스페인, 포르투갈, 네덜란드, 영국 등은 선박을 건조하여 아시아와 아메리카 대륙 항로를 개척한 바 있다. 또한 해상실크로드를 통하여 동양의 비단과 도자기가 인도를 거쳐서 유럽으로 운송되었다. 21세기에 들어서는 컨테이너 운송이 본격화되어 초대형 컨테이너선의 출현으로 바다를 통한 해상운송이 전성기를 맞이하고 있다. 또한 해상운송은 철도운송과 결합하여 복합운송으로 발전하고 있다.

1. 해상운송의 기초

1.1 해상운송의 의의

해상운송은 고대시대부터 국제무역에서 가장 중요한 운송수단이었다. 그리스 아테네의 무역선들은 지중해를 누볐으며, 북유럽의 바이킹들은 콜럼버스가 아메리카 대륙을 발견하기 전에 아메리카 대륙을 발견했다는 말이 있다. 해상왕 장보고는 신라, 일본, 중국 당나라 간 중계무역을 행하였으며, 중국 명나라 때 환관 정화는 아프리카 대륙 해안까지 대원정에 나선 기록이 있다. 특히 대항해시대에는 유럽에서 아시아나 아프리카, 중남미지역으로 보내진 선박들이 신대륙이나 신시장에서 많은 상품을 유럽으로 운송하였다.[1] 누가 바다를 지배하느냐에 따라 국가의 운명이 갈라지기도 하였다. 로마제국이 바다를 지배하고 있었기 때문에 카르타고의 명장 한니발 장군은 알프스 산맥을 넘어 위험한 행군을 해야 했다. 영국의 국력은 바다 때문에 전 세계로 확장되었다.[2]

1.2 해상운송의 장단점

해상운송의 장점은 다음과 같다.

첫째, 무엇보다도 대량운송을 할 수 있다는 장점이 있다. 컨테이너선으로 1만 개 이상의 컨테이너 박스를 운송하는 현대 해상운송을 생각해 보면, 해상운송이 어떤 다른 운송수단보다도 대량으로 화물을 운송할 수 있다는 것이 명확하다.

둘째, 선박이 길이가 100미터가 넘는 선박이 많기 때문에 해상운송은 부피가 큰 물건도 운송이 가능하다. 예를 들어 발전용 터빈같이 부피가 큰 물건은 열차나 항공기로 운반할 수 없다.

셋째, 장기운송에 적합하다. 보통 부산에서 미국 서해안까지 한 달 가까이 걸린다. 이처럼 저가 상품을 장기간 운송하는 데 적합하다.

해상운송의 단점은 다음과 같다.

첫째, 해상운송은 선박으로 이루어지는데 기상이 악화되면 선박이 출항할 수 없다. 따라서 선박은 전천후 운송수단이라고 할 수 없다.

둘째, 항공기나 기차에 비하여 속도가 느리다.

1.3 해운서비스의 특성

1) 서비스 생산의 특성

서비스를 생산하는 데는 선박과 승무원 같은 유형적인 요소들이 관여한다. 해운서비스의 무형성으로 인해 대부분의 화주들은 해운기업으로부터 화물운송 서비스를 받기 전까지는 그 기업의 서비스 품질을 확인할 수 없다. 즉, 해운기업은 화주가 그들의 서비스를 어떻게 이해하고 서비스 품질을 어떻게 평가하는지 알기 어렵다. 서비스가 생산된다 하더라도 해운서비스와 같은 무형재는 생산량을 계측하는 편리한 척도가 없어 운송되는 대상의 수, 무게, 용적, 운송거리 및 운송에 요하는 시간 등을 조합한 단위를 사용한다. 한편, 서비스를 사람 기준(People based)과 장비 기준(equipment based) 서비스로 구분하였을 때 해운서비스는 사람 기준 속성범위는 낮으나 장비 기준 속성범위는 매우 높다.

2) 서비스 수요 특성

해운서비스는 저장이 불가능하여 적재되지 않은 컨테이너선의 미사용 스페이스나 용선되지 못하고 계선 중인 부정기선의 용적은 보상을 받을 수 없다. 사용되지 않은 선박과 승무원은 각각 생산수단이고 잠재적인 노동력이지 해운서비스 그 자체는 아니다. 운송서비스는 생산될 때가 공급될 때이며 동시에 소비되는 시간이다. 이런 의미에서 운송서비스는 즉시재라고 말한다. 이 때문에 규칙적 일정에 따라 운항하는 정기선은 집화경쟁이 치열하게 되고, 화물단위에 맞는 부정기선의 용선이 경제성을 갖게 된다.

해운기업은 해운서비스를 필요로 하는 산업활동의 성수기 필요량을 충족시켜야 하므로 비성수기에는 필연적으로 유휴장비가 생기거나 혹은 불완전한 가동을 피할 수 없게 된다. 해운산업에서 이와 같은 높은 불이용능력이 존재하는 것은 수요의 시간적 불균등 차이 또는 장소적 불규칙성 때문이다.[3]

3) 서비스 행위 특성

일반적으로 서비스는 생산과정에 고객이 직접 참여하므로 서비스를 제공할 동안 물리적인 출석이 요구되어 고객은 서비스 제공 장소에서 서비스가 수행될 동안 시간을 소비하게 된다. 이 경우 위치 문의와 편리한 일정은 매우 중요한 요소가 될 수 있다. 그러나 해운은 서비스 조직과 고객이 거리를 두고 있으므로 고객이 서비스 시설, 즉 선박을 볼 수 없고, 서비스 요원인 선사의 직원이나 본선의 승무원들과 대면할 필요도 없다. 이와 같은 경우에서는 서비스 행위로 인한 결과가 매우 중요하게 되고, 서비스 제공 과정은 덜 중요하게 된다. 오늘날 새로운 전자유통채널은 EDI를 통해 선적의뢰의 중간단계를 생략시키고 운송관계서류를 컴퓨터로 즉시 전송할 수 있으므로, 고객을 구태여 서비스 제공 장소에 출석시키지 않고도 지속적인 서비스의 제공을 가능하게 한다.[4]

2. 해운시장 환경의 변화

2.1 컨테이너 선사의 집중화

최근 나타나는 현상은 컨테이너선사의 집중화 현상이다. 상위 20개 선사가 전 세계 해운 물동량의 거의 90%를 점유하고 있어 집중화 현상이 뚜렷하다. 해운산업의 특징은 가격변동이 크다는 것이다. 따라서 경기가 변동함에 따라 선복량의 차이가 크고, 단시간에 선복량이 늘어나지 않으므로 호황기에는 운임이 크게 올랐다가, 호황기 말에는 선사들의 선박주문량이 커짐에 따라 선복량이 크게 늘어나 있다가, 불황기에 들어서면 선사들은 갑자기 선복량을 줄일 수 없는 상황에서 해운서비스 수요가 크게 하락함으로 인해 해운시장의 가격인 운임이 갑자기 하락한다. 그렇게 되면서 선사가 도산하는 현상까지 발생한다. 이 과정에서 중소 선사가 도산함에 따라 대형 선사 위주로 해운시장이 재편된다. 이러한 일이 반복되다 보니 현재 컨테이너 선사 수는 줄어들었다.

표 5-1 글로벌 20대 해운선사

순위	선사	화물처리량(TEU)	점유율
1	머스크	4,173,274	19.4
2	MSC	3,160,649	14.7
3	CMA	2,520,918	11.7
4	코스코	1,808,760	8.4
5	하파크로이트	1,557,745	7.2
6	에버그린	1,058,883	4.9
7	OOCL	686,294	3.2
8	양밍	595,796	2.8
9	MOL	584,236	2.7
10	NYK	557,781	2.6
11	PL	384,607	1.8
12	짐라인	366,292	1.7
13	현대상선	347,136	1.6
14	케이라인	341,354	1.6
15	완하이라인	234,601	1.1
16	엑스프레스피더	139,904	0.6
17	고려해운	128,585	0.6
18	종구로지스틱스	123,836	0.6
19	얀통홀딩스	110,920	0.5
20	SITC	105,312	0.5
합계		15,987,083	88.2

2.2 컨테이너선의 초대형화

최근 나타나는 두 번째 현상은 컨테이너선의 초대형화가 지속되고 있다는 것이다. 불과 50년 전에 컨테이너선 한 척이 싣고갈 수 있는 컨테이너 숫자는 1,530개였다. 그러나 12년 뒤인 1980년에는 컨테이너 4천 개 이상을 적재 가능한 컨테이너선이 준공되었다. 그리고 2000년대가 되기도 전에 컨테이너를 8천개 이상

적재 가능한 컨테이너선이 준공되었다. 그리고 2005년에는 한 번에 컨테이너 1만 개를 적재할 수 있는 컨테이너선이 준공되었다. 그리고 2018년에는 대형 선사들이 컨테이너 2만 개를 적재할 수 있는 컨테이너선을 여러 척 주문하고 있다. 이러한 현상의 이면에는 속도가 중요하지 않고 현재는 비용절감이 화두로 떠올랐기 때문이다.

표 5-2 컨테이너선의 대형화 추이

연 도	선박명	화물처리량(TEU)
1968	Encounter Bay	1,530
1972	Hamburg Express	2,950
1980	Neptune Garnet	4,100
1984	American New York	4,600
1996	Regina Maersk	6,400
1997	Susan Maersk	8,000+
2002	Charlotte Maersk	8,890
2003	Anna Maersk	9,000+
2005	Gjertrud Maersk	10,000+
2006	Emma Maersk	1,1000
2012	Marco Polo	1,6000+
2013	Maersk Mc-Kinney Maller	1,8270
2014/2015	CSCL Globe MSC Oscar	1,9000+
2018		2,2000

2.3 해운동맹의 약화

2000년대 들어 정기선 운송의 해운동맹은 약화되거나 해체되었다. 그러나 얼라이언스(Alliance)라는 이름으로 해운동맹이 잔존하고 있다. 우리나라는 한진해운이 파산하면서 국적선사가 현대상선밖에 남지 않은 상황에서 2019년 7월 현대상선이 3대 해운동맹의 하나인 디얼라이언스에 합류하는 데 성공하였다. 이는 현대상선이 최근 공격적으로 초대형 컨테이너선들을 주문함으로써 해운시장에 신호를 보냈기 때문이다.

표 5-3 **세계 3대 해운동맹**

구 분	2M	오션얼라이언스	디얼라이언스
참여회사	머스크(덴마크) MSC (스위스)	코스코(중국) CMA CGM(프랑스) 에버그린(대만)	하파크로이트(독일) 원(일본) 양밍(대만) 현대상선(한국)
협력기간	2025년 1월까지	2027년 4월까지	2030년 4월까지
총선복량	793만 TEU	773만 TEU	509만 TEU

3. 선박

3.1 선박의 정의[5]

선박은 해상에서 사람이나 화물을 싣고 공간의 이동을 수행하는 운반수단으로, 선박의 구성요소는 부양성, 적재성 및 이동성이라고 말할 수 있다. 우리 선박법(법률 제10799호 2011. 6. 15. 타법 개정) 제1조의 2에서는 선박을 수상 또는 수중에서 항해용으로 사용하거나 사용될 수 있는 배 종류를 말한다고 정의하고, 그 구분을 다음 세 가지로 하고 있다.

첫째, 기선(機船)으로, 기관을 사용하여 추진하는 선박으로 그 기관을 선체로부터 분리할 수 있는 선박 및 기관과 돛을 모두 사용하는 경우를 말한다.

둘째, 범선(帆船)으로, 돛을 사용하여 추진하는 선박을 말한다.

셋째, 부선(艀船)으로, 자력항행능력이 없어 다른 선박에 의하여 끌리거나 밀려서 항해되는 선박을 말한다. 한편 국제법상 선박은 국가나 정부의 관리 하에 있는 선박인 공선(公船)과 사적 소유에 의하여 관리되는 선박으로 국적을 가진 사선(私船)으로 나누고 있다.

3.2 선박의 종류

(1) 일반화물선(General Cargo Ship)

컨테이너선이 출현하기 전에는 대부분의 상선이 여기에 속했다.

(2) 컨테이너선(Container Ship)

컨테이너만을 전문으로 적재하여 대량의 컨테이너를 운송할 수 있도록 제작된 선박을 말한다. 컨테이너선은 풀컨테이너선과 세미컨테이너선으로 구분된다.

(3) 전용선(Specialized Vessel)

특정 화물만을 적재하여 운송의 효율성을 제고할 수 있도록 선박구조, 하역장비, 보관시설 등을 특별히 설계한 선박을 말한다. 여기에는 석탄전용선, 광석전용선, 자동차전용선, 목재전용선, 곡물전용선 등이 있다.

(4) 겸용선(Combination Carrier)

공선(空船)항해비율을 줄이기 위하여 한 척의 선박에 복수의 화물을 적재할 수 있도록 설계한 선박을 말한다.

(5) 특수선

특수화물의 적재에 적합하도록 설계된 선박이다. 여기에는 선박의 선측이나 선미의 출구에 경사판(ramp)을 이용하여 하역할 수 있도록 설계된 로로선(roll-on-roll-off), 육류 · 어류 · 과일 등 냉동화물의 운송에 적합하도록 냉동장치가 설비되어 있는 냉동선(refrigerated carrier), 중량화물의 운송에 적합하도록 설계된 중량물 운반선(heavy cargo carrier), 부선(浮船 ; barge)에 화물을 적재한 채로 본선에 적입 및 운송하는 LASH선(lighter aboard ship) 등이 있다.

3.3 선박의 톤수

1) 용적톤수

(1) 총톤수(Gross Tonnage ; G/T)

선박 내부의 총용적을 말한다. 상갑판 하의 적량과 상갑판 상의 밀폐된 정도의 적량을 합한 것으로 선박의 안전과 위생, 항해에 이용되는 장소는 제외된다. 즉, 기관실, 조타실, 통풍, 채광을 요하는 장소, 취사실, 출입구실 등의 장소를 제외한다. 각국의 해운력의 비교 자료가 되며 관세, 등록세, 도선료, 계선료 등의 과세 또는 수수료의 산출기준이 된다.

용어 설명

도선료(導船料, pilotage)

선박이 안전하게 접안하기 위해 도선사에게 도선을 의뢰했을 경우 지불하는 요금. 보통은 각 항만에 있는 도선사조합에 이 요금을 납부한다. 영국에서는 선박의 홀수를 기준으로, 미국에서는 선박의 총톤수를 기준으로 도선료를 책정한다.

도선사(導船士, pilot)

항만에 입·출항하는 선박에 탑승하거나 도선보트를 이용하여 당해 선박이 안전하게 수로로 이동하거나 이·접안 하도록 안내하는 자. 도선업무경력에 따라 '1종 도선사'와 '2종 도선사'로 구분된다.

계선료(繫船料)

선박이 계선장을 사용한 대가로 지불하는 요금. 여기서 계선이란 선박을 육지에 매어 두는 것을 말한다. 계선료는 항만시설 사용료의 하나로, 각 지방해양수산청장이 지정한 계선장이 징수대상시설이 된다.

항만시설 이용료

선박이나 화물이 항만시설을 사용하는 대가로 납부하게 되는 사용료. 선박입항료, 접안료, 계선료, 화물입항료, 화물장치료, 여객터미널 사용료, 수역점용료 등으로 구분된다.

출처 : 송선옥, 『국제운송론』, 두남, 2017, p.110.

(2) 순톤수(Net Tonnage ; N/T)

총톤수에서 기관실, 선원실 및 해도실 등 선박의 운항과 관련된 장소의 용적을 제외한 것으로 순수하게 여객이나 화물의 수송에 사용되는 용적을 표시한다. 항세, 톤세, 운하통과료, 등대사용료, 항만시설 사용료 등의 제세금과 수수료의 산출기준이 된다.

2) 중량톤수

(1) 배수톤수(displacement tonnage)

선박의 무게는 선체의 수면 하의 부분인 배수용적에 상당하는 물의 중량과 같다. 이때 이 물의 중량을 배수톤수라 한다. 순양함, 전함의 경우 사용되는 톤수이다.

(2) 재화중량톤수(Dead Weight Tonnage ; DWT)

화물선의 최대 적재능력을 표시하는 톤수로 만재배수톤수와 경화배수톤수의 차이로 계산한다. 국제관습상 long ton이 사용된다. 선박의 매매 및 용선료의 산출기준이 된다.

원래 DWT에는 적재화물 이외에도 항해에 필요한 연료, 청수 등이 포함되어 있는데, 이러한 요소들을 제외한 것을 순재화중량(net dead weight) 또는 수송능력(carrying capacity)이라고 한다.[6]

3) 파나마급 선박

파나마 운하의 개통으로 항로가 단축됨으로써 해상운송은 비약적으로 발전하였다. 파나마급 선박이란 파나마 운하를 통과해서 운항할 수 있는 최대의 크기를 가진 선박을 의미하는 것으로, Panamax는 Panama Canal과 Maximum을 합성한 단어이다. 즉, 보통 폭이 32.3미터, 흘수가 12미터, 그리고 65,000DWT급의 선박이다. Post Panamax Type Vessel은 파나마 운하를 통행할 수 없는 초대형선을 의미한다. 보통 65,000 DWT급 이상의 선박이 이에 해당된다.

4. 정기선 운송

4.1 정기선 운송의 특징

정기선은 첫째, 고정된 항로에 따라 만선 여부에 관계없이 공시된 운항일정에 따라 규칙적으로 반복적으로 운항한다. 둘째, 주로 완제품이나 반제품인 2차 산품을 취급하며, 이들 상품들은 대부분 컨테이너에 적입되어 컨테이너 전용선에 의하여 운송된다. 셋째, 운임은 사전에 고시된 운임표상의 운임률 표정운임이 적용된다. 넷째, 정기선사는 불특정다수 고객의 화물을 운송한다.

표 5-4 개품운송계약과 용선운송계약의 비교[7]

	개품운송계약	용선운송계약
계약의 목적	개개의 물품운송	선복의 일부 또는 전부
운송방법	정기선(Liner)	부정기선(Tramper)
적용법규	성문법	보통법
당사자	선주와 송하인	선주와 용선자
화주	불특정 다수	특정 화주
계약의 증빙	선하증권	용선계약서
화물	중량 및 부피가 작은 화물	대량 산화물(원유, 철강, 곡물)
운임률	공표운임률	수급에 의한 시세

4.2 정기선 운송의 주요 서류

정기선 운송에 사용되는 주요 서류에는 다음과 같은 것들이 있다.

1) 선복요청서

선복요청서(Shipping Request ; S/R)는 정기선을 운송하는 선사에게 개품운송화물 탁송을 의뢰할 때 하주가 선사에 제출하는 화물운송의뢰서이다. 이를 선복신청서, 선적의뢰서 혹은 선적신청서(shipping application)라고도 하며, 이것을 기초로 선사는 선적지시서(S/Q)를 발행한다.

2) 선복확인서

선복확인서(Booking Note ; B/N)는 선사가 해상운송계약에 의한 운송을 인수하고 그 증거로 화주에게 발행하는 서류이다. 이를 선복계약서, 인수확인서 또는 운송계약예약서라고도 부른다. 운송계약은 하주가 선사에 선복요청서(S/R)를 제출하고 선사가 이 서류를 교부하면 성립되며, 후일에 발행되는 선하증권은 운송계약 성립의 추정적 증거가 된다.

3) 선적지시서

선적지시서(Shipping Order ; S/O)는 하주의 선적신청에 따라 선사 본사가 현품을 확인한 다음 자기 회사 소속의 본선의 일등항해사 앞으로 기재된 화물을 선적하도록 지시한 선적승낙서 혹은 적재지시서이다. S/O에는 송하인명, 선적지, 양륙지, 상품명, 포장 형태, 개수, 톤수, S/O번호 등이 기입된다. S/O는 본선수취증(M/R) 용지와 1조(set)로 되어 있어 S/O면의 기재사항은 그대로 카본지에 의해 M/R에 기재된다.

4) 검수보고서

검수(tally)는 화물을 선적할 때 본선의 창구 등에서 선적화물의 수령, 품질 상태, 손상의 정도 등을 점검하는 것을 말한다. 검수인은 해상운송법의 규제 하에 일정한 등록을 필한 자이며, 검수보고서는 화물의 정확한 인수인계 및 책임한계를 위해 인도자 측과 인수자 측 쌍방에서 작성하는 것이 원칙이다.

5) 본선수취증

본선수취증(Mate' s Receipt ; M/R)은 선적이 완료된 이후 본선의 일등항해사가 본선에 적재한 화물을 수취했다는 증거로서 하주에게 교부하는 서류이다. M/R을 선사에 제출하면 이 서류에 근거하여 선하증권이 발행된다. 만약 화물의 손상이나 개수에 이상이 생기면 이를 본선수취증의 비고란(remarks)에 기재하는데, 이를 '사고부 본선수취증(dirty M/R, foul M/R)' 이라고 한다.

6) 적하목록

적하목록(Manifest, M/F, Cargo Manifest)은 선적 완료 후 선사나 포워더가 작성하는 선박에 적재된 화물에 대한 총괄목록이다. 이 서류는 선하증권의 사본을 기초로 작성한다. 여기에는 선박명과 적출항, 양하항, 선하증권 번호, 하주, 품명, 수량, 최종 목적지 등이 기재된다. 선사나 포워더가 작성하여 제출한 B/L 일련번호에 의하여 화물관리번호가 B/L 한 건에 대하여 하나씩 자동으로 부여된다.[8]

7) 화물도착통지서

화물도착통지서(Arrival Notice ; A/N)는 화물이 도착지에 도착하였을 때 선사가 착하통지처(notify party)로 기재된 자에게 화물의 도착을 알리는 통지서이다. 통지를 받은 수하인은 이 통지서를 받은 후 화물의 하역과 통관 준비를 하게 된다. 통지서에는 선하증권 번호, 화물명세, 중량과 도착일자 등이 기재된다.

8) 화물인도지시서

화물인도지시서(Delivery Order ; D/O)는 선사나 그 대리점이 선장이나 수입지 화물의 보관자에게 그 화물을 선하증권의 정당한 소지인에게 인도하도록 지시하는 증서이다. 선하증권의 소지인은 선하증권을 선박이 도착하는 항만에서 선사나 그 대리인에게 제시하고 화물의 인도를 청구하면 대리점에서는 D/O를 발행하게 된다. 이후 수입자는 수입통관 절차를 완료한 후 D/O를 선장 또는 보세창고관리인에게 제시한 후 수입물품을 수령한다.[9]

용어 설명

운송서류의 대도(Trust Receipt ; T/R)

기한부신용장에 의한 수입일 경우는 수입상이 환어음을 인수함으로써 운송서류를 인도받고, 수입화물을 처분한 다음 그 판매대금으로 만기일에 어음을 결제할 수 있다. 따라서 기한부신용장의 경우 수입상은 대금결제에 여유가 있다. 그러나 일람불신용장방식인 경우는 수입상이 어음대금을 결제하지 않으면 운송서류를 인도받을 수 없다. 만약 수입상이 수입대금을 지불할 자금이 없는 경우 어음대금을 결제하기 전이라도 수입화물을 처분할 수 있도록 하고 향후 그 처분한 대금으로 어음대금을 결제하도록 하는 제도가 필요하다. 수입상은 발행은행의 금융으로 어음대금을 결제하고 발행은행은 선적서류를 수입상에게 넘겨주는 대가로 물품에 대한 담보권을 갖도록 약정하는 제도이다.

4.3 정기선 운임

1) 운임의 종류

(1) 운임의 부과방법에 따른 분류[10]

① 종가운임

종가운임(ad valorem freight)은 귀금속 등 고가품의 운송에서 화물의 가격을 기초로 하여 일정률을 운임으로 징수하는 경우의 운임을 말한다.

② 최저운임

최저운임(minimum rate freight)은 선적화물이 소량이어서 중량이나 용적으로 계산한 운임 총액이 최저에 미달하는 경우에 적용되는 선사가 정한 최저한도의 운임을 말한다.

③ 무차별운임

무차별운임(Freight All Kinds rate ; FAK)은 하주나 화물, 지역 등을 가리지 않고 운송거리를 기준으로 일률적으로 부과하는 운임을 말한다.

④ 차별운임

차별운임(discrimination rate freight)은 하주나 화물, 지역 등에 따라 차별적으로 부과하는 운임을 말한다.

(2) 하역비 부담에 의한 분류

① Berth Terms

Berth Terms는 선주가 화물의 하역비 모두를 부담하는 조건이다. 정기선의 경우는 이 조건으로 운임이 책정되기 때문에 Liner Terms라고도 한다.

② Free In(F.I)

F.I는 선적 시 하역비는 하주가 부담하고, 양륙 시 하역비는 선주가 부담하는 조건으로 F.O조건과 반대되는 조건이다.

③ Free Out(F.O)

F.O는 선적 시 하역비는 선주가 부담하고, 양륙 시 하역비는 하주가 부담하는 조건으로 F.I조건과 반대되는 조건이다.

④ Free In & Free Out(F.I.O)

F.I.O는 선적 시와 양륙 시의 모든 하역비를 하주가 부담하는 조건으로 Berth Terms와 반대되는 조건이다.

(3) 운임의 지급시기에 따른 분류

① 선불운임

선불운임(freight in advance)은 송하인이 선적지에서 지불하는 운임을 말한다. 선불운임은 정형거래조건이 CFR이나 CIF 조건일 경우에 적용되며, 선하증권이 발행되기 이전에 선적항에서 송하인이 운임을 지불하도록 함으로써 경쟁력 있고 안정적인 운임을 수취하려는 목적으로 이용되고 있다. 특히 갑판적재 화물, 냉동화물, 벌크화물, 살아 있는 동물, 부패하기 쉬운 물건 등은 선지급하도록 하고 있다.

② 후불운임

후불운임(freight to collect)은 수하인이나 수하인의 대리인이 화물의 양륙항이나 목적지에서 지불하는 운임을 말한다. 후불운임은 보통 정형거래조건이 FCA, FOB인 경우에 적용된다. 후불운임은 선사 입장에서는 운임 회수에 위험이 따르게 되기 때문에 선사는 이것을 방지하기 위해 선하증권이나 용선계약서에 유치권 규정을 두어 수하인이 운임 지불을 거절할 경우 화물을 매각할 수 있도록 하고 있다.

(4) 할증운임

정기선은 기본운임 외에 상황에 따라 기본운임에 추가하여 할증운임을 징수하고 있다.

① 중량할증운임

중량할증운임(heavy cargo surcharge)을 부과하는 이유는 중량초과화물의 경우 크래인이나 기타 하역장비를 사용해야 하고, 하역시간이 연장되고 추가비용이 발생하기 때문이다.

② 용적 및 장척할증료

용적 및 장척할증료(bulky/lengthy surcharge)는 정기선 운임이 산정될 때 화물의 부피가 너무 크거나 길이가 너무 긴 화물에 대해 부과되는 할증료이다. 화물 한 개의 용적이나 길이가 긴 것은 하역작업 시 비용 및 시간이 추가로 발생하기 때문에 할증료를 부과한다.

③ 체선할증료

체선(滯船)이란 선박이 동시에 많이 입항하여 많은 선박이 항구 밖에서 머물러 있는 상태를 말한다. 체선할증료(congestion surcharge)는 양륙항의 항만이 혼잡할 때 받는 할증료로 장시간의 정박기간이 필요할 경우 하역화물에 대하여 부과한다.

④ 통화할증료

통화할증료(currency adjustment factor ; CAF)는 통화 가치 변동에 따른 환차손을 보전하기 위하여 하주에게 부담시키는 할증료이다. 운임은 보통 미 달러로 계산되기 때문에 미국 이외의 국가에서는 환율 변동으로 인한 리스크가 발생하게 된다. 선사들은 환차손으로 인한 손실을 기본운임에 일정의 할증료를 징수한다.

⑤ 유류할증료

유류할증료(bunker adjustment factor ; BAF)는 선박의 주연료인 벙커유의 가격인상으로 발생하는 손실을 보전하기 위해 부과하는 할증료이다.

⑥ 양륙항선택할증료

양륙항선택할증료(optional surcharge)는 선적할 때 그 양륙항이 확정되지 않고 기항 순서에 따라 몇 개의 항구를 기재하여, 화물의 도착 전에 양륙항을 결정하는 조건인 경우 선적된 화물의 경우에 부과되는 할증료이다.

⑦ 외항추가할증료

외항추가할증료(outport arbitrary)는 물동량이 적은 항만(outport)에는 정기선 직항 서비스가 불가능하므로 선사가 outport에서 통운임(through freight)을 징수한 뒤 해운동맹이 지정하는 최종 목적항까지의 운송을 인수할 때 징수하는 할증료이다. 유럽에서는 벽지항 할증료(outport surcharge)라 부른다.

(5) 부대비용

① THC(Terminal Handling Charge ; 터미널 화물처리비)

선적 시 컨테이너 터미널 입고시점부터 본선의 선측까지, 그리고 양륙 시 본선 선측에서 CY게이트를 통과하기까지 화물의 이동에 수반되는 화물처리비용을 THC라 한다. 국가마다 터미널 화물처리비용의 개념과 원가구성요소가 조금씩 다르다.[11]

② CFS 비용

화물에는 컨테이너 한 개를 화주가 채우는 FCL 화물과 한 명의 하주가 자신의 화물로 하나의 컨테이너를 채울 수 없는 LCL 화물이 있다. 이때 LCL 화물을 처리하는 장소를 CFS라고 한다. CFS에서 LCL 화물을 혼재할 때 또는 FCL 화물을 LCL 화물로 적출하여 분류 시 부과되는 작업비를 CFS 비용이라 한다.

③ Demurrage(滯船料)

화주가 허용된 시간을 초과하여 자신의 컨테이너를 CY에서 반출해 가지 않을 경우 선박회사에 지불해야 하는 비용을 말한다. 즉, 수출의 경우 선적지의 CY에서 화물이 적입된 컨테이너를 반입한 후 허용된 시간이 초과되어도 선적을 위해 컨테이너를 반출하지 않고 그대로 CY에 야적해 둔 경우 징수하는 일종의 벌과금이다.

④ Detention Charge(遲滯料)

화주가 반출해간 컨테이너나 트레일러를 지정된 선사의 CY로 반환하지 않을 경우 징수하는 일종의 벌금이다. 수출의 경우 화주가 화물을 컨테이너에 적입하기 위해서 자신의 창고나 공장으로 반입한 뒤 터미널의 CY로 반출하지 않으면 선사 컨테이너 이용이 저해된다.

⑤ Wharfage(부두사용료)

부두운영업체가 부두의 유지 · 개조를 위하여 사용자로부터 징수하는 금액을 말한다. 한국의 경우 "무역항의 항만시설 사용 및 사용료에 관한 규정" 에 따른 항만시설사용료 중 하나로, 화물입출항료를 선사나 하역회사가 하주로부터 받아 지방해양항만청장에게 대신 납부한다.

4.4 선하증권의 기재사항

선하증권은 정기선 운송에서 운송계약의 추정적 증거로서 가장 중요한 선적서류이다. 법조문이나 규정은 강제조항과 임의조항으로 구분된다. 이와 마찬가지로 B/L에는 반드시 기재해야 하는 법정기재사항과 계약당사자 간의 약정에 의한 임의기재사항이 있다.[12]

1) 법정기재사항

법정기재사항은 대체로 선하증권의 앞면에 기재되고, 발행할 때마다 그 내용이 달라지는 가변적 사항이다.

① 선박의 명칭, 국적 및 톤수

선박명을 기재하는 것은 선적된 화물에 대한 권리의 특정성을 부여하기 위한 것이다. 선박의 국적은 그 선박의 기국(旗國)을 뜻하며, 분쟁 발생 시 재판관할의 기준이 된다.

② 송하인이 서면으로 통지한 운송물의 종류, 중량·용적, 포장의 종별, 개수와 기호

선하증권은 선적된 운송물을 대표하는 유가증권이므로 기재사항은 운송물의 내용과 동일해야 한다. 운송물의 종류에 따라 중량 또는 용적 가운데 어느 것이든 기재해야 하며, 포장의 종류를 기재한다.

③ 운송물의 외관 상태

운송인은 화물이 본선에 선적되면 화물의 외관 상태를 점검한다. 왜냐하면 화물이 계약 상태와 도착지 상태가 다르면 운송인이 화물손상에 대한 책임을 져야 하기 때문이다. 일등항해사는 화물을 점검하고 선하증권 비고란에 "외관상 양호한 상태" 또는 "포장의 불비, 파손 또는 물에 젖음" 등의 이상 여부를 반드시 기재해야 한다.

④ 송하인의 성명 또는 상호

선하증권은 운송계약을 근거로 발행되고, 송하인은 그 계약의 당사자이기 때문에 그의 성명 또는 상호를 기재하는 것은 당연하다.

⑤ 수하인의 성명 또는 상호

기명식 선하증권(straight B/L)에는 수하인란에 반드시 수하인의 상호 및 주소를 기재해야 하고, 지시식 선하증권(order B/L)에는 수하인란에 수하인의 상호 및 주소가 기재되지 않으므로 통지처를 기재한다.

⑥ 선적항

화물을 선적한 항구 또는 선적을 위해 화물을 수령한 항구를 말한다. 선적항의 기재는 화물의 도착일시를 예상할 수 있는 기초가 되고, 거래당사자에게 약정사항을 입증하는 방법이 되기도 한다.

⑦ 양륙항

양륙항은 화물이 양륙되어 수하인에게 인도되는 항구를 뜻한다. 그러므로 양륙항이 기재되지 않으면 선하증권은 인도할 약속지가 없는 것이 되어 무효이다.

⑧ 운임

운임은 보통 선불인 경우가 많으므로 금액의 표시 없이 운임선불(freight prepaid)이라 표시하나 후불인 경우에는 그 액수를 기재해야 한다.

⑨ 발행지와 발행일

선하증권의 작성지는 서명된 장소를 뜻하며, 반드시 선적항과 일치하지 않아도 된다. 작성일자는 일반적으로 선적완료일로 간주되므로, 신용장의 선적기일에 맞지 않을 경우 수하인은 이에 근거하여 선적기일 위반을 들어 클레임을 제기할 수 있다.

⑩ 여러 통의 선하증권을 발행한 때에는 그 발행통수

선하증권은 관습상 정본(正本) 3통을 1조로 발행하고 있으며 송하인의 요청에 따라 발행통수가 조정된다. 2통 이상의 정본을 발행할 경우 서명된 각 정본은 같은 내용으로 동등한 효력을 가지며, 화물인도는 그중 1통만으로 가능하고, 인도와 동시에 같은 조의 다른 정본들은 모두 무효가 된다.

2) 임의기재사항

국제운송에서 선주와 하주 간에는 화물의 손실이 발생할 때 누가 책임을 져야 하는가의 문제로 오랜 기간 다툼이 있어 왔다. 임의기재사항은 선주와 화주의 권리 의무에 대한 약정으로 대부분 선주의 책임 면제에 관한 것이다. 따라서 이를 면책약관 또는 과실약관(negligence clause)이라 한다. 면책약관은 보통 B/L의 뒷면에 인쇄되어 있는데 이러한 면책약관을 일반약관이라 하고, B/L의 여백에 수기, 타이핑 또는 고무인 등으로 표시되는 약관을 특별약관이라 한다.

① **본선항해번호**(Voyage No)

원래 본선 운항에 관한 선사의 참조용으로 '동항 제4 항차(4-E)', '서항 제4 항차(4-W)' 등과 같이 편의에 따라 기재된다.

② **운임지불지 및 환율**

운임의 선불 또는 후불, 필요한 경우 지불지를 기입한다. 운임이 외화로 지불되는 때에는 선불인 경우 선하증권의 작성일, 후불인 경우 본선 도착일의 환율에 따르는 것이 통례이다.

③ **선하증권번호**(B/L No.)

화물의 처리 또는 서류 취급상의 편의를 위해 선하증권에 번호를 기재한다. 최근 각국의 세관은 전산관리를 통한 화물의 원활한 유통 및 효율적 통관을 위해 표준화된 B/L번호를 요구하고 있다. 예컨대 Master B/L의 경우 총 16자리 이내로 하되 앞의 4자리는 선사 고유 코드 부분으로 하고, 선사가 알파벳 문자로 지정하여 관세청에 등록할 때 중복이 안 되면 그 선사의 고유 코드로 인정한다. 나머지 12자리는 선사 자율부분으로 하며, 알파벳 문자나 숫자를 사용한다.

④ 면책약관(Exception Clause)

운송 중 선사의 권리의무에 관한 제반 조항이 B/L의 앞면과 뒷면에 열거되는데, 선사의 책임 면제 또는 경감조항이 대부분이므로 이를 면책약관이라고 한다. 대체로 1924년 헤이그 규칙, 1968년 헤이그-비스비 규칙에 준거하고 있다.

3) 면책약관

① 불가항력

선주나 선장이 예견할 수 없는 해난(海難), 예컨대 폭풍, 좌초, 유빙(流氷) 등에 기인하는 손해와 결빙, 낙뢰 등의 순수한 천재지변(Act of God)에 기인하는 손해에 대하여 선주는 그 과실을 입증할 필요 없이 면책된다.

② 전쟁위험

전쟁행위, 예컨대 어뢰, 폭탄 등의 폭발, 나포, 봉쇄 등에 기인한 손해는 선주가 책임지지 않는다.

③ 공권력 등 제3자의 행위에 의한 손해

검역, 압류 등의 규제에 기인한 손해와 파업, 폭동, 절도 등에 기인한 손해는 선사가 책임지지 않는다.

④ 과실약관(Negligence Clause)

선장, 선원, 도선사 및 기타 사용인의 본선 운항 및 관리 중에 발생한 과실, 즉 항해과실에 의한 손해는 책임지지 않는다. 헤이그 규칙에도 선장, 선원, 도선사 등에 의한 항해과실로 발생한 손해는 면책이고, 화물의 선적, 적부, 보관, 인도 등에 관련된 과실인 상사과실에 의한 손해는 선사의 책임으로 규정하고 있다.

⑤ 잠재하자

선주는 본선의 감항성(seaworthiness)을 유지할 주의의무가 있다. 따라서 태만으로 감항성을 갖추지 못하면 면책될 수 없으나, 상당한 노력에도 불구하고 발견할 수 없는 선체, 기관설비 등의 숨은 하자에 기인한 손해에 대해서는 면책이다. 즉, 선주가 감항성을 위해 적절한 주의의무를 다했다면 그로 인한 손해에 대해서는 면책이다.

⑥ 이로약관(Deviation clause)

선주는 인명 또는 재산의 구조, 피난, 연료 및 식품의 보급, 기타 타당한 사유로 예정된 항로를 벗어나거나 목적항 이외의 항구에 자유로이 기항할 수 있다.

⑦ 부지약관(Unknown Clause)

FCL 화물의 경우 통상 송하인이 화물을 컨테이너에 적입한다. 이때 운송인은 그 내용물의 수량 및 상태 등을 알지 못하므로 내용물에 이상이 생기더라도 책임을 면하기 위해 '송하인이 신고한 명세', '송하인 적입 및 계량, '적입되었다고 함' 등의 문언을 선하증권에 기재하는데, 이를 부지약관이라 한다.

⑧ 화물 고유의 성질

변질, 부패, 파손되기 쉬운 화물에 대한 손해는 화물 고유의 성질에 기인한 것으로 보아 면책이다. 즉, 도자기, 액상 화물, 어패류, 육류, 청과류, 생동물 등의 파손, 누손, 부패, 폐사 등은 면책이다.

⑨ 고가품약관

고가품은 취급에 특별한 조치가 필요하므로, 그러한 물품의 종류, 품질, 가격 등을 신고하지 않을 경우 그 멸손에 대해 선주는 헤이그 규칙 등의 손해배상 책임 한도액 이상은 배상하지 않는다.[13]

⑩ 위험물약관

사전신고 없이 선적된 화물이 위험물로 밝혀지면, 선장은 임의로 양륙 또는 투기(投棄)할 수 있다. 뿐만 아니라 그로 인해 발생한 손해는 화주가 부담해야 한다. 수출입금지품, 전시금지품 및 위법화물도 위험물과 동일하게 적용된다.

⑪ 클레임약관

화물에 대한 클레임 제기방법, 시효 및 금액 결정의 기준과 한도에 관한 것 등이 명시되어 있다. 화물의 멸실, 손상 등에 관한 클레임은 인도장소에서 화물의 이동 전에 서면으로 인도지의 선사와 그 대리인에게 즉시 통고해야 하며, 통고가 지연된 경우 선사는 클레임에 응하지 않아도 된다.[14]

4.5 해운동맹

해운동맹(shipping conference)은 특정 항로에 정기선을 취항시키는 선박회사 상호 간 독립성을 유지하면서, 서로 과당경쟁을 피하고 상호 이익을 증진시키기 위하여 운임, 적취량, 배선 등 운송조건에 대하여 협정을 체결하여 실행하는 국제 해운 카르텔이다. 해운동맹은 2000년대 들어 쇠퇴하고 있다. 예를 들어 유럽연합(EU)의 경우, 2008년 10월, 해운동맹의 공동운임 설정과 선복량 조절행위를 금지하여 사실상 해운동맹을 폐지하였다. 또한 2015년 4월 이후에는 운임 변동 기능이 없는 전략적 제휴도 폐지하였다.[15]

1) 해운동맹의 정의

해운동맹(Shipping Conference)은 둘 이상의 정기선 운항업자가 특정 항로에서 상호관계, 기업적 독립성을 존중하면서 과당경쟁을 피하고 상호 간 이익을 유지·증진시키기 위하여 운임, 적취량, 배선, 기타 운송조건에 관하여 협정 또는 계약을 체결한 국제해운 카르텔을 의미한다.

2) 해운동맹의 종류

(1) 개방식 동맹(open conference ; 미국식)

희망하는 선박회사는 아무런 조건 없이 자유롭게 가입할 수 있는 동맹을 말한다. 동맹원의 수가 수시로 증감하게 되어 동맹원 간의 결속력이 약하고, 시황 변동에 신속히 대응하지 못하며, 맹외선에 적절히 대응하지 못하는 단점을 갖고 있다.

(2) 폐쇄식 동맹(closed conference ; 영국식)

일정한 조건을 갖추지 않았거나 회원의 이익을 해한다고 생각되는 경우에 가입을 제한하는 형태의 동맹을 말한다. 주로 유럽 항로에 취항하는 선사들이 여기에 속한다.

3) 해운동맹의 장단점

(1) 정기운송의 유지

동맹은 배선협정 등을 통해 각 지역에 정기선 항로를 개설하고 있기 때문에 정기운송을 유지할 수 있도록 하고 있다.

(2) 해상운임의 안정

해운동맹은 운임협정을 통해 운임을 결정하고 이 결정된 운임을 화주들에게 일정한 경과기간을 두어 적용하므로 화주들에게 운임상의 위험을 최소한도로 줄일 수 있게 한다.

(3) 양질의 운송 서비스 제공

해운동맹 내의 선진 선사들은 각자의 선진화된 항해 능력과 서비스를 상호 교환하거나 공유함으로써 운송의 질을 향상시키게 된다. 또한 신속하고 안전한 운송으로 보험료율을 낮추는 효과도 발생시킨다.

(4) 모든 화주에게 동일한 운임 적용

모든 화주에게 운임률표(tariff)상의 운임을 동일하게 제공하므로 중소 화주에 대한 차별대우를 시정하는 효과가 있다.

(5) 거래채산성 예측에 용이

안정적인 운임률이 공표되어 거래상의 채산을 쉽게 세울 수 있다.

(6) 독점의 폐해

독점적 성격이 강하여 높은 운임을 부과하거나 유지하려는 측면이 있다.

4) 해운동맹의 비동맹선사와의 경쟁수단

(1) 운임협정(Rate agreement)

가장 기본적이고 중요한 협정으로, 가맹선주는 협정된 공표운임률(Tariff Rate)을 지켜야 하며 이를 위반하면 위약금(penalty)을 지불해야 한다.

(2) 항해협정(Sailing Agreement)

항해수, 적취량, 발항지나 기항지 등을 제한하도록 하는 협정을 통하여 동맹선사 간의 과당경쟁을 방지하고 적절한 선복공급을 통하여 상호 이익을 도모하기 위한 협정을 항해협정이라 한다.

(3) 공동계산협정(Pooling Agreement)

가맹회사가 일정 기간 운임 수입의 전부 또는 일부를 동맹의 Pool 기금으로 적립하여 놓고 그후에 사전에 정한 비율로 각 회사에 분배하는 방법으로, 가맹회사 간의 이해의 조화를 꾀함과 동시에 동맹의 구속력을 강화하기 위하여 취해진다.

(4) 공동배선(共同 配船 ; Joint Service)

특정 항로에서 두 개 이상의 선박회사가 공동으로 선박스케줄을 광고하고 화물집하를 하는 서비스 형태를 말한다. consortium과는 달리 이 공동 서비스에는 선박이나 여타 다른 장비를 위한 공동 자본투자는 없다.

(5) 선주 중립 감시기구(Neutral Body)

동맹선주의 tariff 위반이나 불법적인 집화경쟁을 막는 데 주목적이 있으며, 동맹이 모든 규정의 준수와 회원사들의 부정행위를 방지하기 위해 설치한 감시기구이다.

(6) 경쟁억제선(Fighting Ship)

동맹에 가입하지 않은 맹외선(outsider)은 동맹선에 비해 저렴한 운임으로 항해를 한다. 따라서 이러한 맹외선에 대항하기 위하여 채산을 무시한 저운임으로 운항하는 선박을 취항시켜 맹외선에 대항하는 방법이다.

(7) 계약운임제(Contract Rate System) 또는 이중운임제(Dual Rate System)

비동맹선과의 경쟁을 위하여 모든 화물을 해운동맹 선사와 계약한 화주에 대해서는 계약운임률(할인된 운임)을 적용하고 동맹선과 비동맹선 어느 것에나 선적하는 화주에 대해서는 비계약운임(일반운임)을 적용하는 제도이다.

(8) 운임환급제도(Deferred Rebate System)

일정 기간 동맹선에 선적한 화주에 대하여 그로부터 받은 운임의 일부(일반적으로 9.5~10%)를 환급해 주는 제도이다.

(9) 성실환급제도(Fidelity Rebate System)

일정 기간 자기 화물 모두를 동맹선에 선적한 화주에 대하여 징수한 운임의 일정률을 일정 기간이 경과한 후 환급하는 제도로, 운임환급제도와 다른 점은 계산기간만 있고 유보기간이 없다는 것이다.

5. 부정기선 운송

5.1 부정기선 운송의 특징

첫째, 부정기선은 고정된 항로에 따라 운항하지 않고 화주의 요청에 따라 운항 스케줄을 유통성 있게 조정해서 운항한다.

둘째, 부정기선에서 취급하는 물품은 주로 철광석, 시멘트, 석탄 등 1차 산품이며, 이들 상품들은 대부분 재래화물선에 의하여 운송된다.

셋째, 부정기선 운임은 화주와 선주 간 협상을 통하여 결정되므로 open rate라고 한다. 즉, 운임이 결정되지 않고 열려 있다는 의미이다. 주로 운임은 운송서비스 시장상황에 의하여 결정된다. 즉, 운송서비스 공급업체가 많으면 과당경쟁이 일어나서 운임이 하락하고, 운송수요가 많으면 운임이 올라간다.

넷째, 정기선사는 개별 화주들과 각각 해상운송계약을 체결한다.[16]

5.2 부정기선 운송 형태

1) 항해용선

항해용선(Voyage charter)은 보통 선박회사와 화주 간에 선적항에서 양륙항까지 특정 항로를 대상으로 하는 계약으로, 항로용선이라고도 한다. 대부분 한 번의 항해를 기준으로 계약을 체결하며, 여러 번 연속해서 항해하는 경우도 많다. 이 항해용선은 부정기선시장에서 가장 많이 사용되는 형태이다. 항해용선계약의 특징은 화물의 주인인 화주가 선주에게 지불하는 보수가 용선료라기보다는 운임의 성격을 갖는다는 것이다.[17] 왜냐하면, 화주가 선박에 대하여 행사할 영향력이 약하고, 화주는 배를 이용하여 화물을 운송할 뿐이기 때문이다. 그러한 점에서 개품운송계약과도 유사하다.

2) 정기용선

정기용선(Time charter)은 기간용선이라고도 부른다. 정기용선이란 일정 항해구역 내에서 일정 기간 동안 용선자가 선복을 이용하기 위하여 체결하는 용선 형태이다. 항해용선의 경우 용선자는 선박에 대하여 하등 영향력이 없지만, 정기용선은 일정 기간 동안 배를 빌리기 때문에 어느 정도 선박에 대한 영향력이 있다. 항해용선계약의 특징은 화물의 주인인 화주가 선주에게 지불하는 보수가 항해용선과 달리 용선료라는 것이다.[18] 선주는 선박 운항에 필요한 모든 선박용구를 갖추고 선원도 승선시켜서 합의한 항구에서 선박을 용선계약자에게 인도해야 한다. 이때 선주는 선박의 운용에 필요한 선원비, 선박용품비 등 통상적 선비를 부담하

고, 용선계약자는 용선료, 연료비, 항만사용료 등을 부담한다.[19]

표 5-5 부정기선 운송 형태 비교[20]

	항해용선	정기용선	나용선
계약기간	일회 항해	일정 기간	장기임대
운임 형태	해상운임	용선료	임대료
계약 성격	순수 운송계약	혼합운송계약	선박임대차계약
용선자의 통제력	약함	중간	강함
선장 임명권	선주	선주	용선자
비용부담	선주가 선비와 운항비 모두 부담	선주 : 선비 용선자 : 운항비	임차인이 선비와 운항비 모두 부담

3) 나용선

나용선은 항해용선이나 정기용선과 같이 선박의 이용을 목적으로 하는 것이 아니고, 선박 자체를 차용하는 선박임대차계약이다.[21] 나용선(Bare boat charter) 계약은 선구나 어떤 장비도 갖추어 있지 않은 상태로 오직 배 자체만을 빌려서 운송에 투입하는 경우이다.[22] 이때 용선자는 선박만을 임차하고, 직접 선장을 임명하며, 선박을 점유하여 자신이 지시한 항해에 종사하도록 한다. 나용선은 전문해운업자들이 운임을 벌기 위해 주로 사용하는 용선 방식으로, 보통 3년 이상 장기간 동안 배를 빌린다.[23] 다른 용선계약과는 달리 나용선계약에서는 선박을 점유하고 선장도 임명하므로 선박에 대한 통제권이 가장 강한 용선계약이라고 할 것이다.

5.3 용선운송계약

1) 용선운송계약의 체결 과정

(1) 용선 중개의뢰

화주는 자기의 화물을 운송할 적당한 용선 선박을 수배하기 위해 용선중개인에게 용선 중개를 의뢰한다.

(2) 용선 조회(Inquiry)

용선중개인은 화주가 용선 의뢰한 용선의 제 조건과 적격선의 유무를 선박회사에 조회한다.

(3) 용선을 위한 확정청약(Firm Offer)

Inquiry를 받은 선박회사는 화주가 요구하는 제 조건을 검토한 후 조건에 맞는 선박이 있는 경우 화주에게 용선을 위한 확정청약을 발행한다.

(4) 승낙(Acceptance)

선박회사가 확정청약에서 제시한 유효기간 내에 화주가 청약내용에 대해 승낙의 의사표시를 하게 되면 용선계약이 성립한다.

(5) 선복확정서(Fixture Note) 작성

청약과 승낙에 따라 용선계약이 성립되면 그 증빙서류로 선복확정서를 작성하여 거기에 화주, 선주 및 중개인이 각각 서명하여 한 통씩 보관한다.

(6) 용선계약서(Charter Party)

그후 정식으로 용선자(화주)와 선주 사이에 용선계약서를 작성한다.

5.4 Gencon 양식의 기재요령

부정기선의 경우 용선계약서(Charter Party ; C/P)를 작성한다. 항해용선계약의 경우 Gencon Charter Party(1994년 개정판)가 널리 사용되고 있다. Gencon 양식은 발틱국제해운동맹(BIMCO)의 전신인 발틱백해동맹이 1922년에 제정하였고, 이를 1976년에 개정하고 다시 1994년 개정 · 보완하였으며, 현재 1994년 개정판을 사용하고 있다. Gencon Form은 1부와 2부로 구성되어 있다. 1부는 총 26개의 항목으로 구성되어 있으며, 계약내용의 주요 사항을 한 번에 파악할 수 있도록 되어 있다. 2부는 항해용선계약의 일반적인 사항을 설명해 둔 것으로 인쇄된 형식으로 되어 있다. 만약 1부의 내용과 2부의 내용이 상충할 경우 1부의 내용이 우선 적용된다.[24]

① Ship broker
중개회사명 또는 중개인명을 기재한다.

② Place and date

계약의 체결 장소와 일자를 기재한다.

③ Owners/Place of business(CI. 1)

선주명과 선박회사 운항본부의 소재지를 기재한다.

④ Charterers/Place of business(CI. 1)

용선인 명, 즉 배를 빌리는 화주 이름과 주 사업활동 소재지를 기재한다.

⑤ Vessel's name(CI. 1)

선박명을 기재한다.

⑥ GT/NT(CI. 1)

선박의 총톤수와 순톤수를 기재한다.

⑦ DWT all told on summer load line in metric tons(CI. 1)

하계 만재흘수선을 기준으로 한 재화중량톤수(DWT)를 메트릭 톤으로 표기한다.[25]

⑧ Present position(CI. 1)

본선의 현재 위치를 기재한다.

⑨ Expected ready to load(CI. 1)

본선의 선적 가능 예정일을 기재한다. 용선자가 화물은 준비할 수 있도록 선적 가능 예정일을 가능한 한 정확히 밝혀야 한다.

⑩ **Loading port or place**(CI. 1)

선적항 또는 선적 장소를 기재한다. 선적항은 항해상 또는 치안상 안전한 항구이어야 하며 부두 수심이 충분히 깊어야 한다.[26]

⑪ **Discharging port or place**(CI. 1)

양륙항 또는 양륙장소를 기재한다. 양륙항도 안전한 항구이어야 한다.

⑫ **Cargo**(also state quantity and margin in Owner's option, if agreed ; if full and complete cargo not agreed state 'part cargo')(CI. 1)

화물의 명세, 수량 및 선주의 재량범위를 기재한다. 또한 '만선화물'이라는 합의가 없으면 '부분화물(part cargo)'이라는 표기를 해야 한다.

⑬ **Freight rate**(also state whether freight prepaid or payable on delivery)(CI. 4)

중량톤당 또는 용적톤당 운임률을 기재한다. 운임률은 선적지의 선적량 기준인지 양륙지의 양륙량 기준인지 명시해야 한다. 일반적으로 선적량을 기준으로 하게 된다. 또한 운임도 선불인지 후불인지 기재해야 한다. 관습상 선불이 많이 이용되고 있다.

⑭ **Freight payment**(state currency and method of payment ; also beneficiary and bank account)(CI. 4)

운임의 결제통화, 지급방법, 그리고 수익자와 은행구좌를 기재한다.

⑮ **State if vessel's cargo handing gear shall not be used**(CI. 5)

본선에 하역기기가 없거나 있더라도 본선의 하역기기를 사용하지 않기로 합의하면 그 내용을 기재한다. 만약 사용하지 않는다는 명시가 없다면 화주는 선적 및 양륙 전 기간에 걸쳐 본선의 하역기기를 무료로 사용할 수 있고, 선주는 모든 하역기기를 작동할 수 있는 충분한 동력을 무료로 제공해야 한다.

⑯ **Laytime**(if separate laytime for loading and discharging is agreed, fill in a)and b). if total laytime for loading and discharging, fill in c) **only**(CI. 6)

정박기간을 기재한다. 만약 선적 시와 양륙 시 각각 정박기간을 정하고자 할 경우에는 a), b)에 기재하고, 아니면 선적 시와 양륙 시를 합산하여 정박기간을 정할 경우에는 c)에 기재한다. 화주가 약정된 정박기간 동안 선적 · 양륙할 수 있다.

⑰ **Shippers/Place of business**(CI. 6)

배를 빌리는 용선자의 명칭과 주소를 기재한다. 이를 통해 선주가 하역준비 완료통지를 할 수 있도록 한다.

⑱ **Agent**(loading)(CI. 6)

선적지에 있는 용선자의 대리인을 기재한다. 이는 선적 시 화주가 명확하지 않아 하역준비 완료통지서(N/R)를 전달할 수 없을 경우 용선자 또는 대리인에게 N/R을 전달하기 위해서이다.

⑲ **Agent**(discharging)(CI. 6)

양륙지에 있는 용선자의 대리인을 기재한다. 양륙항에서 수하인이 명확하지 않아서 N/R을 전달할 수 없을 경우 용선자 또는 여기에 기재된 용선자의 대리인에게 전달한다.

⑳ **Demmurage rate and manner payable**(loading and discharging) (Cl. 7)

선적항 및 양륙항에서의 체선료 및 그 지급방법을 기재한다.

㉑ **Cancelling date**(Cl. 9)

해약선택권이 발생하는 날짜를 기재한다. 즉, 여기에 기재된 날짜에 본선이 선적 채비를 갖추지 못하면 용선인에게 해약선택권이 생긴다.

㉒ **General Average to be adjusted at**(Cl. 12)

공동해손의 정산장소를 기재한다. 제2부 제12조에는 만약 당사자가 정산장소를 합의하지 않으면 공동해손은 런던에서 요크-앤트워프 규칙(YAR; York-Antwerp Rules 1994)에 따라 정산한다고 규정하고 있다.

㉓ **Freight tax**(state it for the Owner's account)(Cl. 13)(C))

선주가 운임세를 부담하게 될 경우 그 운임세를 기재한다. 만약 선주가 부담한다는 명시가 없으면 제2부 제13조(c)에 의거 운임에 부과되는 세금은 용선인이 부담한다.

㉔ **Brokerage commission and to whom payablet**(Cl. 15)

중개수수료와 이를 부담할 당사자를 기재한다.

㉕ **Law and Arbitration**(state 19(a), 19(b), or 19(c) of Cl. 19 ; if (c) agreed also state Place of Arbitration) (if not filled in 119(a) shall apply) (Cl. 19)

준거법과 중재지를 기재하는 것으로, 제2부 제19조의 (a), (b), (c) 중 하나를 선택하여 기재한다. 만약 (c)를 선택했을 경우 중재지도 함께 기재해야 한다.[27]

그리고 만약 아무런 표시도 하지 않을 경우 (a)가 적용되어 영국법과 영국 런던에서 영국의 중재법에 따라 중재를 한다.

㉖ Additional clauses covering special provisions, if agreed

Part I, II에 인쇄된 조항과 그 내용을 현저하게 달리 하거나 새로운 내용을 첨가하려면 당사자의 합의에 의해 별도의 추가약관 또는 첨부사항을 설정할 수 있다.

6. 선적서류

6.1 선적서류의 종류

1) 상업송장(Commercial Invoice ; C/I)

상업송장은 수출물품의 선적을 마친 수출업자가 수입업자 앞으로 작성하여 발행하는 물품대금의 청구서이며, 동시에 선적물품에 관한 명세서이다. 수출상 측에서 본다면 상업송장은 수출대금 회수에 필요한 주요 서류이고 수출통관 수속에 필요한 서류이다. 한편 수입상 측에서 본다면 상업송장은 수입물품에 대한 명세서이므로 수입통관 수속에 필요한 필수적인 서류이다.[28]

2) 선하증권(Bill of Lading ; B/L)

(1) 선하증권의 의의

선하증권은 정기선의 운항에서 선사가 화주에게 발급해 주는 선적서류를 의미한다. 선하증권은 그 자체가 화물에 대한 청구권이기 때문에 화물과 같은 가치를 지닌다고 할 수 있다. 신용장 결제방식에서 선하증권은 대금지급을 받기 위한 가장 중요한 서류라고 할 수 있다. 왜냐하면 선하증권이 물품에 대한 담보기능을 하기 때문이다.

(2) 선하증권의 기능

① 물품영수증

선하증권은 영수증의 기능을 한다. 우리가 일상생활에서도 돈을 빌리면 돈을 받았다는 증빙으로 돈을 빌려준 사람에게 영수증을 써준다. 선하증권은 막대한 가치가 들어 있는 수출화물을 화주로부터 선박회사가 받았다는 증표로 영수증의 기능을 수행한다.

② 화물의 인도청구권

선하증권은 화물의 인도청구권이다. 본선이 목적항에 도착하면 연락을 받은 수입상은 화물을 인도받으러 본선이 들어온 항구에 간다. 이때 선하증권을 소지해야 하는데, 이는 선하증권 자체가 화물에 대한 인도청구권이기 때문이다.

③ 운송계약의 추정적 증거

일반적으로 화주와 선박회사 간 운송계약에서는 별도의 운송계약 서류를 작성하지 않는다. 그러므로 일단 선박회사가 화주(물건의 주인)에게 선하증권을 발행하였다면, 정상적인 경우 화주와 선박회사 간에는 운송계약이 체결되었다고 추정할 수 있다. 그러한 의미에서 선하증권은 그 자체가 운송계약서는 아니지만 무역관습상 운송계약의 추정적 증거(bona fide)로 간주된다.

3) 용선계약서(Charter Party ; C/P)

용선계약서는 한자어 그대로 배를 빌리는 계약서이다. 용선계약서는 부정기선을 활용하여 화물을 운송할 때 부정기선 업자와 화주 사이에 체결된 운송계약을 증빙해 주는 선적서류이다.

4) 해상화물운송장(Sea Way Bill ; SWB)

해상화물운송장은 해상화물수취증이라고도 한다. 영어로는 Sea Way Bill이라고 호칭한다. 앞에서 언급한 '선하증권의 위기' 현상으로 제때에 화물을 찾지 못하게 되자 신속하게 화물을 처리하는 운송서류가 필요하게 되었는데, 이에 등장한 것이 해상화물운송장이다. 해상화물운송장(SWB)은 수하인이 화물을 수령할 때 운송인에게 이를 제출할 필요가 없으므로 화물을 신속하게 처리할 수 있다.[29] 서류 처리의 신속성을 보장해 주는 서류이다. 해상화물운송장과 선하증권은 많은 차이가 있다. 그 차이점은 다음과 같다.

첫째, 선하증권이 화물에 대한 권리증권인 데 비해, 해상화물운송장은 권리증권이 아니다.

둘째, 선하증권은 물권적 효력을 갖고 있는 데 비하여, 해상화물운송장은 물권적 효력이 없다. 다시 말해서 선하증권은 비록 종이 서류에 불과하지만 서류 자체가 물건이나 마찬가지라는 의미이다. 이와는 대조적으로 해상화물운송장은 물권적 효력이 없다.

용어 설명

물권적 효력과 채권적 효력

물권적 효력이란 선하증권의 경우 물권적 요소가 있다는 의미이다. 물권은 문자 그대로 물건에 대한 지배권이다. 물권은 절대권이다. 즉, 모든 사람들에 대하여 이 물건은 내 것이라고 배타적 권리를 주장할 수 있는 만큼 그 권리가 강력하다. 그에 비하여 채권은 어떤 계약관계에 의하여 발생하는 권리이다. 이 경우 권리는 상대권이며, 오직 계약을 체결한 당사자 간에만 효력이 발생한다.

셋째, 수하인 기재방식이 선하증권은 지시식이 일반적인 데 비해, 해상화물운송장은 기명식이다. 기명식은 수하인의 이름이 처음부터 명기되어 있어 다른 사람은 그 화물을 찾을 수 없다.

넷째, 기명식인 관계로 해상화물운송장은 유통시킬 수 없다. 즉, 대가를 주고 남에게 서류를 팔 수 없다. 이와는 대조적으로 선하증권은 지시식인 경우 남에게 대가를 주고 서류를 팔 수 있다. 즉, 유통성이 있다.

표 5-6 해상화물운송장과 선하증권의 비교

	해상화물운송장(SWB)	선하증권(B/L)
화물권리증권	권리증권이 아님	권리증권임
인도 시 원본과 상환	원본과 상환할 필요 없음	원본과 상환할 필요가 있음
수하인 기재방식	기명식	지시식 또는 기명식
수하인	기명 수하인	정당한 B/L 소지인
물권적 효력	물권적 효력이 없음	물권적 효력이 있음
유통증권	유통증권이 아님	유통증권임

다섯째, 선하증권은 서류 자체가 물권적 효력을 갖고 있고 화물에 대한 권리증서이기 때문에 반드시 원본과 화물을 교환해야 한다. 어떻게 보면 화물과 서류가 동등한 가치를 갖고 있다고 볼 수 있다. 그러나 해상화물운송장은 그러한 물권적 효력이 없으므로 구태여 원본과 화물을 교환할 필요가 없다.

5) 복합운송증권

복합운송증권은 복합운송에서 선하증권의 역할을 하는 서류를 의미한다. 해상운송의 경우에는 선하증권이라는 신뢰성 있는 선적서류가 관습적으로 사용되어 왔다. 그러나 복합운송은 한 명의 복합운송인이 전체 운송구간을 책임지고 중간에 여러 운송수단을 활용하여 최종 목적지까지 운송하는 방식이다. 따라서 일반적인 항공화물운송장이나 선하증권 등 하나의 운송수단만을 사용하는 경우와는 다를 것이다. 이러한 경우 발행되는 선적서류이다.

6) 화물선취보증장(Letter of Guarantee ; L/G)

화물선취보증장은 운송혁명과 관련이 있다. 인류 역사상 보통의 경우는 화물보다는 서류가 먼저 수입국에 먼저 도착하였다. 생각해 보면, 화물은 부피가 크고 양이 많으므로 속도가 느릴 수밖에 없다. 군대를 예로 들어도 전체 군대가 이동하는 속도보다 파발마가 이동하는 속도가 더 빠르다. 그러므로 일반적으로는 서류가 신속한 운송수단에 실려서 먼저 오고 나중에 화물이 왔다.

그러나 수송혁명이 출현하면서 선박의 운항속도가 매우 빨라졌다. 그래서 화물을 실은 배가 수입국에 먼저 도착하는 경우가 발생하게 된 것이다. 그러면 왜 선적서류는 늦게 오는 것일까? 선적서류는 신용장 결제방식 같은 경우 개설은행, 통지은행, 매입은행 등 여러 은행들을 거치게 되어 있으며, 현재와 같은 신용장통일규칙(UCP 600) 하에서도 서류를 심사하는 데 5영업일의 여유를 두고 있다. 그만큼 서류심사는 늦어질 가능성이 있다. 더구나 영업일을 기준으로 하였으므로 토요일이나 일요일, 국경일 등은 영업일에서 제외된다. 따라서 서류처리 속도가 늦을 수 있다.

이에 비하여 선박은 공해상에 들어가면 공휴일 없이 항해한다. 그 결과 수입상 입장에서는 특히 계절상품의 경우 빨리 화물을 수령해 마케팅에 들어가야 하는데, 물건이 이미 자기 나라에 도착했는데도 선하증권 등 화물인도를 청구할 수 있는 선적서류가 없어 화물을 찾을 수 없는 사태가 벌어지게 된다. 이러한 이유로 등장하게 된 것이 화물선취보증장이다. 화물선취보증장은 수입상이 선하증권이 손에 들어오기 전에 자기 나라에 도착한 화물을 찾기 위하여 은행에 부탁하여 발급받는 서류를 말한다. 즉, 선하증권에 의한 정식 절차에 앞서서 화물을 인도받겠다는 것을 은행이 보증해 주는 서류이다. 선취는 먼저 취득한다는 의미이다.

6.2 선하증권의 종류[30]

(1) 선적 선하증권(Shipped B/L) · 수취 선하증권(Received B/L)

선적 선하증권은 선박회사가 송하인의 화물을 본선에 적재한 후 송하인에게 발급해 주는 선하증권을 말한다. 따라서 송하인, 즉 수출상은 자신의 화물이 본선에 적재된 사실을 알 수 있다. 그리고 화물이 선적되었으므로, 다른 이상이 없다면 본선은 목적지로 출발할 것이고, 자신은 인도의무를 이행할 가능성이 매우 높다고 할 것이다.

한편 수취 선하증권은 선박회사가 송하인으로부터 화물을 인수한 후에 송하인에게 발급해 주는 선하증권을 말한다. 따라서 수취 선하증권은 아직 화물이 선박에 실리지 않은 상태에서 발급해 주는 선하증권이다. 그러므로 언제 실제로 본선에 화물이 선적될지 알 수 없다. 과거에는 일반적으로 수취식 선하증권은 은행에서 받지를 않았다. 즉, 신용장 결제방식 절차에 의하면 대금지급을 받을 수 없다는 의미이다.

(2) 지시식 선하증권(Order B/L) · 기명식 선하증권(Straight B/L)

지시식 선하증권은 제3자에게 양도 가능한 증권이다. 즉, 유통이 가능한 선하증권이다. Order라는 문헌이 있는 난에 배서하면 양도가 가능해진다. 이에 반하여 기명식 선하증권은 선하증권에 이를 수령할 사람의 이름이 기재되어 있다. 따라서 제3자에게 양도할 수 없으며 유통이 불가능하다.

(3) 사고 선하증권(Foul B/L) · 무사고 선하증권(Clean B/L)

수입국의 목적항으로 출발하는 본선에 화물이 선적되면 일등항해사는 화물에 이상이 없는지 외관상으로 검사를 한다. 이러한 검사 이유는 원래부터 화물에 이상이 있는지 아니면 운송 도중에 사고가 발생하여 화물에 이상이 생겼는지에 따라 책임의 소재가 달리지기 때문이다. 사고 선하증권은 선하증권의 기재 난에 무엇인가 기재되어 있는 선하증권을 의미한다. 원래부터 화물에 어떠한 이상이 있다면 이는 화주의 책임이고, 운송회사는 책임이 없다.

그러나 만약 선적 직후에는 외관상 아무런 문제가 발견되지 않았는데, 목적지에 도착한 후에 문제가 발견되었다면 이는 운송회사의 책임이라고 할 것이다. 그러한 경우에는 운송회사가 손해배상을 해주어야 한다. 한편 무사고 선하증권은 기재 난에 아무런 사항이 기재되지 않아서 깨끗한 선하증권을 지칭한다.

(4) 하우스 선하증권(House B/L) · 마스터 선하증권(Master B/L)

LCL 화물인 경우, 컨테이너 터미널에서는 컨테이너 프레이트 스테이션(CFS)에서 혼재업자 또는 포워더가 소량의 화물들을 동일 목적지로 가는 컨테이너 안에 화물을 적입한다. 이때 포워더가 CFS에서 컨테이너에 화물을 적입한 후 각 개별 화주에게 발급해 주는 선하증권을 하우스 선화증권이라 한다. 한편 컨테이너 프레이트 스테이션에서 컨테이너에 화물을 적입한 후 이 컨테이너를 선사에 갖고 가고, 선사는 컨테이너를 인수했다는 증표로 포워더에게 선하증권을 발급해 주기도 하는데, 이때 발행해 주는 선하증권을 마스터 선하증권이라고 한다.

(5) 통선하증권(Through B/L)

화물을 목적지까지 운송하는데, 최초의 운송인인 선주가 도중에 다른 선박에 환적하거나 또는 육상 운송수단을 이용하는 경우, 최초의 운송인이 전 구간의 운송에 대하여 책임을 지고 발행하는 선하증권이다.

(6) 권리포기 선하증권(Surrender B/L)

수입화물선취보증장(L/G)를 발행하면 수수료가 많이 들기 때문에 권리포기 선하증권을 활용하여 수입화물을 찾는 경우가 많다. 권리포기 선하증권은 선하증권의 종류가 아니라 선하증권상에 Surrender라는 문구를 표시하여 선하증권의 유통성을 포기하고, 원본 선하증권 없이 수입화물을 인도받을 수 있는 선하증권을 말한다.[31]

용어 설명

한국선주협회(KSA)

한국선주협회(Korean Shipowner' s Association ; KSA)는 1954년에 창립된 대한선주협회와 1957년에 창립된 한국대형선주협회가 합병되어 1960년에 창설된 기관이다. 설립목적은 회원사의 권익 증진과 우리나라 외항해운업의 경제적 · 사회적 지위 향상 및 국제적 활동을 촉진시키는 것이다. 주요 업무는 해외 법령 및 제도 개선, 해운정책의 개발 및 반영, 선원수급 개선 및 노사협력, 해난사고 예방 및 해양환경 보전, 국제해운협력 강화와 해운 홍보 및 시황자료 분석 등이다. 한국선주협회는 1980년에 국제해운연맹(ISF)에 가입하였고, 2009년에는 국재해운회의소(ICS)에 가입하였다.

한국하주협의회(KSC)

한국하주협의회(Korea Shipping Council ; KSC)는 1972년 수출 10억 달러 달성을 계기로 한국무역협회(KITA) 부설기관으로 출범한 수출입 하주 지원을 위한 국내 유일의 법정 하주단체로 1978년에 설립되었다. 설립목적은 수출입운송에 관련된 제반 여건의 개선을 통해 무역의 증진과 하주의 권익을 옹호하는 것이다. 주요 업무는 수출입물류비 인하 및 물류체계 개선을 위한 하주 지원, 수출입 운임 및 부대비용 안정을 위한 국내외 운송 관련 기관 · 단체 · 업체와의 협의, 국내 수출입 하주들의 권익 신장을 위한 물류체계 개선 및 애로 해소, 국제 하주단체 간 협력 및 공조 활동, 하주들에 대한 수출입물류 정보 제공 등이다.

한국선급(KR)

한국선급(Korean Register, Korean Register of Shipping ; KR)은 해상에서 인명과 재산의 안전을 도모하고 조선, 해운 및 해양에 관한 기술 진흥을 목적으로 1960년에 설립된 한국선급협회가 1987년에 새롭게 변경된 명칭이다. 한국선급은 선급업무를 행하는 선급단체로서, 선급규칙과 국제협약에 따라 생명과 재산 및 환경을 보호하는 조선 · 해양 분야에서 세계를 선도하는 기술적 조언자이다. 주요 업무는 선박 검사, 정부 대행 검사 및 심사, 품질인증, 함정(warship), 기술정보와 연구개발, 외국 선급과의 업무협정 체결 등이며, 현재 부산의 본사를 비롯하여 국내 및 해외 60여 개 지부 및 사무소가 있다. 1988년에는 국제선급연합회(IACS)의 정회원 선급이 되었다.

출처 : 한상현, 『국제운송론』, 두남, 2018, p.69.

(7) BOLERO 선하증권

전자식 선하증권을 의미한다. BOLERO는 Bill of Lading Electronic Registry Organization의 약자이다. 즉, 선하증권전자등록기구라는 의미이다. 현대에 와서 선박의 고속화가 이루어지면서 국제운송에서 수입항에 물품은 도착하였는데 선하증권이 도착하지 않아 수입상이 물품을 찾지 못하는 현상, 즉 선하증권의 위기 현상이 출현하였다. 이는 선하증권이 본연의 기능을 수행하지 못한 데서 선하증권의 위기라고 한 것이다. 이러한 문제를 해결하기 위하여 도입된 것이 볼레로 선하증권이다. 볼레로 선하증권은 선하증권의 특성은 그대로 보존하지만 전자적으로 선하증권을 송·수신함으로써 선하증권의 신속성을 보장하는 선하증권이다.

7. 국제운송조약

운송조약은 결국 화주와 운송인 간 책임소재를 놓고 협상을 해온 결과물이다. 초기에는 주로 운송인의 면책에 중점이 두어졌다. 사실 운송인 입장에서는 선박을 운용하여 화물을 운송하다가 여러 가지 사정으로 책임을 지고 손해를 배상해야 한다면 수지타산이 안 맞을 것이다. 따라서 조약 초기에는 운송인인 선사를 보호하는 데 중점이 두어졌다. 그러나 뒤로 올수록 화주의 권익도 보호하는 방향으로 변천이 이루어지고 있다.[32]

7.1 미국의 하터법(Harter Act, 1893)

18세기와 19세기 바다를 지배했던 영국은 해상무역로에 선단을 운용하고 있었다. 선주국인 영국의 해운업자들이 과도한 면책조항을 요구하면서 하주가 불리해지자 미국은 1893년 하터법을 제정하였다. 이 법은 선주의 면책특약을 제한하고 운송인의 과실을 항해과실과 상업과실로 구분하여, 상업과실에 대해서는 운송인이 책임을 지지만 항해과실에 대해서는 운송인이 책임을 지지 않도록 하였다. 여기서 상업과실은 화물의 선적, 하역 등 화물의 취급에 관련된 운송인의 과실을 의미하며, 항해과실은 선박의 항해 중 선장이나 선원의 과실로 발생한 화물의 손해를 의미한다.

7.2 헤이그 규칙(Hague Rules, 1924)

국제해사법위원회(CMI)가 1924년 승인한 국제규칙으로, 선하증권통일조약 또는 헤이그 규칙이라고 부른다. 헤이그 규칙은 하터법을 계승하여 ① 운송인의 과실을 항해과실과 상업과실로 구분하고 상업과실과 선박의 감항성 확보는 운송인의 책임으로 하고, 항해과실은 운송인의 면책으로 규정하고 있다. ② 화물의 손해에 대하여 하주가 화물 멸실이 운송인의 과실에 의한 것임을 입증하면, 운송인이 책임을 지는 과실책임주의 원칙에 따르고 있다.

7.3 헤이그-비스비 규칙(Hague-Visby Rules, 1968)

운송환경의 변화를 반영하여 1968년 헤이그 규칙을 개정한 국제조약이다. 헤이그-비스비 규칙에서는 ① 컨테이너 약관을 신설하였다. 국제운송에 컨테이너가 많이 사용됨에 따라 선하증권에 운송물의 포장이나 단위가 기재되어 있으면 그것에 따르고, 그렇지 않은 경우라면 컨테이너를 하나의 포장단위로 간주하도록 규정하였다. ② 운송인의 책임한도를 1만 포앙카레 프랑으로 인상하였다. ③ 선하증권의 증거력에 있어 헤이그 규칙이 추정적 증거력을 부여했던 데 비하여, 헤이그-비스비 규칙에서는 절대적 증거력을 부여하였다.[33]

7.4 함부르크 규칙(Hamburg Rules, 1992)

헤이그 규칙이 선주들의 이익을 대변했다는 개발도상국들의 주장을 받아들여 1978년에 제정하고 1992년에 발효한 국제규칙이다. 해상물품운송에 관한 UN협약(United Nation Convention on the Carriage by Sea)이 원래 명칭이다. 통상 함부르크 규칙이라고 부른다. 헤이그 규칙에서는 운송인의 책임을 해상구간에 국한하였으나 함부르크 규칙에서는 ① 컨테이너 운송이 일상화되자 화물의 집화와 인도를 위해서 운송인의 책임을 육상구간까지 확대하였다. ② 운송인의 과실책임주의를 과실추정의 원칙으로 바꾸었다. 그 결과 운송 도중에 발생한 화물손해는 일단 운송인의 책임으로 추정하게 되었다. 그리고 운송인이 사고를 방지하기 위하여 합리적으로 요구되는 모든 조치를 취하였음을 입증하면 면책되도록 하였다.[34]

7.5 로테르담 규칙(Rotterdam Rules, 2010)

UN국제무역법위원회(UNCITRAL)가 주도하여 2008년 유엔총회에서 채택한 국제화물운송협약이다. 동 협약은 ① 단순히 항만뿐만 아니라 도로, 철도 등 복합운송에도 사용되도록 확대되었다. ② 항해과실 면책조항이 폐지되었다. ③ 선박의 감항성 의무가 전체 항해기간으로 확장되었다. ④ 전자식 운송증권의 효력을 인정하였다. 이 조약에 비준하면 헤이그-비스비 규칙이나 함부르크 규칙을 폐기하도록 하였다.

표 5-7 국제해상운송조약의 비교

	헤이그 규칙	헤이그-비스비 규칙	함부르크 규칙	로테르담 규칙
입법기관	CMI	CMI	UNCITRAL	UNCITRAL
적용구간	선적에서 하역까지	선적에서 하역까지	port to port	door to door
감항성 주의의무	선박의 출항시점	선박의 출항시점	전 운송기간	전 운송기간
전자식 운송증권	규정 없음	규정 없음	규정 없음	전자식운송증권 효력 인정
운송인면책	항해과실면책 17개 면책조항	항해과실면책 17개 면책조항	항해과실면책 폐지	항해과실면책 폐지
포장단위	규정 없음	컨테이너 조항	컨테이너 조항	컨테이너 조항
제소기한	1년	1년	2년	2년

요약

해상운송은 고대시대부터 국제무역에서 가장 중요한 운송수단이었다. 그리스 아테네의 무역선들은 지중해를 누볐으며, 북유럽의 바이킹들은 콜럼버스가 아메리카 대륙을 발견하기 전에 아메리카 대륙을 발견했다는 말이 있다. 해상왕 장보고는 신라, 일본, 중국 당나라 간 중계무역을 행하였으며, 중국 명나라 때 환관 정화는 아프리카 대륙 해안까지 대원정에 나선 기록이 있다. 특히 대항해시대에는 유럽에서 아시아나 아프리카, 중남미 지역으로 보내진 선박들이 신대륙이나 신시장에서 많은 상품을 유럽으로 운송하였다. 20세기 후반부터 현대에 들어서는 대형 컨테이너선으로 많은 물량을 한 번에 실어나르고 있다. 따라서 해상운송은 국제운송수단 중에서도 가장 각광을 받은 국제무역 운송수단이다. 해상운송은 정기선 운송과 부정기선 운송으로 나뉜다. 정기선 운송은 주로 다양한 종류의 물품을 수송하며, 선사들은 해운동맹을 구축하고 있다. 한편 부정기선 운송은 철광석, 밀 등 단일 제품을 운송하는 데 사용된다. 정기선 운송의 주요 선적서류로는 선하증권이 있으며, 부정기선 운송의 경우에는 젠콘 같은 용선계약서를 사용한다. 선하증권에 관한 국제조약으로는 헤이그 규칙, 헤이그-비스비 규칙, 함부르크 규칙, 로테르담 규칙 등이 있다.

연습문제

토론주제

1. 해상운송의 특징을 토론하시오.
2. 해운동맹의 결성 원인과 현황에 대하여 토론하시오.

일반문제

1. 재화중량톤수에 대하여 설명하시오.
2. 종가운임에 대하여 설명하시오.
3. FI에 대하여 설명하시오.
4. FIO에 대하여 설명하시오.
5. CFS Charge에 대하여 설명하시오.
6. Demurrage에 대하여 설명하시오.
7. Tramper에 대하여 설명하시오.
8. S/R에 대하여 설명하시오.
9. M/R에 대하여 설명하시오.
10. T/R에 대하여 설명하시오.
11. Dual Rate System에 대하여 설명하시오.
12. Time Charter에 대하여 설명하시오.
13. SWB에 대하여 설명하시오.
14. C/P에 대하여 설명하시오.

심화문제

1. 선하증권(B/L)의 기능에 관하여 설명하시오.

2. 용선운송계약의 종류를 제시하고 각각 설명하시오.

3. 선하증권 위기의 원인을 설명하고, 해상화물운송장의 활용방안을 설명하시오.

4. Groupage B/L과 House B/L을 비교하시오.

5 수입화물선취보증서의 필요성과 이를 취급하는 운송인의 책임에 관하여 논하시오.

6 헤이그 규칙에서 운송인의 면책사유에 대하여 설명하시오.

7. Surrender B/L의 의의와 기능을 설명하시오.

8. 해상화물운송장과 선하증권의 차이점을 비교하여 설명하시오.

9. 함부르크 규칙에서 운송인의 책임에 대하여 설명하시오.

10. 로테르담 규칙의 특징에 대하여 설명하시오.

참고문헌 및 미주

1. 최근 지구온난화로 인하여 북극의 얼음이 녹기 시작하면서, 북극해를 활용한 동아시아에서 북유럽까지 최단거리 항로 타당성이 조사되고 있다. 김기태 · 홍성원, 「북극해항로의 글로벌 공급사슬로서의 활용방안」, 『국제상학』, 한국국제상학회, 제29권 제2호, 2014, pp.155~178.
2. 알프레드 세이어 마한(김주식 역), 『해양력이 역사에 미치는 영향 1』, 책세상, 1999, p.7.
3. 박명섭, 『국제물류의 이해』, 법문사, 2016, p.77.
4. 박명섭, p.77.
5. 송선욱, 『국제운송론』, 두남, 2017, pp.104~106 ; 경운범, 『국제운송론』, 형설, 2005, pp.46~56 참조.
6. 일반 화물선에서 총톤수를 100으로 할 때 보통 순톤수는 62, 배수톤수는 210, 재화중량톤수는 150이 된다.
7. 오원석 · 박광서, 『무역상무』, 삼영사, 2015, p.270.
8. 화물관리번호는 사람에게 주민등록번호와도 같은 것으로 세관의 수입화물 관리에서 가장 중요한 자료이다.
9. 수입지에서 화물의 인도는 선하증권과 바꾸어 인도하는 것이 원칙이지만, 선하증권은 중요한 유가증권으로 분실이나 파손의 염려가 있기 때문에 D/O가 이용되는 것이다. 컨테이너의 경우 화물인도지시서

는 선사가 화물보관자인 CFS나 CY 운영업체에 D/O 소지인에게 화물을 인도할 것을 지시하는 서류의 역할을 한다.

10. 한상현(2018), pp.94~102. ; 경운범(2005), pp.88~89. ; 임석민(2017), pp.43~52.에 의거하여 작성하였음.

11. 한국, 대만, 홍콩 등 극동지역이나 아세안 회원국 및 유럽의 경우 THC를 사용하나, 미국에서는 목적지 인도비용(Destination Delivery Charge ; DDC)이라 하여 THC에다가 내륙의 일정한 장소까지의 내륙운송비를 합하여 부과하고 있다.

12. 본 절은 임석민, 『국제운송론』, 삼영사, 2016, pp.316~321 내용에 의거한 것임.

13. 예컨대, SDR666.67

14. 클레임의 시효에 대해 일반적으로 B/L은 클레임의 서면통지로부터 1년, 헤이그 규칙은 화물인도일로부터 1년 내에 선사의 책임이 소멸한다고 규정하고 있다.

15. 강원진, 『관세사 무역실무 논술연습』, 박영사, 2015, p.86.

16. 한상현, 『국제운송론』, 두남, 2018, pp.104~106.

17. 경운범, 『국제운송론』, 형설출판사, 2005, p.112.

18. 경운범(2005), p.113.

19. 문철한, 『무역상무론』, 동성출판사, 1999, p.299.

20. 정용균, 『무역상무론』, 청람, 2019,

21. 경운범(2005), p.113.

22. 문철한(1999), p.299.

23. 문철한(1999), p.299.

24. 본 항목은 송선옥(2017)과 임석민(2017)의 『국제운송론』에 나온 내용에 토대를 둠. 송선옥 ,『국제운송론』, 두남, 2017,

25. 중량을 재는 톤은 ST, LT, MT로 구분된다. 각 기준에 따라 실제 중량이 다르다.

26. 초대형 컨테이너선의 경우 수심이 깊지 않으면 접안이 불가능하며, 따라서 선적 역시 불가능하다.

27. 중재지는 중재에서 매우 중요하다. 왜냐하면, 실체법에 별도로 규정되어 있어도 절차법은 주로 중재지법을 따르기 때문이다.

28. 문철한(1999), p.533.

29. 이강오 · 이은자, 『실무사례 중심의 무역 : 회계와 세무』, 신우디엔피, 2018, p.79.

30. 이강오 · 이은자(2018), p.334.

31. 본 항목은 정용균, 『무역상무론』, 청람, 2019, pp.273~275에 의거하여 작성함.

32. 본 항목은 정용균(2019), pp.279~281을 토대로 작성함.

33. 오원석 · 박광서, 『무역상무』, 삼영사, 2015, p.328.

34. 오원석 · 박광서(2015), p.329.

1. 항공운송의 기초

2. 항공운송 환경의 변화

3. 항공운송의 대상화물과 화물의 탑재

4. 국제항공화물운송업자

5. 항공화물운송장(Air Way Bill ; AWB)

6. 항공화물 사고와 클레임

7. 화물클레임(Cargo Claim)

8. 항공 관련 국제기구 및 국제조약

항공운송

세계의 민간항공은 제트기의 도입으로 비약적으로 발전하였다.

— 허희영, 『항공운송산업론』

항공운송은 프로펠러 항공기가 대세를 이루었던 초기에는 서적이나 신문 등 가벼운 종이 문서를 나르는 데 주로 사용되었다. 그러나 1960년대 제트여객기가 출현함에 따라 신속하게 대량으로 여객들을 실어 나르기 시작하였으며, 제트화물기 역시 출현하였다. 이로써 본격적인 항공운송 시대가 열리게 되었다. 현재는 스마트폰, 노트북 컴퓨터 같은 고부가가치 상품을 항공운송을 통하여 운송하고 있다. 더구나 해공복합운송의 출현으로 해상운송과 항공운송이 결합함으로써 해상운송보다는 신속하고 항공운송보다는 저렴한 운송방식이 출현하여 더욱 항공운송의 중요성이 커지고 있다.

1. 항공운송의 기초

1.1 항공운송의 역사

항공운송은 제2차 세계대전 이후 제트기가 여객수송 및 화물수송에 사용되면서부터 활용되기 시작한 운송수단이다. 제1차 세계대전 무렵만 해도 항공기는 날개가 두 겹으로 되어 있는 복엽기 형태였으며, 한 번에 운송할 수 있는 화물량도 매우 제한되어 있었다. 소설 『어린왕자』로 유명한 생텍쥐페리도 항공기 파일럿이었다. 그때만 해도 항공기로 나르는 화물은 신문, 소포 정도였다. 그러나 제2차 세계대전부터 단엽기가 출현하였으며, 제2차 세계대전이 종료됨과 동시에 제트비행기가 출현하였다. 1960년대부터는 승객을 실어 나르는 제트여객기가 출현하였으며, 1970년대부터는 대형화물 운송이 가능한 제트화물기가 출현하였다. 오늘날에는 보잉 747기 같은 대형화물기가 항공운송에 사용되고 있다.

1) 우편물 운송

항공기가 영리목적으로 운항을 개시한 것은 1900년대 초로 알려져 있다. 최초로 항공기를 이용하여 운송을 시작한 것은 1911년 미국에서 시작한 우편물 운송이었다. 1911년 9월 23일부터 30일까지 일주일 걸려서 미국의 롱아일랜드에서 미네올라까지 항공우편을 수송한 것이 최초의 기록이다.[1] 신속한 항공운송의 장점을 파악한 미국 정부의 인정으로 항공기를 활용한 우편물운송사업이 급속도로 성장하였다. 『어린왕자』를 집필한 생텍쥐페리 역시 북아프리카에서 항공기 조종사로서 우편물을 실어 날랐다고 알려져 있다. 이는 우편물 운송이 미국뿐만 아니라 여타 지역에도 확산되었다는 것을 의미한다.

2) 정기노선 개시

항공산업 초기에는 그 잠재력으로 인해 모든 정부가 항공산업을 규제하였다. 최초의 정기운송을 위한 노선은 1918년 미국의 워싱턴과 뉴욕 구간에서 개설되었으며, 우편물을 운송하였다. 이후 미국 정부는 항공기 보유 규모와 노선을 확대하여 1921년에는 전국적인 노선망이 구축되기에 이르렀다. 당시의 우편물 운송은 주로 낮 동안은 항공편을 이용하여 운송하고 야간에는 열차로 이동시켜 최종 목적지에 도착하는 방식으로 이루어졌다.[2] 1942년 항법장치의 개발, 엔진 개발, 통신수단이 개발되어 야간운송이 가능해지면서 항공운송은 독립된 운송수단으로 각광받기에 이르렀다. 한편 유럽에서도 1919년 네덜란드 헤이그에서 국제항공교통협회가 설립되었다. 이후 영공주권주의가 확립되었다. 이 시기를 기점으로 프랑스, 독일, 네덜란드, 영국, 스위스, 벨기에, 스웨덴을 시작으로 민간부문의 정기항공사들이 유럽에 설립되었다. 1922년에는 아르헨티나, 일본, 캐나다, 폴란드 등이 정기운송을 시작하였다.

3) 시카고 회의와 버뮤다협정

제2차 세계대전 말 다수의 국가들이 국제항공에 대한 규제와 규정의 제정이 필요하다는 데 공감하였다. 1944년 12월 미국의 주도로 52개국 대표들이 미국 시카고에 모여서 국제항공서비스통과협정(International Air Service Transit Agreement)과 국제항공운송협정을 체결하였다. 여기서 하늘의 자유가 처음 명시되었다.[3] 또한 1946년에는 미국 버뮤다에서 영국과 미국이 양국 간 항공운항의 권리에 대한 합의를 도출하였다. 이 협정을 통해 오늘날 국제항공질서의 기본이 되는 다섯 가지 하늘의 자유(Freedom of the Air)가 선포되었다.[4]

4) 제트항공기 출현

항공운송의 비약적 발전은 제트항공기의 출현으로 이루어졌다. 제2차 세계대전 말기에 독일에서 개발되었던 제트전투기를 모형으로 1960년대 제트여객기가 출현함에 따라 신속하게 내량으로 여객들을 실어 나르기 시작하였으며, 제트화물기 역시 출현하였다. 이로써 본격적인 항공운송 시대가 열리게 되었다. 1976년에는 영국과 프랑스가 공동으로 초음속여객기인 콩코드를 개발하여 초음속여객기 시대를 열었다. 이로써 항공운송산업의 특징인 운송서비스의 고속성이 확보되었다.

5) 글로벌 경쟁시대

항공운송산업은 대형 제트기인 보잉 747 항공기, 더글러스사의 DC-10, 유럽 에어버스사의 A300 시리즈 등이 등장하면서 새로운 전기를 맞이하였다. 비로소 승객들은 항공운송에서 안락함을 맛보았으며, 해외여행에 대한 수요가 창출되었다. 또한 대량화물 운송이 가능해짐에 따라 항공화물 운송에도 새로운 전기를 맞이하였다. 이 시기는 항공운송의 절정기라고 해야 한다. 또한 1978년 미국의 항공운송산업 전반에 대한 규제완화법(Deregulation Act)이 제정됨에 따라 그동안 기간산업으로 보호하여 왔던 항공산업이 민영화되어 각국이 자국의 영공을 개방하는 오프스카이 정책으로 발전하였다.[5] 그러나 21세기 들어서는 2001년 미국 뉴욕에서 항공기에 의한 9.11 테러사건이 발발하면서 항공보안에 대한 대책 마련이 중요해졌다.

1.2 하늘의 자유

1) 제1의 자유(Fly over Right)

영공 통과의 자유, 즉 상대국에 착륙하지 않고 영공만을 통과하는 자유를 말한다.[6]

2) 제2의 자유(Technical landing Right)

기술착륙의 자유, 즉 운송 이외의 목적인 급유, 승무원 교체, 위급환자 발생, 기타 또는 기술적 목적으로 상대국에 착륙한 후 제3국으로 계속 운항할 수 있는 자유[7]

3) 제3의 자유(Set down Right)

자국의 영역에서 상대국으로 승객과 화물을 운송할 수 있는 자유[8]

4) 제4의 자유(Bring back Right)

상대국의 영역에서 자국으로 승객과 화물을 운송할 수 있는 자유[9]

5) 제5의 자유(Beyond Right)

이원권의 개념으로, 상대국에서 제3국 간에 승객, 화물, 우편물을 운송할 수 있는 자유[10]

1.3 항공운송의 장단점

항공운송의 장점은 다음과 같다.

첫째, 무엇보다도 신속하다. 제주도에서 어부가 막 잡은 생선을 항공기로 서울 김포공항으로 운송한 뒤, 서울 호텔 고급 일식집에서 생선회를 제공하는 것이 가능하다.

둘째, 안전하다. 다른 운송수단과 비교해 볼 때 항공운송 사고율은 낮은 편이다. 따라서 운송의 안전성이 보장된다.

셋째, 고부가가치 상품 운송에 유리하다. 예를 들어 노트북 컴퓨터나 스마트폰 등 부피는 작지만 가격이 높은 첨단제품이나 매우 가격이 비싼 미술품, 광학기기, 통신기기, 약품 등의 운송에 유리하다. 이러한 고부가가치 제품은 주로 항공운송을 통하여 운송된다.

넷째, 운송기간이 짧고, 항공기 안의 폐쇄된 공간으로 인하여 절도의 위험이 적다.

항공운송의 단점은 첫째, 운송비용이 비싸다. 둘째, 기후의 영향을 크게 받는다.

2. 항공운송 환경의 변화

2.1 글로벌 제휴

1) 내용

각국 정부는 자국의 항공산업을 육성하기 위하여 국적항공사의 소유권에 대한 외국인 지분을 제한함으로써 항공주권을 보호하고 있다. 이러한 한계를 극복하기 위하여 항공업계에서는 공동마케팅 및 공동운항 합작투자회사를 설립하는 등 항공사 간의 제휴를 확대하고 있다. 구체적으로는 항공사 간의 제휴를 통하여 노선의 확대, 수익의 증대, 편리한 스케줄의 확보 등 개별 항공사가 제공할 수 없는 서비스를 제공하고 있다.

2) 제휴의 형태

(1) 마케팅 제휴

제휴 항공사는 각각 기업의 목표를 추구하면서 자산을 독립적으로 운영하고 마케팅 활동은 협력하는 형태이다. 주로 항공사 간의 인터 라인 협정을 통하여 공동운항을 하는 형태이다. 예를 들어 항공편명을 공유함으로써 자사의 추가적인 항공편 운항 없이 노선확장이 가능하도록 협력한다. 제휴 항공사를 통하여 연계 항공편을 자사의 항공편으로 상호 인정하여 항공권을 판매한다.[11]

(2) 전략적 제휴

제휴 항공사들이 공동의 목표를 설정하고 이를 달성하기 위하여 각각의 자산을 통합하여 함께 운영하는 제휴 형태이다. 공동으로 이용하는 자산은 주로 공항시설이나 정비기지, 항공기 및 인력 등이다.

그림 6-1 전략적 제휴

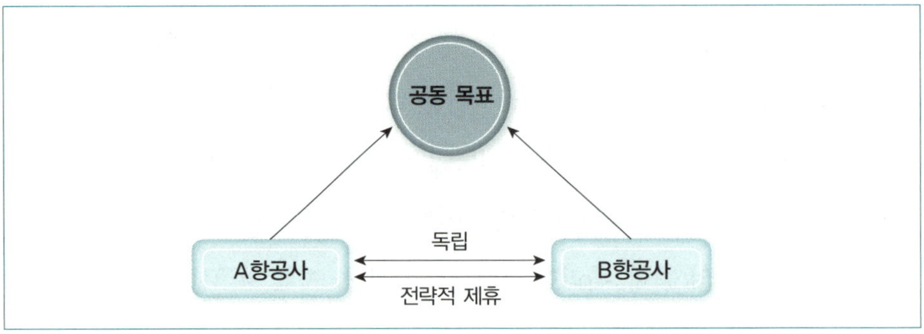

(3) 합작투자 설립

제반 활동을 위해 2개 이상의 항공사가 계약에 따라 공동투자하고 수익을 나누는 공동기업의 형태로 운영된다. 항공업계는 각국 정부가 외국인 지분 참여를 규제하고 있기 때문에 특정 노선에 대하여 운영되는 것이 특징이다. 사례로는 공동좌석 관리, 공동가격정책, 수입 및 비용 공유, 공동기재 운영 등이 해당된다.[12]

3) 글로벌 제휴 현황

(1) 스타 얼라이언스(Star Alliance)

1997년에 설립된 세계 최초의 글로벌 제휴 그룹이다. 우리나라 아시아나 항공을 비롯한 28개국 항공사가 가입되어 있다. 광범위한 코드 쉐어링을 통해 총 160여 국가 약 900개 도시에 운송서비스를 제공하고 있다. 스타 얼라이언스는 미국의 유나이티드 항공, 싱가포르 항공, 독일의 루프트한자 항공 등 거대 항공사들로 인해 높은 시장점유율을 보이고 있다.

(2) 원 월드(One World)

영국의 브리티쉬 항공, 아메리칸 항공이 주축이 되어 호주의 콴타스 항공, 홍콩의 케세이퍼시픽 항공과 1998년에 원 월드 제휴 그룹을 창설하였다. 현재 14개 항공사가 가입하고 있다. 오세아니아 지역에서 높은 시장점유율을 보이고 있는 호주 콴타스 항공과 영국의 대서양 시장점유율 세계 최대 항공사인 아메리칸 항공이 중남미의 방대한 노선을 장악하고 있는 것이 강점이다.

(3) 스카이 팀(Sky Team)

우리나라 대한항공(KAL)이 참여하고 있는 글로벌 제휴 집단이다. 1999년 델타 항공이 에어프랑스와 새로운 제휴를 발표하였다. 그후 멕시코와 대한항공이 참여하였다. 2000년에 스카이 팀이라는 명칭으로 출범하였다. 2018년 현재 20개 항공사가 참여하고 있다.[13]

2.2 공항

1) 개념

공항은 항공기의 이착륙, 여객의 탑승 및 하기, 화물의 집적, 상하역 등이 집중적으로 이루어지는 항공운송의 중심지이다. 공항에서는 항공기 운항에 필요한 각종 시설과 장비는 물론 공항 주변의 공역도 비행하는 데 지장이 없어야 한다.

2) 기본 시설

(1) 활주로(Run way)

항공기가 이착륙할 때 가속과 감속을 위하여 필요한 지상 활주용 노면으로 항공운송에 가장 기본이 되는 시설이다. 활주로는 이용하는 항공기의 이착륙, 성능과 중량, 활주로 이용빈도 등을 고려하여 설계된다.

(2) 유도로(Taxi way)

항공기가 활주로와 주기장, 정비지역 등을 이동하는 데 이용하는 지상의 통로를 유도로라고 한다.

(3) 주기장(Apron)

여객의 탑승과 하기, 화물의 상하역, 급유, 정비 등을 위하여 항공기가 일시적으로 주기하는 장소를 말한다.

(4) 항행안전시설

항공기가 안전하게 운항할 수 있도록 착륙 시나 이륙 시에 항공기를 유도해 주는 일체의 시설을 항행안전시설이라고 한다. 무선시설과 등화시설로 나누어진다.[14]

3) 공항터미널

(1) 여객터미널

여객터미널이 갖추어야 할 공항시설은 크게 항공사의 시설, 정부 관련 기관의 시설, 공항당국의 관리시설로 나누어 볼 수 있다. 항공사 시설은 예약 · 발권 시설, 탑승수속 시설, 수하물처리 시설, 화물처리 시설, 라운지 시설 등이다. 정부 관리 시설은 출입국관리 시설, 세관시설, 검역시설 등이 있다. 여객서비스 시설은 면세점 등 편의시설, 환전 등 금융기관, 주차시설, 응급 의료시설 등이 있다.

(2) 화물터미널

화물터미널은 공항에 인접한 시설로 항공화물과 우편물 등이 집산되는 항공물류의 중심지이다. 국제항공운송이 이루어지는 화물 터미널에는 정부 관련 기관인 세관시설 및 동식물 검역시설, 항공사의 수출입 화물, 통과화물의 취급을 위한 세관시설, 항공화물회사 및 화물운송 대리점, 화물취급시설 등이 있다.[15]

2.3 항공사의 운송네트워크

1) 네트워크의 종류

(1) 선형 네트워크(Linear Network)

출발지와 도착지를 선형으로 연결하거나 중간기착지를 두어 선형으로 두 지점을 연결하는 네트워크 형태이다. 주로 넓은 지역에 걸쳐 구성되며, 국제노선에 많이 이용된다.

(2) 그리드 네트워크(Grid Network)

몇 개의 주요 도시를 중심으로 이들 도시를 상호 연결하면서 각각의 중간지역을 격자 모양으로 운영하며 주로 단거리와 중거리 노선에서 널리 이용된다.

(3) 허브-스포크 네트워크(Hub-Spoke Network)

도착하는 항공기와 출발하는 항공기가 모두 허브공항에서 유사한 시간대에 모이게 해서 승객의 노선 변경을 용이하게 한다. 그리고 네트워크에 포함된 모든 지역은 허브공항을 중간 기착지로 사용한다. 오늘날 가장 널리 이용되는 네트워크 형태로 노선의 확대와 잠재고객의 창출, 승객에 대한 항공편의 연결 등에서 유리하다. 허브공항은 승객의 대기시간을 최소화하고 연결항공편을 극대화하기 위한 목적을 갖고 있으며, 환승객이 많은 공항이다.[16]

그림 6-2 싱가포르 창이공항의 허브-스포크 네트워크

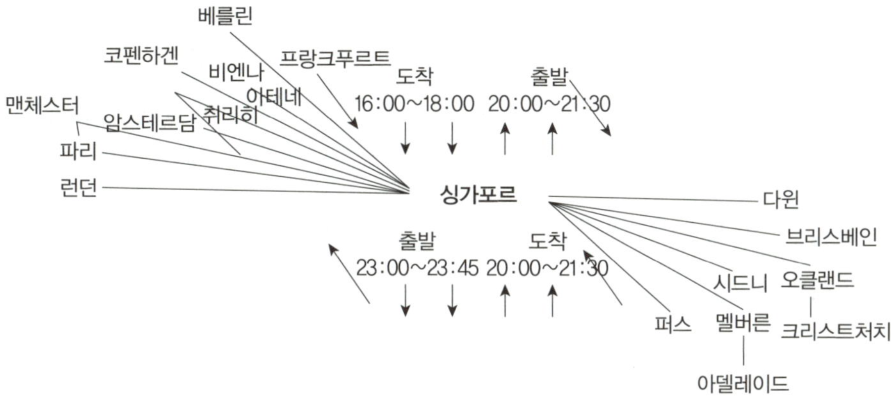

출처 : 허희영, 『항공운송산업론』, 북넷, 제3판, 2018, p.183.

3. 항공운송의 대상화물과 화물의 탑재

3.1 항공운송의 대상화물과 단위화

1) 항공운송의 대상화물

항공운송에 적합한 대상화물은 재해구호품과 같은 긴급수요품과 신문이나 원고 등 긴급을 요하는 물품, 귀금속이나 반도체 제품 등 중량에 비해 고가이거나 귀중품, 그리고 물류관리 및 마케팅 전략품목 등이다.

(1) 긴급을 요하는 물품(emergency freight)

첫째, 긴급수요품으로 기계, 선박, 항공기 등의 제조나 조립에 소요되는 부품, 긴급의료품, 견본, 납기가 긴박한 상품, 계절유행상품, 재해 구호품 등이 여기에 해당한다.

둘째, 시기를 놓치면 가치가 없어지는 품목과 신속운송을 요하는 품목으로 신문, 잡지, 뉴스필름, 원고와 생화, 살아 있는 동물, 생선 등이 여기에 해당한다.

(2) 중량에 비해 고가이거나 귀중품

항공운송은 모피, 미술품, 귀금속, 시계, 의약품, 의류, 전자 · 전기제품, 광학기기, 반도체제품, 자동차나 기계 등에 사용되는 각종 부품이나 부속품 등 중량에 비해 고가이거나 귀중품들을 주로 운송한다. 우리나라 수출입에서 항공운송은 물량 기준으로는 1%에도 미치지 못하지만, 금액 기준으로는 약 30%에 달하고 있어 그만큼 고가품들이 주로 항공운송되고 있다.

(3) 물류관리 및 마케팅 전략품목

항공운송은 과잉 재고로 인한 가격 하락의 방지, 경쟁물품보다 신속한 서비스를 제공할 목적, 물류관리상 창고시설과 재고에 대한 투자절감을 위해 이용한다.

2) 항공화물의 단위화

초기 항공화물은 인력에 의한 벌크탑재로 시작하였다. 그러다가 항공기의 대형화와 하역작업 기계화의 발달로 항공화물의 컨테이너화와 팔레트화(palletized)

가 이루어졌다. 이러한 변화는 인력에서 기계로, 개별 탑재에서 단위탑재로, 단순운송관리에서 물류관리로 항공운송의 수송체제가 변화된 것을 의미한다.

3.2 항공운송의 단위탑재용기

항공운송의 단위탑재용기(Unit Load Device ; ULD)는 화물을 담을 수 있게 한 일정한 항공화물 운송용기로, 종래의 벌크화물을 항공기에 탑재하는 데 적합하도록 설계 및 제작된 항공화물용 컨테이너와 팔레트 및 이글루를 말한다.

1) 항공화물용 컨테이너

항공화물용 컨테이너(aircraft container)는 항공기 내의 화물실(cargo bay)에 적재 및 고정이 가능하도록 제작된 항공기용 컨테이너이다. 박스들의 한쪽 귀퉁이가 모두 대각선으로 깎여 있는데, 그것은 둥그런 항공기 내벽 모양에 딱 맞게 설계되었기 때문이다. 원래 알루미늄으로 제작되지만, 자체 무게가 상당하기 때문에 요즘에는 특수 합성수지로 제작되어 무게를 줄인 형태도 많이 사용되고 있다.

2) 항공팔레트

항공팔레트(aircraft pallet)는 항공화물에 사용되는 팔레트이다. 지게차 등으로 화물을 실어 나를 때 화물을 안정적으로 옮기기 위해 사용하는 구조물을 말하지만, 일반적으로는 알루미늄 합금으로 제작된 평판을 의미한다. 팔레트는 팔레트 위의 화물을 특정 항공기의 내부 모양과 일치하도록 적재작업한 후 망(net)이나 띠(strap, 끈)로 묶을 수 있도록 고안되었으며, 대부분의 팔레트는 국제항공운송협회가 제정한 표준규격에 의거하여 제작되고 있다. 전용화물 항공기에서는 컨테이너보다 항공팔레트를 사용하는 빈도가 더 높다.

3) 이글루

이글루(igloo)는 에스키모(eskimo) 사람들이 눈과 얼음으로 만든 집 모양에서 유래된 것으로, 알루미늄이나 유리섬유(fiberglass) 재질을 사용하여 항공기의 동체 모양에 맞게 모서리를 둥글게 하여 공간을 최대한 활용하도록 고안된 용기이다.

3.3 항공화물의 탑재방식

1) 살화물 탑재 방식

살화물 탑재(bulk loading) 방식은 항공기의 하부 화물실에 개별 화물을 인력으로 직접 탑재하는 방식이다. 가장 원시적인 탑재방식이지만, 전용화물 항공기를 제외한 대부분의 경우 한정된 밑바닥 공간의 탑재효율을 높이기 위해 화물을 적재할 때 이 방식을 사용한다.

2) 팔레트 탑재 방식

팔레트 탑재(pallet loading) 방식은 팔레트 위에 화물을 올려놓고 그물(net) 등으로 고정시킨 뒤 항공기 화물실의 바닥면에 장치되어 있는 굴림대(roller bed) 위로 굴려 항공기 내의 정위치에 고정시키는 방식이다. 이 방식은 항공화물 탑재방식의 기초가 되는 것으로, 1962년에 지상 체류시간의 단축을 위해 목판을 상하로 하드보드로 덮고 알루미늄으로 사방을 덮어씌운 팔레트라는 운송용구를 고안하여 이를 이용하여 적재한 것으로부터 비롯되었다.

3) 컨테이너 탑재 방식

컨테이너 탑재(container loading) 방식은 컨테이너라는 화물실에 알맞는 항공화물전용 용기를 사용해 탑재하는 방식이다. 항공기용 컨테이너는 해상운송에 사용되는 컨테이너보다 중량이 가볍다. 이 방식에서는 화물실 내에 있는 통제박스(control box)를 조작하면 화물실 바닥에 있는 전동식 롤러를 통해 컨테이너가 자동으로 탑재된다. 이는 다른 탑재방식보다도 안정성이 높고, 하역작업의 기계화를 실현할 수 있으며, 운송능력이 높기 때문에 가장 효율적인 탑재방식으로 평가되고 있다.

4. 국제항공화물운송업자

1) 항공화물운송대리점

항공화물운송대리점(air cargo agent)은 항공사의 대리인으로서 국제항공화물을 유치하고, 항공화물운송장을 발행하며, 이에 수반되는 모든 업무를 수행한다. 그 대가로 항공사로부터 항공화물운임의 5퍼센트를 수수료로 받는다.

2) 항공화물운송주선업자

소량의 항공화물은 운임률이 높고, 대량화물은 운임률이 낮기 때문에 가능한 한 목적지별로 화물을 모아 혼재하여 대량화물로 만드는 것이 유리하다. 이와 같이 여러 송하인으로부터 소량의 화물을 집화하여 대량화물로 만든 다음 항공사의 항공기를 이용하여 자기 명의로 화물을 운송하는 자를 항공화물운송주선업자(air freight forwarder) 또는 혼재업자(consolidator)라고 한다.[17]

3) 국제특송서비스업

전자상거래가 발달하면서 항공기를 활용한 국제특송서비스업이 성장하고 있다. 국제특송서비스업은 외국의 상업서류 송달업체와 계약을 체결하여 상업서류 경량화물을 항공기를 이용하여 문전에서 문전까지 배달하는 사업을 말한다. 이를 courier 또는 국제특송업체라고 한다. 대표적인 회사로는 미국의 UPS, DHL 등이 있다.[18]

5. 항공화물운송장(Air Way Bill ; AWB)

5.1 항공화물운송장의 개념

기본적인 성격은 선하증권(B/L)과 같으나 선하증권이 화물의 수취를 증명하는 동시에 유가증권적 성격을 갖고 유통되는 반면, 항공화물운송장은 화물의 수취증이며 운송계약의 증빙서류이고 유통이 불가능하다. 다시 말해서 대금결제를 위한 신용장이 개설되어 외국환은행이 환어음에 항공화물운송장을 첨부하여 매입하더라도, AWB가 유가증권이 아니기 때문에 화환어음의 매입이 아니고 신용장의 발행은행의 지급확약을 담보로 매입하는 무담보어음(clean bill of exchange)의 매입이 된다.

5.2 항공화물운송장의 역할

(1) 운송계약서

송하인과 운송인 사이에 운송계약이 체결되었다는 증거서류 역할을 한다.

(2) 화물수령증

송하인으로부터 화물을 수령하였다는 증빙서류가 된다.

(3) 요금계산서

운송장에 운임 및 각종 수수료에 대한 명세가 기재되어 있어 요금계산서 역할을 한다.

(4) 보험가입증명서

송하인이 화주보험(Shipper's Interest Insurance)에 부보한 경우에는 항공화물운송장에 보험금액과 보험부보 사실이 기재되므로 보험가입증명서 역할을 한다.

(5) 세관신고서

세관에 신고할 가액을 기재하는 난(declared value for customs)이 있으며, 통관자료로서 사용된다.

(6) 화물운송의 지침서

항공화물운송장에 화물취급 정보를 기재할 수 있도록 되어 있어 화물운송 지침서 역할을 한다.

5.3 항공화물운송장의 성격

(1) 운송계약의 증거서류

항공화물운송장은 송하인과 운송인 사이에 운송계약이 체결되었다는 증거서류로서의 성격을 갖고 있다.

(2) 비유통성 서류

항공화물운송장은 "non-negotiable"로 비유통성이며 또한 유가증권이 아니다.

(3) 수취식 서류

항공화물운송장은 일반적으로 항공터미널에서 화물을 수취한 후 발행되는 형식인 수취식으로 발행된다.

(4) 기명식 서류

항공화물운송장은 수하인의 명칭이 기재된 상태로 발행되는 기명식 서류이다.

항공화물운송장 원본이 화물과 함께 직접 수하인에게 배달되기 때문에 기명된 수하인의 신속한 화물입수를 위하여 기명식으로 발행된다.

(5) 송하인 작성 서류

선하증권은 운송인이 작성하여 송하인에게 교부하지만, AWB는 법률적으로 송하인이 작성하여 항공사에 교부하도록 규정되어 있다. 그러나 항공사나 항공사의 권한을 위임받은 대리점에 의해 이행되는 것이 통례이다. 대리점은 화주가 가져온 상업송장 등 선적서류와 화물운송화주 지시서에 의해 운송장을 발행하며, 화물 전량을 인수한 후에 발행함이 원칙이다. 항공화물운송장은 항공운송계약서이다. 화물을 보내는 송하인과 운송인인 항공사 간에 항공운송계약이 체결되면 항공화물운송장이 발행된다. 항공화물운송장은 해상운송에서 선하증권과도 같은 중요도를 지닌다. 그러나 선하증권과는 차이점이 존재한다.

5.4 항공화물운송장과 선하증권의 비교

첫째, 선하증권은 유통증권인 데 비하여 항공화물운송장은 비유통증권이다. 이는 다른 말로 하면 선하증권은 다른 제3자에게 돈을 받고 팔 수가 있는 데 비하여 항공화물운송장은 그러한 유통성이 없다는 것이다.

둘째, 선하증권은 대부분 선적 후에 발행되지만 항공화물운송장은 화물의 수취 후에 발행된다. 왜냐하면 항공운송의 경우는 화물을 항공기에 적재할 때까지 많은 시간을 요하지 않기 때문이다.

셋째, 선하증권은 대부분 지시식으로 발행되지만 항공화물운송장은 기명식으로 발행된다. 지시식 선하증권은 수하인이 지시식으로 표시되어 있어 배서를 하면 누구에게나 양도가 가능하다. 그러나 항공화물운송장은 유가증권이 아니기 때

문에 기명식으로 발행되고 운송장에 기재된 수하인만이 화물을 찾을 수 있다.[19]

넷째, 선하증권의 발행은 선적식인 데 반해 항공운송장의 발행은 수취식이라 할 수 있다. 선하증권은 선적을 증명하는 증권이므로 선적이 완료된 후에 발행되는 것이 일반적이다. 그러나 항공운송의 경우는 비행기에 적재할 때까지 많은 시일을 요하지 않기 때문에 항공사 창고에 화물이 도착하면 바로 운송장을 발행해 주고 있다.

다섯째, 선하증권은 반드시 원본이 있어야 화물을 회수할 수 있는 상환증권인 반면, 항공화물운송장은 운송장 원본이 없더라도 화물을 인수할 수 있으므로 상환증권이 아니다.

여섯째, 법률적으로 항공운송장은 송하인이 작성해서 항공사에 교부하는 형식을 취하고 있는 데 반해, 선하증권은 반대로 선박회사가 작성해서 송하인에게 교부하고 있다.

6. 항공화물 사고와 클레임

항공운송산업은 항공사가 운송서비스를 화주에게 제공하는 것이다. 수많은 항공기들이 하루에도 여러 공항에서 이륙하고 착륙하고 있다. 항공서비스가 발전할수록 항공사고 역시 불가피하게 증가할 수밖에 없다. 항공화물 사고가 발생하면 피해자는 이의제기를 해서 손해배상을 받아야 한다.[20]

6.1 항공화물 사고(Cargo Irregularity)의 정의

항공화물 사고란 항공운송 중 발생한 화물의 IRR(IRREGULARITY)을 말하며, 화물의 분실, 도난, 파손, 지연 등의 사유로 화주에게 화물을 약속한 일정에 운송치 못하기 때문에 발생한다. 대부분의 항공화물은 고가이며 중요한 화물이므로 사고가 발생하면 클레임으로 연결되는 경우가 많기 때문에 신속한 사고처리가 필요하다.[21]

6.2 항공화물 IRR의 종류 및 처리 절차

1) SSPD(Short-Shipped Cargo)

SSPD란 항공기가 출발한 후에 적하목록에 등재되었음에도 작업장에 방치되어 있는 화물을 말하며, 최초 발견자는 해당 부서에 통보 후 대리점에 연락을 취하고 도착지에 메시지를 발송한다.

2) OVCD(Over-Carried Cargo)

OVCD란 적하목록에 등재되지 않고 관련 서류 없이 운송된 화물을 말한다. OVCD 상황을 인지하면 이를 담당자에게 인계하고 도착지에 화물의 IRR 정보를 메시지 발송 조치하고 관련 서류는 팩스로 송부 조치한다.

3) MSLB(Mislabelled)

MSLB란 실제 적하목록에 등재된 항공화물운송장(AWB)의 번호와 다른 라벨이 붙어 있는 화물을 말한다. 화물의 반입 전 MSLB가 인지된 경우에는 대리점에 연락하여 이를 수정하게 한 후 반입하게 한다. 사후에 파악이 된 경우에는 목적지에 전신으로 알리고 이를 대리점에 연락한다.

4) DMG(Damaged Cargo & ULD)

DMG란 적하목록에 등재된 화물이나 ULD가 손상된 경우를 말한다. 작업 전에 화물손상이 파악이 된 경우에는 대리점에 이를 알리고 상황에 따라 조치한다. 항공기에 적재된 후에 인지된 경우 목적지에 메시지를 보내고, 이를 대리점에 알린다.[22]

5) OFLD(Off-Load)

OFLD란 적하목록에는 등재되었으나 화물만 남아 있는 경우를 말한다. OFLD가 발생하면 담당자는 대리점에 OFLD 사실을 이메일이나 팩스 또는 유선으로 통보하고 화물 사고 메시지를 보내서 재예약하도록 조치한다. 이와 아울러 항공화물 사고 메시지가 도착지점에 통보되도록 한다.

6) MSCA(Missing Cargo)

MSCA란 출발지에서는 이상 없이 화물이 적재된 걸로 되어 있으나, 도착지에서 화물이 발견되지 않은 경우를 말한다. 목적지에서는 MSCA 메시지가 접수되면 항공화물 사고 담당자에게 이를 알리고 항공화물 사고 담당자는 가능한 모든 지역을 조사한 후 그 결과를 메시지 통보 조치한다.[23]

7. 화물클레임(Cargo Claim)

7.1 화물클레임의 정의

모든 운송서비스에는 분쟁이 발생하기 마련이다. 항공운송 역시 예외가 아니다. 화물클레임이란 항공사에 위탁하였거나 항공사가 운송서비스를 제공한 화물이 항공사의 귀책사유로 인하여 손해가 발생한 경우 피해당사자인 송하인, 수하인 또는 대리인이 서면으로 손해배상을 청구하는 행위를 말한다.[24]

7.2 클레임 절차

1) 클레임의 발생 및 통보

화물의 분실, 손상 또는 지연으로 인하여 손실이 발생하면 화물을 인수할 정당한 권리가 있는 당사자는 배상요구를 목적으로 운송인에게 서면요청을 한다. 클레임 통보 기간은 다음과 같다.

첫째, 화물의 손상이나 일부 분실이 발생한 경우 화물 인도일로부터 14일 이내에 통보해야 한다. 이때 기간은 통상 항공화물운송장 인도일로부터 계산한다.

둘째, 인도의 지연이 발생하면, 화물처분가능일로부터 21일 내에 통보해야 한다.

셋째, 화물의 전부 분실이 발생한 경우에는 항공화물운송장 발행일로부터 120일 이내에 통보해야 한다.

넷째, 기타 사항에 대해서는 운송장 발행일로부터 270일 이내에 통보해야 한다.[25]

2) 클레임 제기권자

첫째, 항공화물운송장(AWB)상의 송하인이나 수하인이 해당된다.

둘째, 송하인이나 수하인으로부터 손해배상 청구권한을 위임받은 제3자가 해당된다.

3) 제소기한

화물의 도착일 혹은 도착되어야 할 날로부터 2년 이내에 제소해야 한다.

4) 클레임 처리 원칙

첫째, 당사자의 고의 또는 과실로 인하여 발생된 경우에 국한한다.

둘째, 손해 발생의 입증 책임은 클레임 제기자에게 있다.

셋째, 여하한 경우에도 송하인이나 수하인은 운송요금을 지불하여야 하며, 클레임의 제기는 당해 화물의 운송요금이 완납된 경우에 한하여 가능하다.

넷째, 화물의 전부 분실, 파손의 경우 화주의 운송신고가격 한도 내에서 실손액 배상을 원칙으로 한다.

다섯째, 부분손실, 파손 또는 지연의 경우에는 손해 발생 부분을 중량 기준으로 배상한다.

여섯째, 운송신고 가격이 없는 경우 킬로그램당 USD 22.07 한도 내에서 실손액을 배상한다.[26]

5) 처리 절차

(1) 클레임 접수 및 보고

클레임 접수 후 화물클레임보고서(CCR)를 작성하고, 클레임 접수내역을 CCR 또는 전자문서로 관련 지점에 통보한다. 이때 클레임 금액이 미화 1만 달러 이상인 경우에는 법무팀에 통보한다.

(2) 관련 서류 확보

항공화물 사고가 발생하면, 화물이 분실된 경우에는 작성된 화물분실보고서(Cargo Missing Report)를 확보하고, 화물이 손상되었을 경우에는 화물조사보고서(Cargo Inspection Report)를 확보한다.[27]

(3) 배상 합의 및 지급

화주와 협상을 하고, 최종 합의 금액이 미화 1만 달러 이하인 경우 지점장의 허가 후에 배상을 한다.

(4) 배상 합의 보고

클레임 제기자와 배상 합의 사실을 해당 팀에 타전하여 결과를 보고한다.

8. 항공 관련 국제기구 및 국제조약

8.1 국제기구

1) 국제민간항공기구(International Civil Aviation Organization ; ICAO)

항공기술의 발달로 항공산업이 새로운 운송부문으로 급속히 발전해 나가자 세계 각국은 민간항공의 수송체계 및 질서를 확립하기 위하여 국제기구 설립에 의견을 같이하게 되었다. 1947년 출범한 국제민간항공기구(ICAO)는 정부 차원의 국제협력기구이다.[28] ICAO는 1947년 10월 국제연합(UN)의 경제 · 사회이사회(Economic and Social Council) 산하 전문기구로 편입되어 2001년 2월 현재 187개 국가의 회원국이 참여하는, 민간항공 부문에서 가장 중요한 국제기구로 발전하였다. 본부는 캐나다 몬트리올에 두고 있다.[29]

2) 국제항공운송협회(International Air Transport Association ; IATA)

IATA는 제2차 세계대전 이후 항공운송의 비약적인 발전이 이루어지자 항공운송 절차의 표준화, 항공교역의 육성을 목적으로 1945년 4월 41개 항공사들이 쿠바의 하바나에 모여서 설립한 순수민간단체이다. IATA는 UN 산하 항공 관련 국제기구인 ICAO의 협의 기관이며, 항공운송의 각종 절차와 규정을 심의, 제정, 결의하는 민간국제기구로서 본부는 몬트리올 및 제네바에 두고 있다. ICAO가 정부 간 국제협력기구인 데 비해서 IATA는 민간항공사가 중심이 되어 설립된 순수 민간 국제협력기구이다. IATA가 수행하는 주요 업무는 항공기와 승무원, 통신, 공항시설의 기술표준화이다.[30]

8.2 국제조약

1) 바르샤바 조약(Warsaw Convention)

바르샤바 조약의 정식 명칭은 "국제항공화물 운송규칙의 통일을 위한 협약" (Convention for the Unification of Certain Rules Relating to International Carriage by Air)이다. 동 조약은 항공업무의 국제적인 협조와 통일에 대한 요구에 따라 1929년 10월 12일 폴란드 바르샤바에서 개최된 국제항공법회의(International Conference on Air Law)에서 체결된 조약이다. 동 조약의 제정 목적은 민간항공사의 민사책임에 관한 통일법을 제정함으로써 동일 사건에 대한 각 국법 간의 충돌을 방지하고 민간항공사의 책임을 일정 한도로 제한하기 위한 것이었다.[31]

2) 헤이그 의정서(Hague Protocol)

바르샤바 조약 체결 후 항공운송은 비약적인 발전을 하였고, 운송상의 안전도도 많이 개선되어 원 계약의 목적 중 하나인 항공산업 보호 필요성이 크게 감소되었다. 이에 따라 항공운송인의 책임한도를 바르샤바 조약의 2배로 인상하도록 개정한 것이 헤이그 의정서이다. 헤이그 의정서는 1955년 9월 28일 네덜란드의 헤이그에서 개최된 국제회의에서 채택되었고, 1963년 5월 3일에 30여 개의 서명국에 의해 비준되었으며, 1963년 8월 1일에 발효되었다.[32]

3) 과다라하라 협약(Guadalajara Convention)

항공산업이 발전함에 따라 항공사 간에 항공기의 임대차, 즉 항공기를 빌려서 사업하는 경우가 발생하게 되었다. 이에 새로운 조약의 필요성이 요청되어, 1961

년 9월 멕시코의 과다라하라에서 개최된 회의에서 과다라하라 협약을 채택, 1964년 5월 1일부터 발효되고 있다. 정식 명칭은 "계약당사자가 아닌 운송인이 행한 국제항공운송에 관한 일부규칙 통일을 위한 바르샤바 조약을 보충하는 조약"(Convention Supplementary to the Warsaw Convention for the Unification of Certain Rules relating to International Carriage by Air by a Person other than the Contracting Carrier)이다. 동 협약에서는 항공운송인의 종류를 계약운송인과 실제 운송인으로 구분하였다. 협약의 실익은 계약운송인이 아닌 실제 운송인이 운송을 담당한 경우 누구에게 협약을 적용하는가에 대하여 법적 통일을 기한 것이다.[33]

4) 몬트리올 협정(Montreal Agreement)

헤이그 의정서에서 규정하고 있는 항공운송 사고에서 운송인의 책임한도액이 너무 적다는 이유로 미국은 1965년 폴란드 정부에 바르샤바 조약 탈퇴 의사를 통보하였다. ICAO(국제민간항공기구)는 특별회의를 소집하여 미국의 탈퇴를 막기 위해 책임한도액을 인상하려 하였으나 회원국 간 의견차이로 합의에 도달하는 데 실패했다. 이에 따라 IATA(국제항공운송협회)가 미국 정부와 직접교섭은 하지 않고 미국을 출발, 도착, 경유하는 항공회사들의 회의에서 합의한 협정을 몬트리올 협정이라고 한다. 이 협정은 1966년 5월 13일 미국 민간항공국(Civil Aeronautics Board)의 승인을 얻어 5월 16일 발효되었다.[34]

5) 과테말라 의정서(Guatemala Protocol)

1965년 7월에 개최된 ICAO(국제민간항공기구) 총회에서 협약상 책임한도액 개정의 필요성이 제기되어 법률위원회가 1965년 개정 협약 초안을 작성하여 1971년 과테말라 외교회의에서 통과시킨 것이 과테말라 의정서이다. 본 의정서는 1955년 헤이그 의정서의 개정 의정서로서 아직 발효되지 않고 있다. 이 의정서에는 승객의 신상에 대한 운송인의 절대책임, 책임한도액의 절대성, 한도액의 자동수정, 화해촉진조항의 신설 등이 규정되어 있다.[35]

요약

항공운송은 제2차 세계대전 이후 제트기가 여객수송 및 화물수송에 사용되면서부터 활용되기 시작한 운송수단이다. 제1차 세계대전 무렵만 해도 항공기는 날개가 두 겹으로 되어 있는 복엽기 형태였으며 한 번에 운송할 수 있는 화물량도 매우 제한되어 있었다. 소설 『어린왕자』로 유명한 생텍쥐페리도 항공기 파일럿이었다. 그때만 해도 항공기로 나르는 화물은 신문, 소포 정도였다. 그러나 제2차 세계대전부터 단엽기가 출현하였으며, 제2차 세계대전이 종료됨과 동시에 제트비행기가 출현하였다. 1960년대부터는 승객을 실어 나르는 제트여객기가 출현하였으며, 1970년대부터는 대형화물 운송이 가능한 제트화물기가 출현하였다. 오늘날에는 보잉 747기 같은 대형화물기가 항공운송에 사용되고 있다. 글로벌 제휴 현황을 살펴보면, 스타 얼라이언스(Star Alliance)에는 우리나라 아시아나 항공을 비롯한 28개국 항공사가 가입되어 있다. 원 월드(One World)는 영국의 브리티쉬 항공, 아메리칸 항공이 주축이 되어 호주의 콴타스 항공, 홍콩의 케세이퍼시픽 항공과 1998년에 창설하였다. 스카이 팀(Sky Team)은 우리나라 대한항공(KAL)이 참여하고 있는 글로벌 제휴 집단이다. 1999년 델타 항공이 에어프랑스와 새로운 제휴를 발표하였다. 항공화물운송장은 운송계약의 증거서류로 수하인의 명칭이 기재된 상태로 발행되는 기명식 서류이다. 또한 "non-negotiable"로 비유통성이며, 유가증권이 아니다. 항공화물운송장은 일반적으로 항공터미널에서 화물을 수취한 후 발행되는 형식인 수취식으로 발행된다. 선하증권은 운송인이 작성하여 송하인에게 교부하지만 AWB는 법률적으로 송하인이 작성하여 항공사에 교부하도록 규정되어 있다. 그러나 항공사나 항공사의 권한을 위임받은 대리점에 의해 이행되는 것이 통례이다. 대리점은 화주가 가져온 상업송장 등 선적서류와 화물운송화주 지시서에 의해 운송장을 발행하며, 화물 전량을 인수한 후에 발행함이 원칙이다.

연습문제

토론주제

1. 항공운송의 의의를 토론하시오.
2. 항공운송의 글로벌 제휴에 대하여 토론하시오.
3. 항공화물운송장(AWB)의 성격에 대하여 토론하시오.

일반문제

1. 제1의 자유에 대하여 설명하시오.
2. 제2의 자유에 대하여 설명하시오.
3. 제3의 자유에 대하여 설명하시오.
4. 제4의 자유에 대하여 설명하시오.
5. 제5의 자유에 대하여 설명하시오.
6. Apron에 대하여 설명하시오.
7. ULD에 대하여 설명하시오.
8. Air cargo agent에 대하여 설명하시오.
9. Courier에 대하여 설명하시오.
10. Consolidator에 대하여 설명하시오.
11. 항공팔레트에 대하여 설명하시오.
12. 이글루에 대하여 설명하시오.
13. AWB에 대하여 설명하시오.
14. Master AWB에 대하여 설명하시오.

심화문제

1. 항공운송의 장점에 대하여 설명하시오.
2. 항공운송의 단점에 대하여 설명하시오.
3. 항공운송의 Hub-Spoke Network에 대하여 설명하시오.
4. 항공사 간의 글로벌 제휴에 대하여 설명하시오.
5. 항공운송 사고 처리에 대하여 설명하시오.
6. IATA에 대하여 설명하시오.
7. 바르샤바 조약에 대하여 설명하시오.
8. 과다라하라 협약에 대하여 설명하시오.

참고문헌 및 미주

1. 허의영, 『항공운송산업론』, 북넷, 제3판, 2018, p.26.
2. 허의영(2018), p.27.
3. 백남진, 『항공물류운송업무론』, 두남, 2016, p.22.
4. 허의영(2018), p.31.
5. 허의영(2018), p.33.
6. 백남진(2016), p.23
7. 백남진(2016), p.23
8. 백남진(2016), p.23
9. 백남진(2016), p.23
10. 백남진(2016), p.23
11. 허희영(2018), p.121.
12. 허희영(2018), p.122.
13. 허희영, 『항공운송산업론』, 북넷, 제3판, 2018, p.127.
14. 허희영(2018), p.172.
15. 허희영(2018), p.174.
16. 허희영(2018), p.181.

17. 이제현, 『국제운송론』, 청람, 2018, pp.273~274.

18. 한상현, 『국제운송론』, 두남, 2018, p.294.

19. 구종순, 『FTA 무역실무』, 청람, pp.100~101.

20. 보통 무역학에서는 이를 클레임이라 하고, 중재로 해결한다. 정용균, 『무역상무론』, 청람, 2019, 분쟁해결장을 참조. 본 절은 백남진의 『항공물류 운송업무론』의 해당 부분 내용을 저자가 재해석한 부분임.

21. 백남진, 『항공물류운송업무론』, 두남, 2016, p.287.

22. 백남진(2016), p.288.

23. 백남진(2016), p.290.

24. 백남진(2016), p.291.

25. 백남진(2016), p.291.

26. 백남진(2016), p.292.

27. 백남진(2016), p.293.

28. 한상현, 『국제운송론』, 두남, 2018, p.321.

29. 송선옥, 『국제운송론』, 두남, 2017, p.312.

30. 한상현(2018), p.321.

31. 송선옥(2017), p.312.

32. 송선옥(2017), p.312.

33. 송선옥(2017), pp.314~315.

34. 헤이그 의정서와 몬트리올 협정에서의 위탁수하물이나 화물의 책임한도액은 차이가 없으나 여객의 경우 헤이그 의정서는 1인당 US$20,000인 데 반해 몬트리올 협정은 US$75,000 (손실비용 포함)이다. 즉, 몬트리올 협정은 운송인의 책임한도액을 인상한 협정이다. 송선옥, 『국제운송론』, 두남, 2017, p.312.

35. 송선옥(2017), p.312.

1. 육상운송의 중요성

2. 철도운송

3. 도로운송

4. 파이프라인 운송

5. 보세운송

육상운송

철도는 미래의 교통수단이다.

국제운송은 선사시대 이래로 크게 해상운송과 육상운송으로 구분된다. 육상운송은 동서양을 잇는 실크로드가 유명한 사례이다. 신라의 고분에서 발견된 유리잔은 로마제국의 제작품으로 밝혀졌다. 육상운송은 20세기 들어 철도운송이 본격화됨으로써 각국의 경제활동은 지방을 넘어 전국으로 확대되었다. 더구나 자동차가 상용화됨에 따라서 고속도로의 건설과 함께 도로운송도 활성화되었다.

1. 육상운송의 중요성

역사적으로 볼 때 육상운송은 국제운송에서 가장 중요한 부분을 차지하고 있었다. 실크로드가 하나의 사례라고 할 수 있다. 실크로드를 통해서 비단과 도자기가 서방세계에 수출되었다. 당나라 절도사 지위까지 올랐던 고구려 유민 고선지 장군이 이끄는 당나라 군대는 서역으로 진출하는 길을 닦아서 동양과 서양이 연결되었다. 또한 이 길을 따라 외래종교인 불교가 중국에 전파되었다.

19세기 들어 미국은 대륙횡단철도를 부설함으로써, 북미대륙 전체를 하나의 경제권으로 묶고, 경제성장의 기틀을 마련하였다. 20세기에는 고속도로망이 완성되어 기동성이 좋은 도로운송이 활기를 띠었다. 그러나 도로 건설이 자동차 생산을 따라가지 못하게 되자, 교통체증으로 인한 운송비가 상승하여 도로운송의 단점이 노출되었다. 21세기에 들어서는 철도운송이 중요한 운송수단으로 부상하였다. 철도운송은 전천후로 움직이며, 대량의 화물을 운송할 수 있고, 환경오염물질 배출량이 도로운송수단에 비하며 현격하게 적으므로 미래의 교통수단으로 각광을 받고 있다. 더구나 최근에는 유럽과 아시아를 잇는 유라시아횡단철도에 대한 구상 역시 거론되고 있어서 철도에 대한 관심은 지속될 것으로 전망된다. 더구나 기술혁신으로 말미암아 고속열차가 개발되고 있어서 해상운송과 경쟁할 것으로 전망된다.

Box 7-1

실크로드와 육상운송

중국의 당시 수도였던 장안을 출발한 낙타 대상은 서역지방을 거치고 파미르 고원지대를 넘어서 중앙아시아를 거쳐 중동지역까지 여행하였다. 『대당서역기』에 보면 현장법사는 중국의 당나라 때 육로로 불경을 가지러 인도까지 여행하였다. 이때 중요한 글로벌 상품은 도자기와 실크였다. 이들 낙타 대상은 현재의 이란까지 여행하였다. 사실 중국에서 개발된 종이 제조기술은 서역지역과 당나라 군대의 교전 중에 당나라 군대에 있던 제지기술자가 포로가 되면서 중동지역에 넘어가고, 그렇게 얻은 중동지역의 제지기술이 다시 서방세계에까지 넘어가서 구텐베르그의 인쇄기술이 되었다.

몽골제국의 역참제도

몽골제국은 역참제도를 갖고 있었다. 역참제도는 각 지역마다 역참을 두는 제도로, 역참에는 마구간이 있었다. 마구간에는 여물을 충분히 먹인 말들이 사육되고 있었다. 다른 역참에서 말을 타고 온 파발병이 도착하면 그는 즉시 충분히 쉰 말로 갈아타고, 다음 역참까지 전력으로 갔다. 따라서 당시 기준으로는 매우 신속하게 문서와 물자를 이동시킬 수 있었다. 전성기에 여러 국가를 세운 몽골제국은 수도인 카라코럼까지 역참제도를 통하여 정보를 수발신하고 있었다. 현대의 우편제도는 몽골제국의 역참제도를 본뜬 것이다. 역참제도를 통하여 우편물을 신속하게 전달한 것이다.

2. 철도운송

2.1 철도운송의 의의

철도운송은 미래의 교통수단으로 각광을 받고 있다. 운송수단의 선택 기준은 경제성, 신속성, 안전성이다. 철도운송은 경제성, 신속성, 안전성에서 모두 우수한 특징을 보이고 있다.

1) 철도운송의 일반적 장점

첫째, 철도운송은 안전성이 있다. 철도운송은 기후의 변화에 관계없이 정시에 출발한다는 점에서 기후의 영향을 받지 않는다. 이와는 대조적으로 항공기나 선박은 기후 변화에 크게 영향을 받는다고 할 수 있다. 그런 점에서 철도운송은 상당한 장점이 있다.

둘째, 철도운송은 경제성이 있다. 철도운송은 도로운송에 비하여 화차를 10대에서 25대까지도 연결시켜 운송할 수 있어서 대량운송이 가능하고 항공운송에 비하여는 명백히 대량운송이 가능하다. 따라서 규모의 경제를 실현할 수 있어서 화물운송의 경제성이 우수하다.

셋째, 철도운송은 신속성이 가능해지고 있다. 과거에 신속성의 대표주자는 항공운송이었으며, 해상운송은 신속성이 가장 낮게 나타났다. 그러나 고속열차가 출현하면서 철도운송은 신속성 면에서도 우수한 특성을 보이고 있다. 더구나 향후 자기부상열차가 상용화되면 그 속도는 더욱 빨라질 것으로 예상된다.

넷째, 철도운송은 다양한 종류의 화차로 인해 유연한 서비스를 제공할 수 있다. 그 종류로는 유개차(boxcar), 탱커(tanker), 곤돌라(대형 무개차), 홉파형(hopper)

화차, 평판차(flatcar), 그리고 다른 특수한 화차 등이 있다.

다섯째, 철도운송은 저가상품의 장거리운송을 가능하게 해준다. 반대로 화물자동차 운송은 운송 용적과 중량에서 한계점을 갖고 있다. 게다가 파이프라인 운송은 액화제품이나 가스제품을 단방향으로 운송한다는 커다란 제약을 갖고 있다.

여섯째, 철도운송은 화물자동차 운송과 비교했을 때 효과적인 에너지 절약에 강점을 보이고 있다. 사실 파이프라인 운송을 제외하고는 철도운송이 톤-마일 대비 에너지 효율성에서 다른 운송수단보다 우위에 있다.

일곱째, 철도운송은 녹색물류의 대표자이다. 트럭 등 도로운송이나 선박을 활용한 해상운송은 많은 오염물질을 배출하고 있다. 특히 철도운송은 도로운송에 비하여 대기 오염물질 배출이 7분의 1 수준에 불과하며, 온실가스 배출도 도로운송에 비해서 4분의 1 수준으로 나타나고 있다. 따라서 철도운송은 녹색물류라고 할 수 있다.[1]

2) 철도운송의 일반적 단점

첫째, 사전에 상당한 규모의 시설투자비용이 소요된다. 철도를 놓기 위해서는 기존의 토지에 대한 보상을 해주어야 하며, 산악지역에 새롭게 철도를 놓기 위해서는 많은 건설비가 소요된다.

둘째, 환적비용이 많이 소요된다. 현대 물류는 복합운송이 일반화됨에 따라 환적이 불가피하다. 이때 환적비용이 많이 소요된다.

셋째, 현대 물류의 핵심은 "door to door" 서비스 제공에 있다. 그러나 트럭운송에 비하여 철도운송은 철도 자체가 고정되어 있기 때문에 door to door 서비스를 하기 어렵다.

2.2 철도운송 서비스 특성

1) 운송 상품

19세기에는 국내 운송수단 중에서 철도운송이 중요한 역할을 담당하였다. 그 중요성을 반영하여 일본 식민지시대에는 서울 기차역이 서울에서 가장 멋있고 웅장한 건물이었다. 과거에는 다양한 상품을 수송하였으나 오늘날의 철도운송은 대부분 벌크화물과 같이 낮은 가치의 상품을 대량으로 운반하고 있다. 이와는 대조적으로 트럭운송은 주로 소량의 고부가가치 완제품을 수송하고 있다. 한편 수로운송과 파이프라인 운송은 낮은 가치의 벌크화물을 대량으로 운반하고 있다.

국내의 경우를 살펴보면 철도화물운송은 약간의 감소추세를 보이다가 2006년부터 다시 증가하는 추세를 보이고 있다. 2007년도 품목별 운송 비중은 양회, 컨테이너, 무연탄의 순으로 나타났다. 최근 들어 철도의 컨테이너 수송 비중이 늘어나고 있는데, 이러한 요구에 발맞추어 점차 컨테이너 화물 운송을 중심으로 한 복합운송 서비스의 중요성이 더욱 증대되고 있는 상황이다.[2]

(1) 석탄

철도운송은 석탄의 주요 운송수단이다. 얼마 전까지만 해도 우리나라 주요 에너지원은 석탄이었다. 따라서 석탄산지가 집중되어 있는 강원도에서 수도권까지 운송은 주로 철도를 활용하였다.

(2) 농업제품

전체적으로 농업제품과 식품은 운송량 관점에서 볼 때 철도를 활용하는 상품

중에서 두 번째로 중요한 상품이다. 농업제품은 철도운송의 중요한 품목으로 계속 유지될 전망이다.

(3) 화학제품

위험물로 구분된 화학제품 관련 상품은 특별히 제작된 탱크화차에 의해 운반된다. 대부분의 화학제품들은 장거리에 사용되며 꾸준히 증가하는 추세이다. 이러한 벌크화물의 장거리운송은 철도운송에 매우 적합하다.

2.3 화차의 종류

화차는 철로운송으로 운송되는 화물을 측정하는 기본적인 단위이다. 화차는 종류에 따라 크기나 용적이 다양하다. 철도운송 차량의 평균 운송량은 지난 50년 동안 큰 증가를 보였다. 대부분의 현대의 새로운 화차는 50년 전의 전형적인 유개차(boxcar)에 비해 두 배 이상의 수송량을 가지고 있다. 최근 새로운 화차의 수송 능력은 100톤을 넘어섰고, 이러한 추세는 계속될 전망이다.

① **일반 유개차**(boxcar/plain)
일반적인 상품 운송에 사용되며 전형적인 지붕과 미닫이 옆문을 갖춘 화물차

② **특수 유개차**(boxcar/equipped)
자동차 부품과 같은 특별한 상품의 운송을 위해 고안된 화물차

③ **홉파형**(hopper car)
벌크화물을 운반하는 데 사용되며, 하나 이상의 문을 사용하는 경사진 바닥을

가진 화물차

④ **지붕 있는 홉파형**(covered hopper)

주위로부터 보호가 필요한 벌크화물을 운송하도록 만들어진 지붕을 가진 홉파형 화물차

⑤ **평판차**(flat car)

주로 TOFC 서비스 기계나 건축자재를 운송하는 데 사용되는 상단과 측면이 없는 화물차

⑥ **냉동차**(refrigerator car)

온도를 조절하기 위해 냉동설비가 구축된 화물차

⑦ **곤돌라**(gondola)

벌크화물을 주로 운송하는 네 사용되는 상단이 없고 바닥이 평평하며 고정된 측면을 가진 화물차

⑧ **탱크차**(tank car)

액체나 가스제품을 운송하는 데 특화된 화차[3]

2.4 철도운송 서비스 내용

1) 피기백(piggyback) 서비스

1980년대 이후 운송시장에 나타난 새로운 현상은 트레일러와 컨테이너를 결

합한 복합운송의 확대 현상이다. 컨테이너는 철도화물 운송에서 매우 중요하다. 컨테이너 운송은 화물을 단위화하고 표준화함으로써 운송비용을 획기적으로 낮추었다. 그 결과 해상, 육상 및 항공 운송에 걸쳐서 큰 영향을 미치고 있다. 국내의 경우 컨테이너 화차는 철도공사 소유의 화차와 한국철도공사에 의해 등록된 업체가 제작해 투입한 사유 화차로 구분되며, 철도로 운송되는 컨테이너 적재능력은 2 TEU용 화차와 3 TEU용 화차로 구분된다.

(1) TOFC 서비스

TOFC 서비스는 철도운송 평판차에 고속도로용 트레일러를 운반하는 것이다. 이것은 터미널 간 철도운송의 유효성과 화물자동차의 집배송 서비스의 유연성을 결합한 형태이다. 예를 들어 한 개의 화차에 두 개의 트레일러를 적화하고 있는 100대의 화차로 된 철도운송 방식은 200대의 트럭운송 운영보다 훨씬 경제적이다. 연료는 절약되며, 철도운송의 규모의 경제 또한 이루어진다. 수많은 트럭들로 인한 교통 혼잡이나 도로 파손이 없으므로 유지비와 수선비가 절감된다. 그러나 우리나라 수출입화물의 컨테이너 내륙운송은 도로운송의 분담률이 85%인 것에 반해 철도운송의 경우 14%에 불과한 것으로 나타나고 있어 개선이 요망된다.[4]

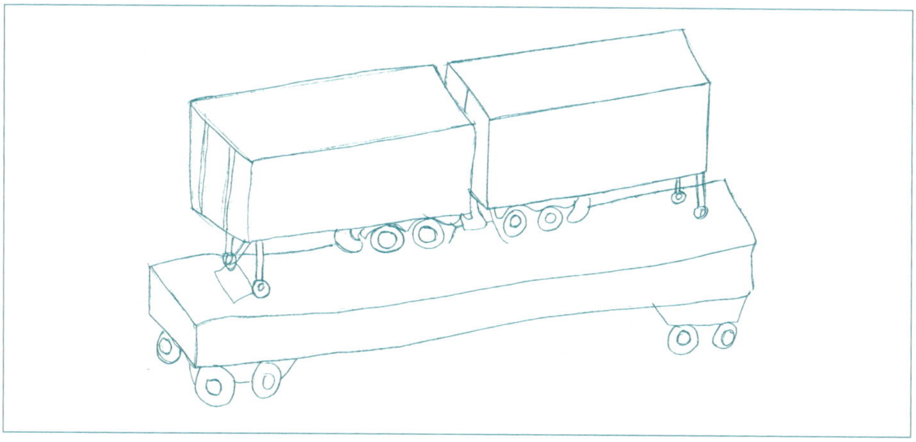

크레인이 없는 경우에는 지게차를 이용하여 컨테이너를 트레일러 또는 철도화차에 적재하거나 하역한다. 크레인이 있는 경우에는 직접 컨테이너를 철도화차에 적재하거나 내린다.[5]

(2) COFC 서비스

COFC는 화차에 컨테이너만 싣는 운송방식이다. 이 경우, 컨테이너 자체는 바퀴가 달려 있지 않으므로, 경사대(ramp)에서 문전까지 배송(ramp to door)하기 위해서는 평판식 트럭이 필요하다. 컨테이너는 원산지에서 포장되고 적하되며 곧바로 수하인에게 배송되기 때문에 취급이 편리하다. 완제품을 컨테이너에 적화하면 포장비와 창고비가 절감될 뿐만 아니라 적하나 하역 시 시간과 노동이 줄어들기 때문에 빠른 운송시간이 보장된다. 현재 철도운송에서 해상운송으로 이어지는 연계운송은 수출입화물 처리에서 사용되고 있다.

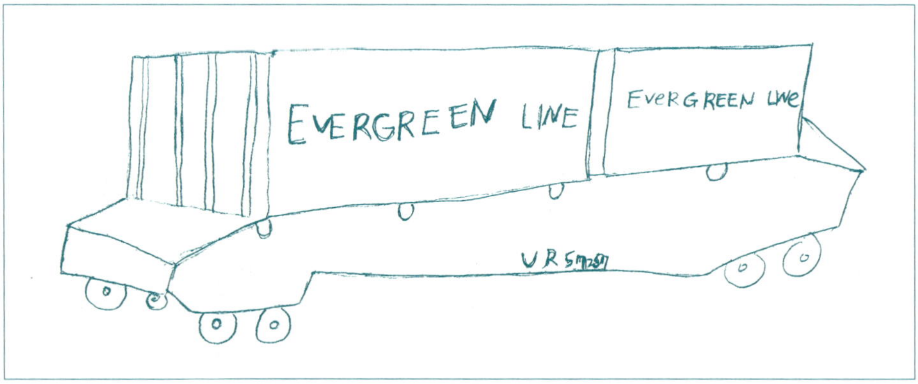

2) 철도역의 컨테이너 하역

해상 컨테이너 운송이 철도운송과 연결되기 위해서는 컨테이너철도운송의 정비와 전용화차의 제작 및 운송역의 하역기계 설치와 컨테이너 하역장 건설 등이 필요하다. 하역방식은 철도역이나 화물기지에 Ramp point가 있다면 크레인 설비가 있는 경우와 없는 경우로 나눌 수 있다.

3) 전용열차

전용열차(unit train)는 화물운송을 위해 열차를 전용하는 것으로 석탄, 곡물 등의 한 가지 상품만을 목적지까지 운송한다. 화주는 일정 기간 전용된 화차들을 소유한다. 예를 들어 전형적인 석탄 단일 열차는 100개의 홉파형 화차나 곤돌라에 총 10,000톤의 석탄을 싣고 운송한다. 운송은 광산으로부터 전력발전소까지 정차 없이 바로 이루어진다. 단일 상품 운송의 개념과 정기적으로 계획된 운송의 필요성으로 인해 공차 상태로 돌아오는 상황이 발생하는 것이 결점이다. 그러나 이런 결점은 적합한 화차 적용을 통한 고수익 창출을 가능하게 하는 단일 열차의 수용량으로 상쇄될 수 있다.[6]

2.5 비용구조

1) 고정비

철도운송산업의 비용은 고정비가 대부분을 차지한다. 왜냐하면 철도운송을 위해서는 철도 노선과 철도 터미널 건설에 투자해야 하고, 시설 또한 유지 · 보수해야 하기 때문이다. 철도운송은 선로와 자갈을 투입하는 데 막대한 자본투자가 필요하며, 지속적으로 유지 · 보수를 해야 시설이 유지된다. 또한 철도역 등 터미널 설비에 대한 방대한 투자가 이루어져야 한다.

2) 준변동비

통행권, 구조물과 설비를 유지하는 데 사용되는 준변동비는 최근 철도운송 비용의 40% 이상을 차지하고 있다. 일부 철도는 재정적 문제 때문에 기반설비가 심하게 악화되고 있는 것이 현실이다.

3) 변동비

인건비는 철도운송의 변동비 중 가장 큰 요인이며, 연료비는 두 번째 변동비이다. 이 두 가지 비용이 변동비의 대부분을 차지한다.

(1) 인건비

철도운송에서 기관차 운전과 엔진 관련 업무를 수행하는 기관사와 유지 관련 일을 하는 기술자들에 대한 인건비가 총인건비의 70% 이상을 차지하고 있다. 향후 자율주행 운송수단이 광범위하게 확산되면, 철도운송 역시 자율주행의 확산이 이루어질 가능성이 크다. 또한 기차의 안전도 결함 여부를 판별할 수 있는 센서를 부착시켜 이를 탐지하는 기술이 활성화되면 유지 · 보수 인력 역시 대폭 감축될 전망이다. 따라서 향후 인건비는 절약될 전망이다.

(2) 연료비

연료비는 인건비 다음으로 큰 부분을 차지한다. 지난 50년 동안 철도운송은 연료비 상승을 기관차의 성능개선을 통해 상쇄시켰다. 구체적으로는 연료 효율적인 엔진과 바람의 저항을 줄이는 디자인으로 비용절감을 하여 왔다.

2.6 정보기술

철도운송산업은 첨단 기술산업이 되어가고 있다. 컴퓨터는 모든 운송수단에서 중요한 역할을 하고 있다. 철도운송에 적용되는 주요 컴퓨터 기술로는 다음과 같은 것이 있다.

첫째, Advanced Train Control System(ATCS)은 전체 철도레일의 흐름을 효과적으로 추적하여 보여준다.

둘째, Rail yard control은 많은 화차들을 분류하고 배치하는 데 사용되는 화물장치장을 통제한다.

셋째, Communication and signaling 시스템은 배차원과 장치장 관리인, 작업관리인, 그리고 철도승무원 간 빠르고 효과적인 통신을 제공한다.

넷째, Radio Frequency Identification(RFID)은 설비와 화물을 추적한다.

2.7 대륙횡단철도

1) 미국의 대륙횡단철도

광대한 국토와 경제성장 덕분에 미국은 어느 국가보다도 철도가 발달하였다. 미국은 제2차 세계대전이 일어나기 전 무렵 세계 철도 총연장의 3분의 1을 차지하는 세계 최장의 철도망을 갖추게 되었다. 대륙횡단철도를 열렬히 지지한 사람은 에이브러햄 링컨 대통령이었다.[7]

노벨경제학상 수상자인 더글러스 노스(Douglas North)에 의하면, 미국의 경제성장은 대륙횡단철도의 개통과 관련이 있다. 50개 가까운 주로 나누어져 있는 미국은 지방자치의 특색이 강한 국가이다. 따라서 각 주는 별개의 행정체제를 갖추고 있다. 그러나 미국의 동부에서 중부지역을 거쳐서 서부의 캘리포니아 주에 이

르는 대륙횡단철도가 개통됨에 따라 각 주는 서로 연결되기에 이르렀다. 이는 주간 통상을 촉진함으로써 미국을 하나의 경제권으로 창출하는 데 큰 기여를 하였다.

2) 러시아의 시베리아횡단철도(TSR)

시베리아횡단철도는 세르게이 비테라는 인물이 건의하고 제정러시아의 니콜라이 2세가 지원하여 1891년에 시작하여 1904년 완성되었다. 발트해에서 태평양 연안 블라디보스토크까지 연결되는데, 다리 200개를 만들고 터널 33곳을 뚫었다.[8]

러시아는 광활한 시베리아 지역을 개발하기 위하여 시베리아횡단철도를 건설하였다. 극동지역의 블라디보스토크에서 서부지역 도시까지 관통하는 시베리아횡단철도는 러시아의 동부지역과 서부지역을 하나의 경제권으로 묶고 있다. 현재 유라시아횡단철도가 거론되고 있는데, 시베리아횡단철도가 유라시아횡단철도의 주요 부분을 차지할 전망이다.

3) 중국의 고속철도

최근 중국은 수도인 북경에서 티베트의 라싸까지 고속철도를 건설함으로써 티베트 지역을 하나의 경제권에 편입시켰다. 또한 수도인 북경에서 남부지역까지도 고속철도를 건설하여 중국 전체를 하나의 경제권으로 통합하고 있다.

Box 7-2 미래의 철도 : 진공튜브를 이용한 제5세대 미래철도

하이퍼 루프 기술은 진공에 가까운 튜브 구조물에 자기부상열차 차량을 띄움으로써 공기 저항과 마찰 저항을 줄이는 방식이다. 2013년 전기차 테슬라 사장인 엘론 머스크의 생각으로 발명되었다. 현재 미국, 중국, 한국 등이 개발에 노력하고 있다. 이론적으로는 시속 1,200킬로미터까지 속도가 날 수 있다. 한국은 2026년 시험운행을 목표로 한국형 하이퍼 루프를 개발하기로 HTT와 합의하였다.

출처 : 김민혁 외, 「진공튜브를 이용한 제5세대 미래철도 연구동향」, 2018년도 한국철도학회 춘계학술대회논문집.

2.8 국제철도운송에 관한 협약

"국제철도운송협약(Convention Internationale concernant le Transport des Marchandise par Chemins de Fer ; CIM)"은 1961년 2월에 채택된 국제철도운송을 규율하는 국제조약이다. 이 조약은 그 이후 1980년 5월 스위스 베른에서 채택된 "국제철도운송에 관한 협약(the Convention concerning International Carriage by Rail ; COTIF(Convention relative aux transports internationaux ferroviaires))"에 부속된 규칙으로 흡수되었다. 국제철도운송에 관한 협약(COTIF)은 1985년 4월에 발효되었다. COTIF는 국제복합운송에서 CMR과 더불어 이종책임체계(Network Liability System)를 채택하고 있다. 국제철도운송에 관한 협약(COTIF)은 이전의 협약들을 통합한 것으로 그 목적은 체약국 간 철도에 의한 여객, 수화물 및 물품의 운송에 적용 가능한 법률을 통일하기 위한 것이다. 따라서 여객 및 수화물에 관해서는 COTIF 부속서 A에 삽입된 "Uniform Rules concerning the Contract for International Carriage of Passengers and Luggage by Rail"이 적용되며, 물품과 관련해서는 COTIF 부속서 B에 삽입된 "Uniform Rules concerning the Contract for International Carriage of Goods by Rail(CIM 협약)"이 적용된다.

3. 도로운송

3.1 도로운송의 의의

1) 도로운송의 장점

첫째, 자본투자 없이 door to door 서비스가 가능하다. 현대 물류의 특징은 라스트마일에 대한 선호가 높다는 것이다. 따라서 고객의 문전까지 운송이 가능한 도로운송은 새로운 각광을 받고 있다.

둘째, 탄력성이 있다. 즉, 고객의 리드타임 단축이나 납기를 고객맞춤형으로 탄력적으로 맞출 수 있다.

셋째, 기동성이 있다. 도로운송은 철도운송과 같이 정해진 스케줄에 따라 배차되지 않고, 고객이 원하면 즉시 이에 반응하여 운송이 가능하다.

넷째, 경제성이 있다. 근거리운송을 할 때 해운이나 철도보다 비용이 적게 든다.

다섯째, 단거리 문전운송 시 별도의 포장이나 설비가 필요 없어 포장비가 적게 든다.

여섯째, 전자상거래 확대로 말미암아 택배 및 특송시장 확대로 소량화물을 신속 정확하게 운송이 가능하다.

2) 도로운송의 단점

첫째, 대량운송에 적합하지 않다. 선박을 활용한 해상운송이나 철도운송에 비하여 볼 때 대량운송을 할 수 없다. 그러나 미래 자율주행 트럭이 활성화되면 이러한 대량운송도 가능해질 전망이다.

둘째, 운송의 안전성이 결여된다. 철도운송에 비하여 사고율이 높아 운송의 안전성이 결여되어 있다.

셋째, 교통체증의 원인이 되고 있다. 아무리 도로를 많이 건설하여도 늘어나는 자동차 대수를 능가할 수 없다. 불가피하게 교통체증이 발생하여 운송에 지연이 발생한다.

표 7-1 **화물자동차의 유형**[9]

구분	종류	특징
보통 트럭	소형	최대 적재량 1톤 총중량 3톤 미만
	중형	최대 적재량 1~5톤 총중량 3~10톤 미만
	대형	최대 적재량 5톤 총중량 10톤 이상
트레일러	세미 트레일러	후축에만 타이어가 부착되고 전축에는 커플러가 지지하여 운행하는 차량
	Full 트레일러	전축과 후축에 타이어가 부착된 차량
	Pole 트레일러	전신주, 구조물 등 길이가 긴 장척물운반용 트레일러
	Double 트레일러	세미 또는 풀 트레일러 2대를 연결하여 운행하는 트레일러
전용 특장차	덤프트럭	적재함을 후방으로 기울여 화물을 미끄러지게 하는 차량
	믹서트럭	건설현장에 사용되는 레미콘 차량
	분립체 운송차	곡물, 사료, 유류 등 벌크화물을 운송하는 차량
	냉동차	냉동 · 냉장화물을 운송하는 차량으로 단열재와 냉동기를 부착한 차량
	액체 운송차	유류, 당밀, 기름 등 액체화물을 운송하는 탱크로리
	가축 운송차량	말, 소 등 가축을 운반하는 차량
	활어 운송차량	산지에서 활어를 넣고, 산소공급기를 장착하여 산 채로 소비자에게 운송하는 차량
	중량물 운송차량	중량물을 운송하기 위하여 바퀴가 많이 달린 차량으로 모듈이라고 함
합리화 특장차	팔레트슬라이드 트럭	적재함 바닥에 슬라이드를 설치하여 이곳에 팔레트를 올려놓은 후, 화물을 앞뒤로 이동시킬수 있는 차량
	스테블라이저 트럭	적재화물의 유동을 방지하기 위하여 화물고정장치를 부착한 차량
	행거적재함 트럭	적재함 내부에 행거를 설치하여 의류를 안전하게 운송할 수 있는 차량
	워크쓰루밴 트럭	운전석에서 적재함으로 직접 이동할 수 있는 차량

넷째, 공해를 유발시킨다. 트럭은 많은 이산화탄소를 배출함으로 인해 대기오염의 주범으로 간주되고 있다.

3.2 화물자동차의 종류

1) 트레일러

첫째, 중계지점에서 트레일러를 탄력적으로 이용함으로써 환적이 용이하다. 예를 들어 철도터미널에서 바로 도로운송으로 환적이 가능하다.

둘째, 중량물과 장척(長尺)물 컨테이너 등의 운송이 가능하다. 일반 자동차로는 장척물이나 컨테이너 운송은 불가능하다. 트레일러는 길이가 긴 장척물이나 컨테이너 화물 운송이 가능하다.

셋째, 대량운송을 할 수 있으므로 원가절감이 가능하다. 특히 컨테이너 화물운송 같은 경우 화물의 대량운송이 가능하다.

2) 전용 특장차 및 합리화 특장차

첫째, 대부분 적재함이 철제로 만들어져 있으므로 화물을 안전하게 운송할 수 있고, 포장비가 절감된다.

둘째, 하역 기계화로 상하차 시간이 단축되므로 하역비용이 절감된다.

셋째, 한 분야에 특화되어 있으므로 다른 용도로 전용이 어렵다.

3.3 트럭 터미널

1) 기능

트럭운송 방식에는 발화주[10]로부터 그 지역 담당의 터미널까지 소형 집화 트럭으로 운송하고, 그곳에서 대형 트럭에 다른 화주의 화물과 함께 혼재(consolidate)하여, 착화주[11] 지역 담당의 터미널까지 운송하는 방식이 있다. 이 형태는 운송거리는 길고, 운송 수요는 작아 한 대의 트럭을 전용 사용하기에는 양이 적은 경우에 이용된다. 이 경우 트럭 터미널이 필요하다. 노선 트럭 사업자는 복수의 터미널을 거점으로 채택하고, 합쳐 적재하는 화물을 대형 트럭에 실어, 노선을 정해 정기 운행한다.

과거에는 트럭 운송업자의 입장에서 운송의 신속성, 운송비용의 삭감 등 운송효율의 향상이 주요 목적이었다. 즉, 혼재기능이 중시되었다. 그러나 물류시스템이 정착되면서 물류과정에 상품의 일시보관 혹은 재고보관의 관점에서 보관기능 및 상품을 수요 형태에 적합하도록 하기 위한 유통가공도 추가할 필요가 생겼다. 더욱이 정보의 수집 · 해석 · 처리 등을 행하는 기능도 갖추어야 한다.

2) 정비

자동차 터미널의 기능은 철도역, 항공운송의 공항, 해상운송의 항만과 유사하다. 자동차 터미널은 버스 터미널과 트럭 터미널로 나눌 수 있다. 또한 트럭업자가 자기운송 사업용으로 사용할 것을 목적으로 설치한 터미널을 전용 터미널이라고 하며, 기타 터미널은 일반 터미널이라 부른다. 노선 트럭 사업이 활발해짐에 따라, 트럭 터미널의 필요성이 제기되고 있다. 트럭운송 수요의 신장에 대응한 트럭운송 공급력이 증대하고 지역 간 장거리운송을 위해 고속화 · 대형화 · 트레일러화된 트럭운송이 활발해졌다. 한편, 도시 내 운송조건의 악화에 의해 도로 혼잡이 더욱 악화되고 운행효율이 떨어졌기 때문에, 간선운송과 잡화 · 배달을 분리하지 않으면 안 되는 사태가 발생하였다. 즉, 대형차에 의한 도시 간 장거리운송과 소형차에 의한 도시 내 집배송의 접점 · 중계점으로서의 트럭 터미널이 필요해진 것이다.[12]

4. 파이프라인 운송

4.1 중요성

파이프라인 운송은 주로 석유를 운송할 때 사용된다. 1970년대 두 차례에 걸친 원유가격 급등으로 파이프라인 운송의 경제성이 부각되었다. 이후 원산지에서 소비지까지 운송하거나, 수출환적을 위하여 항만까지 운송하는 데 파이프라인 운송 방식이 사용되기에 이르렀다. 파이프라인 운송은 파이프라인을 통해서 주로 액체를 목적지점까지 이동시킨다. 주요 상품은 석유와 가스 제품이다. 현재 파이프라인 운송의 약 70%는 가스 운송에 사용되고, 20%가 원유 운송이며, 나머지 10%가 석유제품 및 기타 제품의 운송에 사용되고 있다.

4.2 장점과 단점

1) 장점

파이프라인 운송은 다음과 같은 장점이 있다.

첫째, 대량운송이 가능하기 때문에 경제성이 있다. 예를 들어 액체화물의 경우 파이프라인 운송이 철도운송에 비하여 3배나 저렴하다.

둘째, 화물손실이 운송 도중에 거의 없어 운송의 안전성이 보장된다.

셋째, 운송속도가 느리기 때문에 파이프라인 운송은 창고기능을 제공한다. 파이프라인 운송속도는 시간당 3 내지 5마일이다.

넷째, 파이프라인 운송은 확실성을 제공한다. 즉, 파이프라인 운송은 날씨의 영향을 받지 않기 때문에, 제품 도달의 예측이 가능하고 안전재고의 필요성도 줄어든다.[13]

2) 단점

첫째, 단방향으로만 운송이 가능하다는 점이다.

둘째, 오직 제한된 종류의 상품만 운송이 가능하다는 한계점이 존재한다.

4.3 시설

파이프라인 운송이 가동되기 위해서는 배관과 배관 관련 부품, 수취에 필요한 설비, 운송에 필요한 가압설비, 인도지점의 출하설비 등이 필요하다. 천연가스를 보낼 때에는 압력이나 속도를 높이는 데 사용되는 압축기, 고압의 가스 압력을 자동적으로 감압시키는 가스정압기 등이 필요하다. 석유를 보낼 때에는 원심펌프가 사용되며, 중간중간에 가압소를 설치하여 운송능력을 배가시킨다.[14]

4.4 제품

파이프라인 운송 활용 측면에서 주요한 사항은 다음과 같다. 첫째, 주요 제품은 석유 및 석유류 제품이다. 석유파이프라인의 길이는 대략 800마일 정도이며,

화학제품의 경우는 400마일 정도 길이이다. 둘째, 천연가스 파이프라인은 파이프라인 운송에서 두 번째로 중요하다. 셋째, 석탄 파이프라인으로 운송하는 제품은 물과 석탄이 결합된 액체이다. 석탄 파이프라인은 주로 화력발전소에서 사용된다. 넷째, 화학비료 제조에 사용되는 무수 암모니아, 합성세제 제조에 사용되는 프로필렌, 부동액 제조에 사용되는 에틸렌이 파이프라인 운송을 활용한다.[15]

5. 보세운송

5.1 보세운송의 개념

보세운송은 외국으로부터 수입하는 화물을 세관장에게 신고하거나 승인을 얻어 외국 물품 상태 그대로 다른 보세구역으로 운송하는 것을 말한다. 일반적으로 국가는 수입물품에 대해서 관세를 부과하고 있다. 보세운송이 중요한 점은 수입물품에 대한 관세가 유보된 상태에서 운송하는 것이므로 국가가 별도로 관리하고 있다는 것이다. 1970년대만 해도 대학가에 보세물품이라고 의류 등이 인기가 있었는데, 이는 보세구역과 관련 있는 개념이다. 외국 물품은 보세구역, 보세구역 외에 장치 허가를 받은 장소, 세관관서, 통관역, 통관장, 통관우체국 사이에 한정하여 외국 물품 그대로 운송할 수 있다.[16]

5.2 보세운송의 신고

보세운송을 하고자 하는 자(者)는 세관장에게 보세운송의 신고를 하거나, 물품의 감시 등을 위하여 필요하다고 인정한 경우에는 세관장의 승인을 얻어야 한다.[17] 이와 아울러 보세운송신고를 하거나 보세운송에 관해서 승인을 얻은 자는 해당 물품이 운송목적지에 도착할 경우 도착지의 세관장에게 보고하여야 한다.[18] 세관 공무원은 감시 · 단속을 위하여 필요하다고 인정되는 때에는 관세청장이 정하는 바에 의하여 보세운송을 하고자 하는 물품을 검사할 수 있도록 수권되어 있다.[19] 한편 국내에서 운송되는 모든 외국 물품은 보세운송에 의해서만 운송이 가능한 것이 원칙이나 예외적으로 우편법에 따라 체신관서의 관리 하에 운송되는 물품, 검역법 등에 따라 검역관서가 인수하여 검역소 구내계류장 또는 검역시행 장소로 운송하는 검역대상 물품, 국가기관에 의하여 운송되는 압수물품은 보세운송 절차를 필요로 하지 않는다.[20]

5.3 보세운송신고 내용

보세운송신고를 하기 위해서는 여러 관련 서식들에 필요한 내용을 기재하여 세관장에게 제출하여야 한다. 다만, 외국 무역선박이나 외국 항공기로부터 효율적으로 하역을 위해 필요한 경우이거나 관세청장이 따로 정하는 경우에는 그 정하는 바에 의한다.

보세운송신고 내용은 다음과 같다.

첫째, 운송수단의 종류와 명칭 및 번호

둘째, 운송경로와 목적지

셋째, 선하증권(B/L)의 번호 또는 항공화물운송장의 번호와 물품의 적재지, 생산지

넷째, 포장의 종류와 일련번호 및 상품 개수

다섯째, 제품의 품명, 규격, 수량 및 가격

여섯째, 운송기간

일곱째, 화주의 명칭, 화주의 주소, 화주의 사업자등록번호 및 대표자 성명

5.4 보세운송신고 시점

수입물품을 보세운송하려면 보세운송신고를 하거나 보세운송 승인신청을 하여야 한다. 보세운송신고나 승인신청은 수입물품의 적하목록을 제출하고 선박이라면 하선(下船)장소, 항공기라면 하기(下機)장소에 물품이 반입된 이후에 신고하는 것이 원칙이다. 보세운송기간은 신고수리일이나 승인일로부터 해상화물은 10일, 항공화물은 5일 이내에 목적지에 도착하여야 한다. 다만, 세관장은 선박이나 항공기가 도착하기 전에 보세운송신고가 된 경우에는 기간을 5일 더 연장할 수 있다.[21]

5.5 보세운송신고 자격 및 신고대상 물품

보세운송신고 또는 승인신청은 화주, 관세사 등 보세운송을 업으로 하는 보세운송업자의 명의로 하여야 한다.[22] 보세운송신고는 간이보세운송업자가 승인대상 이외의 물품에 대해 하게 된다. 보세운송 승인신청은 보세운송업자, 화주, 관세사가 신청하게 된다. 국가에서는 화물의 안전과 불법유출 방지 등을 고려하여 승인대상 물품을 정하고 있다.[23] 그 대상물품은 다음과 같다.

첫째, 보세운송된 물품 중 다른 보세구역 등으로 재보세운송하고자 하는 물품

둘째, "검역법", "식물방역법", "가축전염병예방법"에 따라 검역을 요하는 물품

셋째, "위험물안전관리법"에 따른 위험물

넷째, "화학물질관리법"에 따른 유해화학물질

다섯째, 비금속

여섯째, 화물이 국내에 도착된 후 보세구역에 반입된 날부터 30일이 경과한 물품

일곱째, 통관이 보류되거나 수입신고수리가 불가능한 물품

여덟째, 관세법 제156조에 의해 보세구역 외 장치허가를 받은 장소로 운송하는 물품

아홉째, 귀석, 반귀석, 귀금속, 한약재, 의약품, 향료처럼 부피가 작고 고가인 물품

열째, 화주 또는 화물에 대한 권리를 가진 자가 직접 보세운송하는 물품

열한째, 관세법 제236조의 규정에 의하여 통관지가 제한되는 물품

열두째, 적하목록상 동일한 화주의 선하증권 단위의 물품을 분할하여 보세운송하는 경우 그 물품

열셋째, 불법 수출입의 방지 등을 위하여 세관장이 지정한 물품

열넷째, 관세법을 위반하거나, 세관장의 명령을 위반하여 관세범으로 조사를 받고 있거나 기소되어 확정판결을 기다리고 있는 보세운송업자가 운송하는 물품[24]

5.6 보세운송업자의 종류

보세운송업자는 일반보세운송업자와 간이보세운송업자로 구분되며, 간이보세운송업자는 다시 일반 간이보세운송업자, 특정 물품 간이보세운송업자로 구분된다. 이러한 보세운송업자 중 일반 간이보세운송업자가 가장 많이 활용되고 있다. 일반 간이보세운송업자는 보세운송업자 등록요건을 갖추고, 보세운송 물품의 검사 생략과 담보제공의 면제를 받을 수 있을 만큼 신뢰도를 갖춘 자(者)로서 세관장이 지정한 보세운송업자이다. 특정 물품 간이보세운송업자는 보세운송 등록업자 중 특정한 요건을 구비한 경우 관리대상 화물 등 특정 물품을 보세운송할 수 있는 자로 세관장이 지정한 보세운송업자이다. 한편 일반보세운송업자는 간이보세운송업자 지정 특정 요건을 갖추지 못한 보세운송업자를 말하며, 보세운송을 하고자 할 때에는 물품의 검사와 담보를 제공해야 한다.[25]

5.7 보세운송의 인공지능(AI) 도입

최근 동북아시아의 허브공항과 허브항만이 되기 위한 경쟁이 격화되고 있다. 한국의 부산항, 중국의 상해 양산항만, 홍콩항, 일본의 후쿠오카항은 시스템의 자동화를 통하여 물류비용을 낮추는 등 환적화물의 유치에 애를 쓰고 있다. 또한 인천국제공항, 싱가포르 창이국제공항, 홍콩의 첵랍콕 공항 역시 물류중심지가 되기 위하여 시설의 첨단화 노력을 지속하고 있다.

1) 사물인터넷(IoT) 적용

보세운송에도 사물인터넷 적용을 고려할 때가 도래하고 있는 것으로 보인다. 일찍부터 보세운송에 RFID 센서를 부착함으로써 운송의 효율화를 기할 필요성이 제기되어 왔다.[26] 제4차 산업혁명이 진행됨에 따라 보세운송에 활용되는 자동차에 사물인터넷 반도체 칩을 부착하게 되면, 보세운송 트럭 간에 통신이 자동화되고 이는 연료비 절감과 비용절감으로 이어질 것이다. 예를 들어 우리나라 수출입의 상당 부분을 차지하고 있는 부산항만이나 인천항만의 경우 보세창고가 시내 곳곳에 분산되어 있으며, 보세창고 간 운송이 빈번하다. 그러나 도시의 교통체증이 일상화되고 있어 보세운송의 지체 등 효율성이 하락하고 있다. 따라서 교통상황을 실시간으로 체크하여 도착지에 이르게 하는 사물인터넷 시스템의 도입이 필요하다.

2) 빅데이터 도입

보세운송에도 빅데이터 적용을 고려할 때가 도래하고 있는 것으로 보인다. 보세운송은 주로 주요 항만이나 주요 공항에서 행해지고 있다. 따라서 도시에 위치해 있다. 도시는 교통체증이 일상화되어 있는 곳이다. 보세운송의 효율화를 위해서는 세관이 소재하고 있는 주요 항만이나 공항의 보세운송 창고 간에 보세운송 트럭의 활용 빈도수나 교통경로 정보를 빅데이터로 수집해야 한다. 빅데이터를 활용함으로써 보세운송의 효율성을 보다 제고할 수 있을 것으로 보인다.[27]

3) 자율주행 트럭

최근 미국의 구글, 볼보자동차회사 등은 인공지능(AI)을 활용하여 자율주행 트럭을 시범운행하고 있다. 보세운송이 주로 트럭으로 이루어진다는 점을 감안할 때 자율주행 트럭의 운영 역시 보세운송에서도 고려해 볼 점이라고 할 수 있다. 미국의 경우 고속도로에서 자율주행 트럭의 사용이 고려될 것으로 보인다. 왜냐하면, 시내에 비하여 일반 시민과 접촉사고 등 교통사고가 발생할 돌발상황이 많지 않기 때문이다. 물론 시내의 경우는 교통체계가 복잡하여 자율주행 트럭을 운행하기 위해서는 빅데이터 구축에 앞으로도 시간이 많이 소요될 것이다. 따라서 일반 트럭과 자율주행 트럭 간의 연계서비스도 고려해 볼 상황이다.

요약

19세기에는 철도운송이 중요한 역할을 담당하였고 가공하지 않은 상품뿐 아니라 다른 여러 가지 종류의 상품을 운반하였다. 그러나 오늘날의 철도운송은 대부분 중량이 크거나 벌크화물과 같은 낮은 가치의 대량의 상품을 운반하는 시스템으로 발전되었다. 반대로 화물자동차운송은 소량, 고부가가치 완제품을 다루는 데 집중하고 있다. 그러나 수로운송과 파이프라인 운송은 낮은 가치의 벌크화물을 대량으로 운반하고 있다. 그러므로 철도운송은 여러 가지 상품 종류를 다루는 데 있어서 다른 여러 운송수단과 치열한 경쟁을 하고 있다. 철도운송이 광범위한 여러 상품들을 다루고 있기는 하지만 거의 절반 이상이 벌크 화물의 운송이라고 할 수 있다. 트럭운송은 그 용도에 의해 다음과 같이 구분된다. 첫째, 자동차를 이용한 행상이나 도시 내의 자동차 교통에서 보이는 운송방식이다. 이것은 근거리운송을 중심으로 광범위하게 사용된다. 둘째, 한 곳에서 여러 곳으로 화물을 배달하거나, 여러 곳의 화물을 모아 한 곳으로 집하하는 집배송 방식이다. 이것도 근거리의 범위에서 아주 많이 이용되고 있다. 셋째, 한 곳의 발화주로부터 한 곳의 착화주로 직접 운송하는 형태이다. 이것은 운송 수요량이 트럭의 적재능력에 맞는 경우에 사용된다. 넷째, 발화주로부터 그 지역 담당의 터미널까지 소형 집화 트럭으로 운송하고 그곳에서 대형 트럭에 다른 화주의 화물과 함께 적재하여, 착화주 지역 담당의 터미널까지 운송하는 방식이다. 이 형태는 운송거리가 길고, 더욱이 운송수요가 작아 한 대의 트럭을 전용 사용하기에 양이 적은 경우에 이용된다. 보세운송은 외국으로부터 수입하는 화물을 입항지에서 통과하지 아니하고 세관장에게 신고하거나 승인을 얻어 외국 물품 상태 그대로 다른 보세구역으로 운송하는 것을 말한다. 외국 물품은 개항, 보세구역, 보세구역 외 장치의 허가를 받은 장소, 세관관서, 통관역, 통관장, 통관우체국 사이에 한정하여 외국 물품 그대로 운송할 수 있다. 이러한 보세운송은 수입화물에 대한 관세가 유보된 상태에서 별도의 관리가 요구된다.

연습문제

토론주제

1. 육상운송 방식을 비교 토론하시오.
2. 미래 교통수단으로서 철도운송의 가치에 대하여 토론하시오.

일반문제

1. 보세운송업자에 대하여 설명하시오.

2. 도로운송의 장점에 대하여 설명하시오.

3. COTIF에 대하여 설명하시오.

4. COFC 서비스에 대하여 설명하시오.

5. TOFC 서비스에 대하여 설명하시오.

6. 곤돌라에 대하여 설명하시오.

7. 피기백 서비스에 대하여 설명하시오.

8. Unit train에 대하여 설명하시오.

9. ATCS에 대하여 설명하시오.

10. Covered Hopper에 대하여 설명하시오.

11. TSR에 대하여 설명하시오.

12. COTIF에 대하여 설명하시오.

심화문제

1. Ramp point with crane 하역방식에 대하여 설명하시오.

2. Ramp point without crane 하역방식에 대하여 설명하시오.

3. 트럭터미널의 기능에 대하여 설명하시오.

4. 철도운송의 장단점에 대하여 설명하시오.

5. 보세운송의 의의에 대하여 설명하시오.

6. 파이프라인 운송의 장단점에 대하여 설명하시오.

7. 자율주행 트럭이 개발되는 이유에 대하여 설명하시오.

참고문헌 및 미주

1. 김영주 · 박재현 · 오용희, 「철도화물과 도로화물운송의 비교분석연구 : 대기오염물질 및 온실가스 배출」, 『한국산학기술학회논문지』, 제17권 제9호, 2016 참조.

2. 박명섭 · 김은주, 『국제운송의 이해』, 이엔비플러스, 2010.

3. 화차의 종류에 대한 설명은 박명섭 · 김은주, 『국제운송의 이해』, 이엔비플러스, 2010을 참조하였음.
4. 이는 화주들이 철도운송보다는 도로운송을 선호하는 탓이다. door to door 서비스 등 도로운송의 여러 가지 장점들에 기인한 것으로 볼 수 있다.
5. 임종길(편역), 『화물운송론』, 신지원, 2010, p.290.
6. 박명섭 · 김은주, 『국제운송의 이해』, 이엔비플러스, 2010, p.324.
7. 링컨 대통령은 의회에서 퍼서픽철도법안을 밀어붙였다. 북미대륙횡단철도를 건설하기 위하여 두 경쟁 철도회사가 설립되었다. 1860년에 세운 센트럴퍼시픽철도와 유니온퍼시픽철도회사였다. 이 건설에 자금을 댄 사람이 네 명 있었는데, 그중에서 릴런드 스탠포드는 거부가 된 뒤에 나중에 현대 미국의 서부 명문대학인 스탠포드대학을 설립하였다. 크리스티안 월마(배현 역), 『철도의 세계사 : 철도는 어떻게 세상을 바꾸어 놓았나』, 다시봄, 2019, p.122, p.211.
8. 크리스티안 월마(배현 역), 『철도의 세계사 : 철도는 어떻게 세상을 바꾸어 놓았나』, 다시봄, 2019, p.251～253.
9. 인터넷 자료를 활용하였음.
10. 화물을 출발시키는 사람
11. 도착지에서 화물을 받는 사람
12. 박명섭, 『국제물류의 이해』, 법문사, 2016, p.76～78.
13. "파이프라인 운송" 절은 박명섭 · 김은주의 『국제운송의 이해』에 토대를 두어 작성하였음. 박명섭 · 김은주, 『국제운송의 이해』, 이엔비플러스, 2010, p.337.
14. 박명섭 · 김은주(2010), p.334.
15. 박명섭 · 김은주(2010), p.337.
16. 송선욱, 『국제운송론』, 두남, 2017, p.345.
17. 관세법 제213조 2항 참조. "보세운송" 절은 송선옥의 『국제운송론』에 토대를 두어 작성하였음.
18. 관세법 제215조 참조.
19. 관세법 제213조 3항 참조. 이때 세관장은 보세운송물품의 감시 · 단속을 위하여 필요하다고 인정되는 때에는 관세청장이 정하는 바에 의하여 운송통로를 제한할 수 있다(관세법 제216조 1항).
20. 수출물품도 보세운송의 예외임(보세운송에 관한 고시 제4조). 송선욱, 『국제운송론』, 두남, 2017, p.345.
21. 보세운송에 관한 고시 제6조 송선욱, 『국제운송론』, 두남, 2017, p.345에서 재인용.
22. 관세법 제214조. 이러한 제한을 두는 이유는 각 중요 업무의 전문성을 고려한 것이다.
23. 관세법시행령 제226조 3항
24. 송선욱(2017), p.348.
25. 송선욱(2017), p.348.
26. 안태우 · 정석찬 · 서영석 · 이동영, 「물류산업에 RFID 적용의 유효성 분석 : 보세운송 시스템을 중심으로」, 『한국정보기술학회논문지』, 제9권 제4호, 2011, pp.155～166.
27. 빅토르 마이어 쇤버거 · 케네스 쿠키어, 『빅데이터가 만드는 세상』(이지연 역), 21세기북스, 2013 참조.

1. 컨테이너 운송의 의의와 장단점

2. 컨테이너와 컨테이너선의 종류

3. 컨테이너 터미널

4. 컨테이너 화물의 종류와 운송 형태

5. 컨테이너 운송과 보안

컨테이너 운송

컨테이너의 출현으로 신속성과 경제성, 안전성 모두 만족하게 되었다.

— **말콤 퍼셀 맥린**(컨테이너 운송의 창시자)

컨테이너선 이전에는 화물의 운송시간 못지않게 하역과 선적에 많은 시간이 소요되었다. 그러나 표준화된 단위 박스인 컨테이너의 등장과 이를 나르는 컨테이너선이 상용화됨에 따라 운송에 혁신이 일어나게 되었다. 과거에는 수만 종류의 상품을 선적하고 하역하였는데, 현대에는 선주가 단지 한 가지 종류, 즉 컨테이너 박스만 운송하게 됨으로써 시간과 비용이 절약되었다. 또한 컨테이너 박스는 도난의 염려가 적으므로 환적이 가능하게 되었다. 컨테이너 운송이 활성화됨에 따라 두 가지 이상의 운송수단을 결합한 복합운송 방식이 출현하게 되었으며, door to door 운송 방식이 출현하게 되었다. 최근에는 컨테이너 터미널이 완전 무인자동화 방향으로 나아감에 따라 더욱 비용이 절감되고 있다.

1. 컨테이너 운송의 의의와 장단점

1.1 의의

컨테이너 운송은 운송의 혁신을 가져온 수송혁명이라고 할 수 있다. 컨테이너 운송이 출현하기 전만 하더라도 화주들은 전형적인 살물선을 활용하여 해상운송을 하였다. 그때에는 다양한 종류의 수많은 물건들을 화물선이 운송하였다. 이때에는 동물, 식물, 공산품 등 다양한 종류의 화물을 처리할 수밖에 없었다. 따라서 선적이나 하역 작업에 많은 시간과 비용이 소요되었다. 그러나 컨테이너 운송이 확산됨에 따라 운송의 개념이 바뀌었다. 그 전에는 다양한 화물을 운송하는 것이 해상운송이었다면, 컨테이너 운송에서는 오직 컨테이너 박스 한 종류의 화물만을 운송하였다.

운송 물건의 가지 수가 수천 건에서 단 한 종류로 단일화됨에 따라 선박에서

Box 8-1 컨테이너 운송의 혁신 : 워리어호 항해와의 비교[1]

화물 종류	개수	무게(%)
상자	74,903	27.9
판지상자	71,726	27.6
종이봉지	24,036	12.9
박스	10,67	12.8
다발	2,880	1.0
포장상품	2,877	1.9
개별 제품	2,634	1.8
원통	1,538	3.5
깡통	888	0.3
천 자루	815	0.3
바퀴 달린 차종	53	6.7
나무상자	21	0.5
운반도구	10	0.5
감개	5	0.1
분류불가능제품	1,525	0.8
합계	194,582	98.4

컨테이너 운송이 도래하기 전, 1954년 미국 뉴욕을 출발해서 독일 브래머하펜 항구로 항해한 워리어 호에는 19만 개 이상의 화물이 실려 있었다. 대서양을 항해하는 데 10일 정도 걸렸는데, 하역작업에만 주야로 4일이 걸렸다고 한다.

물건을 부두로 내리는 하역작업과 항만 부두에서 선박에 물건을 싣는 선적작업이 매우 간소화되었다. 이러한 변화로 운송시간, 선적시간, 하역시간이 절약되어 컨테이너 운송은 신속성이 보장되고,[2] 기계화에 따라 인건비가 절약되어 경제성을 보장하였다. 또한 철제 박스 안에 물건을 넣고 봉인을 하였으므로 절도 등으로부터 안전성이 확보되었다.

1.2 컨테이너 운송의 장단점

1) 장점

첫째, 컨테이너 운송은 하역절차를 단순화함으로써 인건비를 절약한다.

컨테이너 운송은 컨테이너 박스라는 한 가지 종류의 물품만 처리하므로 하역절차가 단순해졌다.

둘째, 컨테이너 운송은 신속한 화물처리가 가능하다.

컨테이너 운송은 컨테이너 박스라는 한 가지 종류의 물품만 처리하고 크레인이라는 기계로 하역을 하므로 화물처리속도가 빠르다.

셋째, 컨테이너 운송은 포장비를 절감한다.

컨테이너 운송은 컨테이너 박스 자체가 하나의 포장 기능을 하므로, 화물의 포장비를 절약할 수 있다.

넷째, 컨테이너 운송은 보관비용을 절감한다.

컨테이너 운송은 컨테이너 박스 자체가 하나의 창고 기능을 하므로, 화물의 보관비용을 절약할 수 있다. 미국의 경우 상점 뒤에 창고 대신 바로 컨테이너 박스를 그대로 연결시켜 놓은 데도 있다.

다섯째, 컨테이너 운송은 화물처리에서 안전성을 제공한다.

과거에는 화물의 운송 및 하역 등 처리과정에서 화물 도난 사고가 적지 않았다. 그러나 컨테이너 박스는 철제이고 견고하며, 봉인을 하므로, 해수의 침입이나 절도로부터 안전하다.

여섯째, 컨테이너 운송은 화주에게 탁월한 물류서비스를 제공한다.

컨테이너 운송은 해상운송과 육상운송을 무리 없이 연결시키므로 일관운송이 가능하다. 따라서 수입상의 문 앞까지 배송해 주는 door to door 서비스가 가능하다.

일곱째, 컨테이너 운송은 재래식 운송에 비하여 수출대금 회수가 신속하다.

컨테이너 화물은 공장이나 송하인의 창고에서 컨테이너에 적입하여, 컨테이너 터미널에 반입되는 즉시 선하증권이 발급된다. 따라서 수출상은 바로 네고 절차를 밟을 수 있다.

2) 단점

첫째, 컨테이너 운송은 막대한 시설투자가 필요하다.

컨테이너 운송은 고가의 컨테이너 터미널을 필요로 하므로 상당한 인프라 시설 투자가 필요하다. 또한 무인자동화 터미널 등 기술혁신에 따라 자동화가 지속적으로 이루어져야 하므로 지속적인 인프라 투자비가 소요된다.

둘째, 컨테이너 자체가 비싸다.

컨테이너 자체 단가가 비싸다. 또한 화학물 컨테이너나 냉동 컨테이너 등 특수 컨테이너가 계속해서 개발되고 있어 그만큼 비용이 더 소요된다.

셋째, 컨테이너 적입에 시간이 소요된다.

소량화물의 경우에는 CFS에서 별도의 혼재(consolidation)작업이 필요하다. 즉, 화물을 LCL 화물로 변환시키는 추가적 절차가 필요하다.

넷째, 컨테이너 운송은 재래식 운송에 비하여 보험료가 비싸다.

컨테이너선은 주로 컨테이너를 갑판에 적재하는데 갑판적재화물은 보험료가 비싸다.[3]

다섯째, 공컨테이너 회수 문제가 발생한다. 택시기사는 손님을 목적지까지 데려다 주지만, 올 때 손님이 없으면 빈차로 그냥 와야 된다. 이와 마찬가지로 가득 채워서 수입항에 도착한 컨테이너를 다시 회수하는 문제로 비효율성이 발생한다.

2. 컨테이너와 컨테이너선의 종류

2.1 컨테이너 분류

1) 크기에 따른 분류

보통 20피트 컨테이너를 TEU라고 하며, 40피트 컨테이너, 45피트 컨테이너로 구분된다.

2) 기능에 따른 분류

(1) 드라이 컨테이너(cargo container)

드라이 컨테이너는 보통 일반적인 컨테이너로 가장 대표적인 컨테이너이다. 드라이 컨테이너는 전후 방향에 2개의 문이 있고, 내장화물을 보호하기 위하여 문 주위는 합성고무로 되어 있다.

(2) 냉동 컨테이너(reefer container)

냉동 컨테이너는 생선과 육류 등과 같이 보냉이 필요한 화물을 수송하기 위하여 제작한 컨테이너이다. 크기는 드라이 컨테이너와 동일하지만, 보통 +26도에서 -29도까지 온도조절이 가능하도록 되어 있다.

(3) 벌크 컨테이너(bulk container)

벌크 컨테이너는 곡물, 사료, 화학제품 등 살화물을 포장하지 않은 상태로 운반하기 위한 컨테이너이다. 화물의 적재는 지붕 개구부로 이루어진다. 컨테이너 내부는 에폭시 수지로 처리가 되어 있으며, 물세척이 용이하도록 되어 있다.

(4) 상부 개방 컨테이너(open top container)

상부 개방 컨테이너는 기계류, 강철제품, 판유리 등 중량화물의 적입이 적합하도록 설계된 컨테이너로 천장 개방 컨테이너라고 부른다. 화물의 적입과 적출 시에는 크레인을 사용한다.

(5) 플랫 랙 컨테이너(flat rack container)

플랫 랙 컨테이너는 일반적인 컨테이너와 달리 상부 지붕과 벽면이 없는 컨테이너이다. 따라서 바닥과 네 기둥으로 되어 있어 사주컨테이너라고 부른다. 중량물, 강재 운반기기, 각종 파이프의 적재에 유용한 컨테이너이다.

(6) 탱크 컨테이너(tank container)

탱크 컨테이너는 컨테이너 용기 내부에 원통형의 탱크를 위치시키고 외부에 철제 프레임으로 고정시킨 컨테이너로 주류, 화학약품 등 액체 상태의 화물을 수송하기 위하여 설계한 컨테이너이다. 리퀴드 벌크 컨테이너라고도 부른다.

(7) 통풍식 컨테이너(ventiliated container)

통풍식 컨테이너는 주로 과일이나 야채를 수송하기 위하여 만든 컨테이너이다. 싱가포르 같은 국가는 여름에 축제를 많이 하는데, 이때 과일이나 야채를 수입한다. 과일이나 야채는 생물이므로 쉽게 시든다. 이를 방어하기 위하여 통풍이 가능하도록 설계된 컨테이너이다. 통기 컨테이너라고도 부른다.

(8) 보냉 컨테이너(insulated container)

보냉 컨테이너는 단열 컨테이너라고도 부른다. 야채와 과일 등을 수송하기 위하여 설계된 컨테이너이다.

(9) 의류용 컨테이너(garment container)

의류용 컨테이너는 고급 의복류를 옷걸이에 걸친 상태로 적입함으로써 의류를 보호하도록 설계되어 있는 컨테이너이다. hanger container라고도 부른다.

(10) 가축용 컨테이너(live stock container)

가축용 컨테이너는 살아 있는 동물 수송에 필요하도록 설계된 컨테이너이다. 사료 및 분뇨 처리장치가 되어 있다. 외국에서는 경마용 말 등을 수송하는 경우가 적지 않다. 그러한 경우 사용하는 컨테이너이다.

(11) 자동차 컨테이너(car container)

최근 해외에서 자동차를 구입하여 타고 다니다가 국내로 반입하는 경우가 있다. 이러한 경우 자동차 컨테이너를 활용하여 국내에 반입한다. 자동차 컨테이너는 플랫 랙 컨테이너와 외양은 유사하지만 자동차 운반만을 목적으로 설계되어 있다. 보통 측벽이 없고 바닥과 프레임으로 구성되어 있다.[4]

(12) 점보 컨테이너

보통 ISO 규격 컨테이너는 높이가 8피트 6인치이다. 그보다 높이가 1피트 높은 9피트 6인치 규격 컨테이너를 점보 컨테이너라고 한다. 점보 컨테이너는 High Cube Container라고도 부른다.[5]

3) 컨테이너선의 분류

(1) Lo/Lo선(Lift on / Lift off)

Lo/Lo선은 컨테이너 터미널에 설치되어 있는 갠트리 크레인으로 컨테이너를 수직으로 들어올려 선박에 적재하거나, 선박으로부터 양하하는 방식을 취한다. 가장 보편적인 컨테이너 하역 방식이다. 보통 Lo/Lo선은 컨테이너를 수직으로 쌓아올리는 구조를 갖고 있다.

(2) Ro/Ro선(Roll on / Roll off)

Ro/Ro선은 선박의 선미나 선측에 경사로가 설치되어 있어서 컨테이너를 이 경사로를 통하여 트랙터로 반입하거나 forklift로 들어올려 선내로 반입하는 방식을 취한다.

(3) Lash선(Lighter Aboard Ship)

Lash선은 부선(barge)에 컨테이너나 일반 화물을 적재하고 바지에 설치되어 있는 크레인이나 엘리베이터로 하역하는 방식을 취한다. 최근 허브항구로 발전하는 싱가포르 항만이나 기타 국제항구들은 선박이 너무 일시에 많이 몰리는 경우가 많다. 이러한 상황에서 Lash선은 정박기간을 단축하여 대기시간을 단축함으로써 선박이나 항만의 가동률을 높일 수 있다.

3. 컨테이너 터미널

3.1 컨테이너 터미널의 의의와 역할

1) 의의

컨테이너 운송에서 컨테이너 터미널은 핵심적 기능을 수행하는 장소이다. 결국 컨테이너 운송이 가능하려면, 수출국과 수입국 모두에 컨테이너 터미널이 존재해야 한다. 싱가포르 항구가 아시아에서는 가장 최초로 컨테이너 터미널 시설을 갖추고 컨테이너 운송을 시작하였다.[6] 컨테이너 터미널은 보통 육상운송과 해상운송을 연결할 수 있는 항구 앞 장소에 설치된 컨테이너 전용 대합실을 말한다. 컨테이너 터미널에는 대형 컨테이너 선박이 자유로이 입출항할 수 있도록 충분한 수

심과 안벽(선석)이 갖추어져 있다. 그리고 컨테이너 하역에 필요한 갠트리 크레인 등 하역장비가 갖추어져 있다.

2) 역할

컨테이너 터미널은 컨테이너 화물의 수취, 인도, 보관, 각종 부대장비의 관리와 운영을 하고 있는 장소로 컨테이너 오퍼레이터가 관리한다. 컨테이너 터미널은 컨테이너를 컨테이너선에 선적하고 또한 도착한 컨테이너선에서 화물을 양하시킨다. 그리고 LCL 화물인 경우는 컨테이너 터미널 내의 CFS에서 혼재업자가 이를 컨테이너에 적입한다.

3.2 컨테이너 터미널의 시설과 기기

1) 컨테이너 터미널 시설

(1) 선석(Berth)

선박이 한 척 부두에 접안하여 하역작업이 이루어질 수 있도록 구축된 구조물로 표준선박 1척을 정박시키는 설비를 갖추고 있다.[7] 국제항구의 화물처리능력은 선석이 몇 석이냐에 달려 있다. 버스터미널에서 버스 한 대가 정차할 수 있도록 하는 시설과 유사하다. 국제항만의 화물처리능력은 선석의 크기와 수에 달려 있다.

(2) 에이프런(Apron)

부두에서 안벽에 접한 장소로 하역작업을 위한 곳이다. 이곳에 갠트리 크레인이 설치되어 있어서 컨테이너선이 접안하면 하역작업을 시행하는 곳이다.

(3) 마셜링 야드(Marshalling Yard)

컨테이너를 컨테이너선에 적재하거나 양륙시키기 위하여 정렬시켜 놓은 부두의 넓은 장소를 말한다. 에이프런과 인접해 있다.

(4) 컨테이너 야드(CY)

컨테이너 야드(Container Yard ; CY)는 컨테이너 터미널 내의 시설로 선박회사가 송하인으로부터 인수하거나 본선에서 하역한 컨테이너 화물을 쌓아두는 기능을 한다. 따라서 컨테이너 야적상이라고도 한다. CY에서는 컨테이너 한 대에 한 종류의 화물로 채운 FCL 화물의 인도와 인수가 이루어진다. 보통 컨테이너 터미널의 65%를 차지하고 있다.[8]

(5) 컨테이너 프레이트 스테이션(CFS)

CFS(Container Freight Station)는 1개의 컨테이너를 채울 수 없는 소량 LCL 화물들을 목적지별로 분류하여 컨테이너에 적입하거나 목적항에 도착한 화물을 각 화주에게 인도하기 위하여 컨테이너에서 분리해내는 작업을 하는 장소이다. CFS 역시 컨테이너 터미널 내에 위치해 있다.

(6) 관제탑(Control Tower)

관제탑은 공항 관제탑과 같은 기능을 수행한다. 컨테이너 터미널 전체를 조망할 수 있는 위치에 있다. 공항 관제탑이 항공기의 이륙과 도착을 관리하는 것과 마찬가지로 관제탑은 컨테이너선의 하역작업과 컨테이너 배치 계획 등을 통제 · 관리한다.

(7) 컨테이너 정비소(Maintenance Shop)

컨테이너 정비소는 컨테이너 터미널 운영 시 필요한 항만시설이나 부두에서 사용하는 컨테이너 차량, 하역기기, 각종 장비를 검사 · 점검, 유지 · 보수, 손상된 부분의 수리를 담당한다. 마치 시외버스 터미널에 버스의 정비창이 있는 것과 유사하다.

(8) 출입구(CY gate)

출입구는 컨테이너 터미널을 출입하는 FCL 화물이나 공컨테이너가 출입하는 출입구를 말한다. 여기서 CY는 보세구역이므로 출입구는 검문이 필요하다. 게이트 통과 시 컨테이너 화물의 인수에 필요한 서류 확인, 통관 봉인의 유무 확인, 컨테이너 중량 측정 등이 이루어지며, 화물인수에 필요한 서류인 수출신고필증(Export Permit)과 수입신고필증(Import Permit)도 이곳에서 확인한다.[9]

2) 컨테이너 터미널 기기

(1) 갠트리 크레인

갠트리 크레인은 컨테이너선에서 컨테이너를 들어 올려서 부두로 하역하거나 부두에서 컨테이너선으로 컨테이너를 적재하는 대형 기중기를 말한다. 컨테이너 전용 부두 에이프런에 설치되어 있으며, 레일을 활용하여 이동한다. 시간당 30~40개의 컨테이너를 처리할 수 있다.

▲ 갠트리 크레인

(2) 스태래들 캐리어

스태래들 캐리어는 컨테이너 터미널 내에서 컨테이너를 차량 안에 넣고 운반하는 차량을 의미한다.

(3) 샤시

샤시는 컨테이너를 탑재하는 차대를 의미한다.

(4) 윈치 크레인

윈치 크레인은 컨테이너를 샤시에 탑재할 때 사용하는 기중기이다.

(5) 포크 리프터

포크 리프터는 컨테이너 터미널 내에서 컨테이너 화물을 트럭에 적재하거나 트럭에 양하할 때 사용되는 차량을 말한다. 보통 지게차라고 한다.

(6) 야드 트랙터

야드 트랙터는 컨테이너 터미널 내에서 컨테이너를 이동시키기 위한 컨테이너 운반용 트럭을 말한다.

(7) 트랜스퍼 크레인

트랜스퍼 크레인은 이동식 컨테이너 취급 장비로 컨테이너를 차곡차곡 수직으로 적재하거나 내리는 데 사용한다. 시간당 30개 정도의 컨테이너를 처리한다.

그림 8-1 컨테이너 터미널 형태

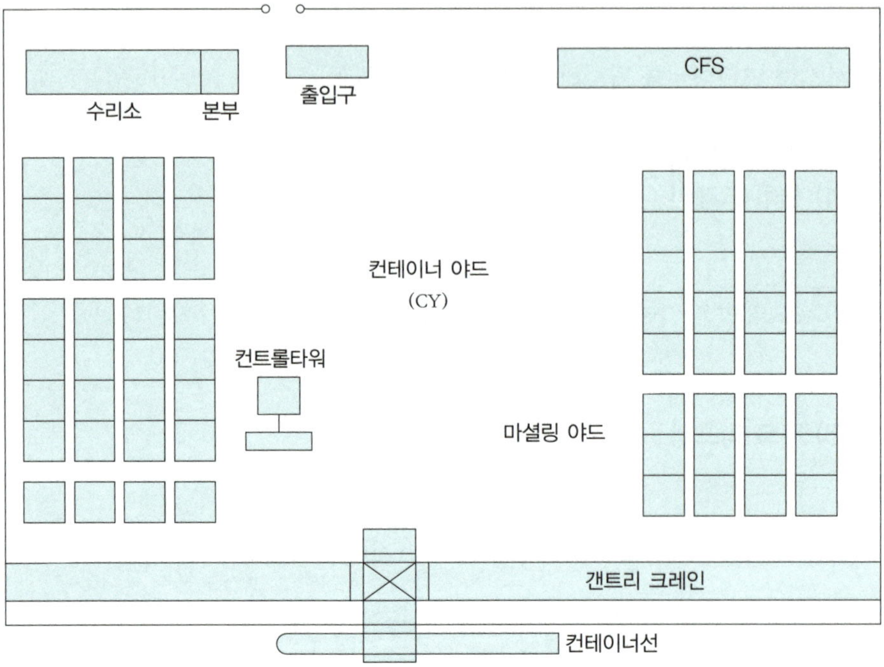

Box 8-2 컨테이너 봉인과 전자봉인

컨테이너 봉인(Container Seal)

컨테이너에 화물을 적입한 상태에서 시봉(施封)하는 금속제 봉인으로 식별을 위한 기호 및 번호가 붙어 있는 장비이다. 봉인 상태에 의하여 도난, 변조 등의 부정행위의 유무, 화물의 이상 유무를 알 수 있는데 Container Seal이 파손되거나 바뀌거나 분실되면 수화주는 운송인에게 변상책임을 물을 수 있고 운송인은 이에 따라 변상책임을 부담해야 한다.

화주는 컨테이너에 화물을 적입하고 봉인을 한 이후 수량과 중량 등의 정보를 적하목록 등 선적서류에 기입하여 수화주에게 보내고, 수화주는 화물 도착 후 봉인의 이상 유무와 화물이 선적서류에 맞게 도착하였는지를 확인하게 된다. 수화주는 컨테이너가 도착하면 봉인을 절단한 후에 화물을 인출하게 된다.

전자봉인(Electronic Seal)

전자시건장치의 문이 비정상적인 형태로 개폐됨을 감지하거나 비정상적인 개폐의 시도를 감지하여 주변의 리더(reader)에게 알리고 그 이력을 유지하는 능동형 전자식별(RFID)장치를 말한다. 전자봉인은 기계적 Seal과 RFID가 함께 결합한 형태로 사용되고 있으며, Seal의 파손 유무 확인, 물리적인 보안, 데이터 정보처리 등이 가능하다. e-Seal의 종류로는 RF, 적외선(IR), 접촉, 원격 방식 등이 있으며, 이는 다시 수동형 또는 능동형 방식으로 크게 분류될 수 있다. 송하주가 전자봉인을 한 이후 해당 정보를 통신망을 이용해 수하주에게 보내고, 수하주는 그 정보를 이용하여 도착지에서 화물의 안전여부를 확인하게 된다.

컨테이너보안장치(ConTracer))

ConTracer는 컨테이너 내부에 부착되어 컨테이너 내부의 온도, 습도 및 컨테이너에 가해지는 충격 감지 등 컨테이너 운송 중 상태 확인이 가능하다. 또한 컨테이너 문이 2인치 이상 열리면 이를 1초 내에 감지하고 GPS/GLONASS를 이용하여 수집한 글로벌 위치를 포함한 컨테이너 상태 정보를 사물인터넷 기반 통신을 활용하여 실시간으로 원격지 서버로 전송한다. ConTracer의 장점으로는 첫째, 전자봉인의 경우 컨테이너 외부에 부착되지만 ConTracer는 컨테이너 내부에 부착되기 때문에 운송도중 파손 위험을 최소화한다. 둘째, 전자봉인이 일회용으로 사용되는 반면 ConTracer는 재사용이 가능하다. 셋째, ConTracer는 기존의 RFID 기술 대신에 IoT 기술과 GPS/GLONASS를 기반으로 하여 글로벌 실시간 통신이 가능하므로 컨테이너가 전 세계 어디에 있든지 내부 상태 확인 및 보안이 가능하다.

출처 : 송선옥, 『국제운송론』, 두남, 2017, p.141. ; 문영식 · 최성필 · 이은규 · 김재중 · 최형림, 「IoT기반 컨테이너 보안 장치 및 시스템 성능평가」, 『한국정보통신학회논문지』, 제17권 제9호, 2013, p.2183.

3.3 내륙컨테이너기지

내륙컨테이너기지(Inland container depot ; ICD)는 항만이 아닌 내륙지방에 설치한 컨테이너 화물 집결지이다. 내륙지역에 컨테이너기지가 설치되어 있으면 송하인은 구태여 항만에 위치한 컨테이너 터미널까지 가지 않고도 컨테이너 화물을 먼저 내륙컨테이너기지로 반입함으로써 운송 관련 업무를 마치게 될 것이다. 내륙컨테이너기지의 역할은 마치 항공운송에서 삼성동에 위치한 공항터미널과 같다. 승객들이 인천공항에 가서 출국 수속을 밟으려면 시간이 많이 지체된다. 따라서 공항터미널에 간 다음 해당 항공사 게이트에 가서 출국 수속을 마친다. 그리고 화물도 거기에서 부치고, 승객은 공항버스를 타고 인천공항에 가면 된다. 마찬가지로 내륙컨테이너기지에 집결된 화물은 컨테이너 전용열차 등을 활용하여 컨테이너 터미널로 보낸다.

1) 의왕 ICD

의왕 내륙컨테이너기지는 경기도 의왕시에 위치한 동양 최대 규모의 종합물류기지이다. 수도권에 들고 나가는 컨테이너 화물의 원활한 운송과 처리를 위하여 설립되었다. 컨테이너 화물의 보관, 하역, 운송, 배송 등을 담당하는 물류거점으로 내륙수송기지 역할을 하고 있다. 또한 철도를 이용하여 부산과 광양의 화물을 수도권으로 수송하며, 수출입화물의 통관도 여기서 하고 있다. 의왕 내륙컨테이너기지는 2018년 현재 제1터미널과 제2터미널로 구성되어 있으며, 부지면적은 대략 23만 평에 달하고 있다. 입주기관으로는 안양세관, 농림축산검역본부 의왕사무소, 보세화물창고, 차량정비고, 컨테이너 정비고, 주유소 등이 있다. 2018년 현재 연간 총 137만 TEU 컨테이너 화물을 처리하고 있다.[10]

2) 양산 ICD

양산 내륙컨테이너기지는 부산항 북항 및 신항의 인접 배후지역인 경상도 양산시에 위치한 내륙항만으로 경남, 부산을 비롯한 영남권 일대의 물류를 담당하고 있는 복합물류기지이다.

양산 내륙컨테이너기지의 역할은 다음과 같다.

첫째, CY, CFS 기능을 수행하는 컨테이너 터미널 기능을 수행한다.

둘째, 부산 및 영남권의 교통 요충지에 위치해서 수출입화물을 도로망을 이용하여 내륙과 항만으로 운송하는 연결기지 역할을 수행한다.

셋째, 내륙 통관기지로서 수출화주는 공장에서 컨테이너에 화물을 적입하고 ICD에 컨테이너를 반입한 뒤 관세사를 통하여 통관수속을 밟는다.

넷째, 컨테이너 화물을 철도를 이용하여 수도권과 영남권으로 운송한다.

3.4 컨테이너 운송 실무

여기서 CY, CFS는 각각 Container Yard와 Container Freight Station의 약자이다. CY는 FCL 화물을 적재해 놓은 장소이며, CFS는 LCL 화물을 받아서 혼재하는 장소이다. FCL 화물은 한 컨테이너 박스를 한 회사 화물로 가득 채운 경우를 말한다. LCL 화물은 한 회사 화물로는 컨테이너 박스 하나를 채울 수 없어 여러 회사의 소규모 화물들로 채운 컨테이너 박스를 의미한다. 화주들이 트럭이나 기타 운송수단으로 터미널에 화물을 반입하면 처음부터 공장에서 하나의 컨테이너에 화물을 채운 FCL 화물은 그대로 CY에 적재된다. 한편 하나의 컨테이너 박스에 화물이 가득 채울 정도가 아닌 경우는 각자가 별개로 포장해서 화주들이 컨테이너 터미널 CFS에 가져가, 혼재업자들이 거기서 컨테이너에 적입한다.

Box 8-3 컨테이너 수출화물 운송절차[11]

1. Shipping schedule 확인 및 선박 수배
2. Shipping Request(S/R) 하주가 선사 및 그 대리점에 선적 예약(부킹)
3. 선박회사는 화물선적예약서(Booking Note)를 작성하여 컴퓨터에 입력
4. 화물인수예약명세서(Booking List)를 관계 지점에 송부
5. CY 오퍼레이터는 선박회사의 지시에 따라 빈 컨테이너를 화주에게 대출해 주고 기기수도증(Equipment Interchange Receipt ; EIR)을 접수
6. FCL 화물의 화주는 비어 있는 컨테이너에 화물을 적입하고 봉인한 후 Container Yard에 입고시킴
7. CY 오퍼레이터나 CFS 오퍼레이터는 컨테이너 화물을 인수하고 영수증으로 부두수취증(Dock Receipt ; D/R)에 서명한 후 하주에게 전달함
8. 화물을 싣고 목적지로 항해할 본선이 입항하면 CY 오퍼레이터는 갠트리 크레인을 활용하여 컨테이너를 본선에 적재함
9. 부두수취증(D/R)을 받은 화주는 이를 선사에게 제출해 선하증권과 교환함
10. 선적 완료 후 CY 오퍼레이터는 적부도(stowage plan)와 특수화물 목록을 작성하고 이를 선사나 관계기관에 배포
11. 선적 절차가 완료되면 수출상은 지체 없이 수입상에게 선적통지 및 선하증권 사본을 송부함

출처 : 산업자원부 · 한국무역협회, 「2006 Trade Incubator 무역실무」, p.325.

4. 컨테이너 화물의 종류와 운송 형태

4.1 화물의 종류

1) FCL 화물과 LCL 화물

컨테이너 화물은 FCL 화물과 LCL 화물로 구분할 수 있다.

(1) FCL 화물

FCL 화물은 Full Container Load의 약자로 하나의 컨테이너가 송하인 한 사람의 화물만으로 만재되는 경우를 말한다. 따라서 FCL 화물은 바로 컨테이너 야드(CY)로 반입되어 선적 대기한다.

(2) LCL 화물

LCL 화물은 Less than Container Load의 약자로 하나의 컨테이너를 여러 명의 송하인 화물로 채우는 화물을 말한다. 즉, 소량화물이어서 하나의 컨테이너를 한 명의 송하인 화물로는 다 채울 수 없는 경우이다. 이러한 경우 동일 목적지로 가는 여러 송하인의 화물을 모아서 하나의 컨테이너에 적입(consolidate)하는 과정을 거쳐야 한다. 이러한 혼재작업은 CFS에서 행해진다.

4.2 화물의 운송 형태

(1) CY/CY(FCL/FCL)

컨테이너 운송의 특징을 가장 잘 살린 운송방식이라고 할 수 있다. 이 컨테이너 운송 방식은 수출국 터미널의 CY에서 수입국 터미널의 CY까지 물품을 운송하는 방식이다. 운송 도중에 화물이 들어 있는 컨테이너를 개폐하지 않고 처음 출발지서부터 목적지 끝까지 컨테이너를 일관 운송하는 방식이다. 따라서 door to door 서비스를 가장 잘 구현한 방식이라고 할 수 있다.

(2) CY/CFS(FCL/LCL)

이 컨테이너 운송 방식은 수출국 터미널의 CY에서 수입국 터미널의 CFS까지 물품을 운송하는 컨테이너 운송 방식이다. 이 방식은 수출국에서는 한 회사가 모든 물품을 조달하고, 수입지에서는 여러 명의 수입업자가 물품을 배분해 사용하는 운송방식이다. 따라서 수입국 터미널의 CFS에서 컨테이너에 적재되었던 물품을 꺼내서 수입업자들이 가져가는 방식이다. 결국 수입업자들의 최종 목적지는 각자 주거지나 매장이 될 것이다. 그러므로 이 방식은 수입업자의 최종 목적지까지 운송한 것은 아니므로 door to door 서비스를 구현했다고 할 수는 없다.[12]

(3) CFS/CY(LCL/FCL)

이 컨테이너 운송 방식은 수출국 터미널의 CFS에서 수입국 터미널의 CY까지 물품을 운송하는 방식이다. 이 방식은 수출국에서는 여러 회사가 물품을 조달하나 수입회사는 대규모 회사여서 하나의 회사가 여러 명의 수출업자로부터 물품을 수입할 때 사용하는 운송방식이다. 수출상이 여러 명이므로 각 수출업자가 트럭으로 화물을 싣고 온 후 수출지 터미널의 CFS에서 공컨테이너에 적입해 수입국으로 운송한 후 한 명의 수입업자에게 물품을 인도할 때 사용하는 운송방식이다. 이 방식은 최초의 화물 발송지에서는 컨테이너에 적입되지 못하였다. 컨테이너에 화물이 혼재된 것은 수출국 터미널의 CFS였다. 그러한 의미에서 본다면 이 방식 역시 door to door 서비스를 완전히 구현했다고는 할 수 없고, 부분적으로 구현하였다.[13]

(4) CFS/CFS(LCL/LCL)

이 컨테이너 운송은 재래식 운송방식에 가까운 컨테이너 운송 방식이라고 할 수 있다. 이 컨테이너 운송 방식은 운송구간 측면에서 볼 때, 수출국 터미널의 CFS에서 수입국 터미널의 CFS까지 물품을 운송하는 방식이다. 이 운송방식은 수출상이 여러 명이고 수입상도 여러 명일 경우 사용된다. 따라서 수출업자는 화물을 운송하기 위하여 먼저 자신의 공장에서 화물을 트럭에 적재하여 수출지 터미널의 CFS까지 운송하고, 수출국을 떠난 화물은 컨테이너에 실려서 수입국의 터미널에 도착한다.

여기서 수입국 터미널의 CFS에서 컨테이너에 실린 화물은 여러 명의 수입업자에게 배분될 것이다. 각 수입업자는 각자의 트럭에 실어서 최종 목적지까지 자신의 수입품을 운반해갈 것이다. 따라서 이 운송방식은 결국 Port to Port 운송이라는 종래의 전통적인 국제운송서비스와 유사한 서비스를 구현하였다고 볼 수 있다. 그러나 엄밀하게 말하면, 과거의 항구와 항구를 연결하는 국제운송과는 다르다고 할 수 있다. 왜냐하면, 컨테이너라는 용기를 사용하여 선적과 하역에서 신속성과 경제성을 확보했기 때문이다.[14]

Box 8-4 컨테이너 운송의 역사

컨테이너 운송은 국제운송의 모습을 바꾸어 놓았다. 컨테이너 운송 방식이 도입되면서 복합운송과 일관운송이 가능해졌다. 이 결과 하역속도가 빨라지면서 경제적 비용도 감소하였다. 또한 한 번 컨테이너에 화물을 적입하면 도난 염려가 줄어들어서 안전성도 확보되었다. 처음 해운산업에 컨테이너 운송을 도입한 사람은 미국 트럭운송 산업의 거물이었던 말콤 퍼셀 맥린(Malcom P. McLean)이었다.

▲ 컨테이너 터미널

제2차 세계대전 후 물동량이 늘면서 고속도로 정체가 심해지자 트럭운송이 어렵게 되었다. 맥린 사장은 고속도로를 사용하는 대신, 아예 트럭 트레일러를 배에 실어서 해상으로 운송한 뒤, 다른 해안의 부두에 내리게 하는 방안을 고안하였다. 그 이후 맥린 사장은 선박에 트럭 트레일러를 실을 것이 아니라, 트럭에서 트레일러를 분리하여, 짐을 실은 트레일러만 배에 싣고 가는 아이디어를 생각해냈다. 1955년 엔지니어였던 탄틀린거(Tantlinger)가 맥린과 만나면서 컨테이너 제작이 본격화되었다. 이후 강철공장을 운영하고 있던 시드니 매킨타이어가 컨테이너 박스를 들어올릴 수 있는 크레인을 개발하였다. 맥린 사장은 팬애틀랜틱선박회사를 차려서 컨테이너 운송을 시작하였으며, 이 회사는 나중에 시랜드회사로 상호를 변경하였다.

처음 국내 운송에만 사용되었던 컨테이너 운송은 1966년 시랜드사 선박이 컨테이너를 싣고 대서양을 횡단한 이후 본격적으로 국제운송에 도입되기 시작하였다. 이후 네덜란드의 로테르담 항구도 컨테이너 운송에 참여하기 시작하였으며, 영국의 팰릭스토우 항구도 컨테이너 항구로 개발되었다. 아시아에서는 1965년 말레이시아로부터 독립한 싱가포르가 독립하자마자 컨테이너 항구 개발에 노력을 기울였다. 싱가포르는 1971년 컨테이너 터미널을 개장하였으며, 이후 컨테이너 운송은 여러 나라로 확산되었다. 이와 동시에 철도회사들도 컨테이너 운송에 참여하기 시작하면서 기차, 트럭, 선박이 통합되는 일관운송의 개념이 완성되었다.

출처 : 마크 레빈슨, 『THE BOX : 컨테이너 역사를 통해 본 세계경제학』(김동미 역), 21세기북스, 2008.

5. 컨테이너 운송과 보안

21세기 들어 정규전보다는 비정규전이 두드러지게 나타나고 있다. 그 결과 테러사건이 빈발하고 있다. 이후 제도적인 대응 면에서 정보 수집과 분석 능력의 향상을 위해 CSI를 비롯한 다양한 보안강화프로그램이 도입되었다. 그중에서도 가장 대표적인 컨테이너 보안프로그램이 CSI, 24 Hour Rule, C-TRAT이다.

5.1 컨테이너 보안협정(CSI)

컨테이너 화물 운송에서 송하인이 운송품을 컨테이너에 채워서 봉인을 하고 컨테이너 야드(CY)에 반입되는 FCL 화물의 경우 컨테이너 내부에 어떤 물건이 들어 있는지 알기 어렵다. 따라서 컨테이너는 그 내용물을 확인하는 데 많은 비용과 시간이 드는 치명적 약점을 갖고 있으며, 검사를 하더라도 검사 인력과 기술, 장비 등의 제약 등이 따르게 된다.

1) 의의

CSI는 'Container Security Initiative'의 약어로 미국 세관이 9.11 테러 이후 외국의 주요 항구에 미국 공무원을 파견하여 컨테이너가 미국으로 반입되기 전에 위험도가 높은 컨테이너를 특정하여 검사하는 수입 컨테이너 화물보안프로그램이다. 2014년 현재 35개국 60개 항구와 협정을 체결하였다.[15]

2) 목적

CSI 시행 목적은 미국 관세청 직원을 해외 항구에 파견하여 위험성이 높은 화물을 미리 검사함으로써 미국행 화물의 안전도를 높이려는 데 있다. 그렇게 하기 위해서 CSI는 컨테이너를 차량에 적재한 채 검사할 수 있는 VACIS 장비, 대규모 X선 투시기, 감마투시기계(Gamma-Ray) 및 크레인에 탑재된 방사선탐지 시스템 등과 같은 최첨단기술 등을 활용하고 있다.

3) 우리나라의 CSI

(1) CSI의 필요성

첫째, 3면이 바다인 우리나라는 무역규모가 세계 11위이며, 제8대 해운국가로 해상을 통한 무역이 차지하는 비중이 높아 해상 수출화물에 대한 안전 확보가 필수적이므로 이에 적극적인 동참이 필요하다.

둘째, CSI협정 미체결 시 우리나라 선박에 대한 입항 거부나 통관지연 등 수출업체와 선사에 미치는 불이익을 방지하고, 미국행 환적화물을 적극 유치하기 위함이다.

셋째, 안전한 해상무역 인프라를 구축하여 수출화물의 신속한 통관을 확보함으로써 무역업체 및 선사의 물류비용 절감 효과를 기대할 수 있다.[16]

(2) CSI의 시행

우리나라 CSI는 2002년 9월 워싱턴에서 개최된 한미관세청장회의에서 CSI 체결에 원칙적인 합의를 한 것에서 출발하였다. 이후 2003년 1월 서울세관에서 CSI에 한미 관세청장이 서명함으로써 정식 체결되었다. 정식 체결의 후속조치로 'CSI한미세관합동사무소' 를 부산항에 설치하였고, 2003년 8월 1일 미국 CSI팀이 부산항에 도착한 이후 2003년 8월 4일부터 양국 간 합동근무를 하고 있다.

(3) CSI업무 운영절차

첫째, 검사대상 컨테이너의 선정 단계이다. 우리나라 선사 등이 미국 관세청에 선적 24시간 전에 제출하는 적하목록 정보를 토대로, 미국의 적하목록 자동선별 시스템(ATS)을 이용한 분석을 통해, 우범 컨테이너를 선별하여 미 파견 세관직원에 통보한다.

둘째, 미국 CSI요원이 고위험 검사대상을 선별하여 우리 측에 제시하면 우리 직원은 검사하고자 하는 화물에 대한 각종 정보자료를 토대로 검사 여부 의견을 제시하고 협의를 통해 최종 검사대상을 선정한다.

셋째, 검사 실시 단계이다. 1차적으로는 컨테이너 검색기(VACIS) 등 과학검색장비를 최대한 활용하여 검사를 실시하며, 의심되는 경우 정밀한 개장검사를 병행하여 실시하고 있다.

넷째, 검사 후 조치 단계이다. 검사 후 이상이 없는 컨테이너는 즉시 이동시켜 선적하지만, 검사결과 부정수출물품이 발견된 경우에는 관계법령에 따라 처리하

고 안전위해물품 적발 시에는 유관기관과 공조하여 처리하고 있다.[17]

5.2 24 Hour Rule

1) 의의

과거에는 선박이 입항하거나 항공기가 착륙할 때 운송회사 등이 미국 세관(Customs and Border Protection ; CBP)에 적하목록을 제출하였다. 24 Hour Rule은 적하목록의 정보를 그 시기를 앞당겨서, 외국의 항구에서 선적하기 24시간 전에 미국 세관에 전자적 수단으로 제출하는 제도이다. 즉, 미국행 컨테이너가 외국 항구에서 선박에 적재되기 24시간 전까지 관련 화물정보를 미국 세관에 신고하도록 의무화한 규칙이다.

2) 목적

본 제도를 도입하게 된 근본적인 목적은 CSI 실행을 촉진하기 위하여 미국 세관직원이 컨테이너 내용물을 사전에 분석함으로써 미국행 컨테이너가 해외 항구에서 적재되기 전에 잠재적 테러위험을 찾아내도록 도와주는 것이다.

3) 주요 내용

(1) 적하목록전송 신고자

24시간 규칙의 실시에서 당사자는 선사지만 NVOCC(무선박운송인)도 당사자에 포함된다. 따라서 화물을 적재한 선박이 미국 항구에 입항하려면 우선적으로 모든 운송인은 그 선박이 외국 항구에서 화물이 선적되기 24시간 전에 전자양식으로 미국 세관에 화물의 적하목록을 신고해야 한다.[18] 선사 이외에도 NVOCC가 외국 항만에서 선적하기 위하여 선사에 화물을 인도하는 경우에는, NVOCC도 외국 항만에서 선적되기 24시간 전에 전자적으로 화물적하목록 정보를 송부하도록 의무화하고 있다.

(2) 적하목록전송 신고 및 예외 사항

운송인이나 NVOCC가 신고해야 할 사항은 크게 화물정보 내용, 컨테이너 정보 및 선박 정보로 구분되며, 총 14개 항목이다. 그러나 원유, 곡물, 철광석 같은 벌크화물이나 컨테이너에 적재되지 않았지만 포장되거나 묶어진 화물을 전문으로 수송하는 운송인 등은 외국 항구에서 선적 24시간 전에 신고하지 않아도 된다.[19]

(3) 24 Hour Rule 위반 시 제재

본 규칙에 따라 선박회사나 NVOCC가 적하목록 정보를 제출하지 않거나, 정해진 시간 내에 신고하지 않으면, 그리고 데이터 자체가 위조 변조 등 조작된 경우에는 최초 위반 시 운송인에게 미화 5천 달러씩 벌금이 부과되고, 그 다음의 위반부터는 1만 달러의 벌금이 부과된다. 또한 미국 세관은 2003년 5월 4일부터 화물명세의 기재가 불비한 화물, 즉 24시간 규칙을 위반한 해상운송인이나 NVOCC에게 적재금지 메시지(Do Not Load)를 띄운다. 적재금지 메시지를 무시하고 특정 컨테이너를 적재한 운송인이나 NVOCC는 미국 항만에서 이 컨테이너를 하역하는 허가가 거부된다.

5.3 C-TPAT

1) 의의와 목적

미국의 C-TPAT(Customs-Trade Partnership Against Terrorism)의 목표는 해외 판매자로부터 미국의 국경에 이르는 전체 공급망에 대한 안전을 강화하여 국경 안전과 안보를 보장하면서 무역을 원활화하기 위해 공급망의 안전을 유지 · 발전시키는 것이다.[20]

2) 운영현황

2002년 4월에 정식 출범한 이래로, C-TPAT에 참여하는 기업체 수가 꾸준히 증가하고 있으며, 2018년 현재 국제 공급망에서 중요한 역할을 담당하고 있는 1만 개 이상의 기업이 C-TPAT에 가입하여 승인된 회원으로 활동하고 있다. C-TPAT 회원에 대한 CBP의 검사 비율이 C-TPAT에 가입하지 않은 비회원에 비해 4.1배 감소한 것으로 측정되었다.[21]

3) 참가혜택

C-TPAT에 가입하게 되면 민간업체는 CBP로부터 다음과 같은 혜택을 제공받게 된다.

첫째, 국경에서 지체시간과 검사를 줄여준다.

둘째, 보안활동 관련 자체 정책수립과 관리가 가능하며, 수입자의 경우는 자율신사프로그램을 운영할 수 있는 자격이 주어진다.

셋째, 신속통로를 이용할 권한이 부여되어 수입 시 검사가 축소된다.[22]

4) 보안기준

C-TPAT는 항공운송인, 항공운송화물혼재업자, 해상운송중개인, 무선박해상일반운송인, 관세사, 제조업자, 철도운송인, 항구터미널 운영업자에 대한 보안 가이드라인과 C-TPAT 가입자인 철도운송인, 외국 제조업자, 고속도로 및 해상운송인, 수입자를 위한 보안기준을 각각 마련하고 있다. 그 주요 내용은 사업파트너에 대한 요구사항 , 컨테이너 보안, 물리적 접근 통제, 인적 안전, 절차적 안전, 안전훈련과 위협에 대한 인식, 물리적 안전, 정보기술 안전 등이다.[23]

요약

컨테이너 운송은 운송의 혁신을 가져온 수송혁명이라고 할 수 있다. 컨테이너 운송이 출현하기 전만 하더라도 화주들은 전형적인 살물선을 활용하여 해상운송을 하였다. 그때에는 다양한 종류의 수많은 물건들을 화물선이 운송하였다. 이때에는 동물, 식물, 공산품 등 다양한 종류의 화물을 처리할 수밖에 없었다. 따라서 선적이나 하역 작업에 많은 시간과 비용이 소요되었다. 그러나 컨테이너 운송이 확산됨에 따라 운송의 개념이 바뀌었다. 그 전에는 다양한 화물을 운송하는 것이 해상운송이었다면, 컨테이너 운송에서는 오직 컨테이너 박스 한 종류의 화물만을 운송하였다. 운송 물건의 가지 수가 수천 건에서 단 한 종류로 단일화됨에 따라 선박에서 물건을 부두로 내리는 하역작업과 항만 부두에서 선박에 물건을 싣는 선적작업이 매우 간소화되었다. 이러한 변화는 시간이 절약되므로 신속성이 보장되고 기계화에 따라 인건비가 절약되어 경제성을 보장하였다. 또한 철제 박스 안에 물건을 넣고 봉인을 하였으므로 절도 등의 위험이 없어져 안전성이 확보되었다. 또한 운송시간, 선적시간, 하역시간이 단축되었으므로 신속성도 보장된다. 2001년 9.11 테러 발생 이후 대응조치로 미국 정부는 우선 체제를 정비하는 면에서 세관통제와 국정감시 기능을 중시하여 재무성 산하 관세청(현 CBP)을 신설된 국토안보부(DHS) 산하로 이관하였으며, 제도적인 대응 면에서는 정보수집과 분석능력의 향상을 위해 CSI를 비롯한 다양한 보안강화 프로그램을 도입하였다. 특기할 점은 미국이 미국 항만에 그치지 않고 외국을 포함하는 방어망을 강화하고 있다는 점이다. 9.11 테러 직후로부터 최근까지 취해진 미국 세관의 보안조치들은 여러 가지가 있으나, 그중에서도 가장 대표적인 컨테이너 보안프로그램(container security program)은 CSI, 24 Hour Rule, C-TRAT이다. 미국은 이들을 통해 선적항으로부터 미국으로 반입되는 수입컨테이너의 안전성을 확보할 수 있도록 의도하고 있다.

연습문제

토론주제

1. 컨테이너 운송의 의의를 토론하시오.
2. 컨테이너 운송 보안조치에 대하여 토론하시오.

일반문제

1. reefer container에 대하여 설명하시오.
2. open top container에 대하여 설명하시오.
3. ventiliated container에 대하여 설명하시오.
4. Lo/Lo선에 대하여 설명하시오.
5. Lash선에 대하여 설명하시오.
6. Marshalling Yard에 대하여 설명하시오.
7. 스트래들 캐리어에 대하여 설명하시오.
8. container seal에 대하여 설명하시오.
9. ICD에 대하여 설명하시오.

10. CSI에 대하여 설명하시오.

11. CFS에 대하여 설명하시오.

12. Berth에 대하여 설명하시오.

심화문제

1. 컨테이너 운송이 가져온 효과에 대하여 설명하시오.
2. 컨테이너선의 종류에 대하여 설명하시오.
3. 컨테이너 화물의 종류에 대하여 설명하시오.
4. 컨테이너 화물의 선적 절차를 설명하시오.
5. 컨테이너 운송 보안조치를 설명하시오.

참고문헌 및 미주

1. 마크 레빈슨, 『THE BOX : 컨테이너 역사를 통해 본 세계경제학』(김동미 역), 21세기북스, 2008, p.59.
2. 마크 레빈슨(2008), 참조.
3. 한상현, 『국제운송론』, 두남, 2018, p.152.
4. 한상현(2018), p.159.
5. 한상현(2018), p.159.
6. 마크 레빈슨, 『THE BOX : 컨테이너 역사를 통해 본 세계경제학』(김동미 역), 21세기북스, 2008, p.318.
7. 경운범, 『국제운송론』, 형설출판사, 2005, p.206.
8. 한상현(2018), p.166.
9. 한상현(2018), p.167.
10. 한상현(2018), p.171.
11. 산업자원부 · 한국무역협회, 『2006 Trade Incubator 무역실무』, p.325.
12. 정용균, 『무역상무론』, 청람, 2019.
13. 정용균(2019) 참조.
14. 정용균(2019).
15. 송선옥, 『국제운송론』, 두남, 2017, p.47.

16. 한상현(2018), p.171.

17. 한상현(2018), p.171.

18. 이것은 미국 세관이 종전 입항 48시간 전에 신고토록 한 규정을 화물보안검색을 위해 앞당긴 것이다. 한상현(2018), p.171.

19. 한상현(2018), p.194.

20. 송선옥, 『국제운송론』, 두남, 2017, p.53.

21. 한상현(2018), p.196.

22. 송선옥(2017), p.54.

23. 한상현(2018), p.171.

1. 복합운송의 정의

2. 복합운송인

3. 해륙(Sea & Land)복합운송경로

4. 해공(Sea & Air)복합운송경로

5. 복합운송증권

복합운송

복합운송의 출현으로 극동지역에서 세계 각국으로 door to door 서비스가 가능해졌다.

— **織田政夫, 『국제복합운송실무』**(김종수 · 박영배 · 한낙현 역)

복합운송의 출현 이전에는 국제운송이 port to port 서비스를 의미하였다. 즉, 한국의 부산에서 미국의 로스엔젤레스 항구까지 운송하는 것이 국제운송이었다. 그러나 컨테이너 박스의 출현 이후 국제운송은 이종의 운송수단을 결합한 복합운송의 시대가 되었다. 이 결과 수출상의 창고에서 수입상의 문 앞까지 화물을 수송해 주는 door to door 서비스가 가능해졌다. 처음에는 아메리칸 랜드브릿지 등 해륙복합운송이 활성화되었으나 최근에는 항공운송과 해상운송을 결합한 해공복합운송이 출현하고 있다.

1. 복합운송의 정의

1.1 정의

복합운송은 두 개 이상의 운송수단을 결합하여 전체 운송구간을 운송하는 운송방식을 말한다. 따라서 여러 가지 운송수단을 결합하여 운송했다는 의미로 combined transportation이라 하기도 하고, 여러 방식의 운송수단을 활용한다는 차원에서 multi modal transportation이라고도 한다. 복합운송의 특징 중 하나는 전체 운송구간을 한 명의 복합운송인이 혼자서 책임을 진다는 것이다. 복합운송이 가능해지면서 과거의 항구에서 항구까지 운송하던 port to port service던 것이 이제는 생산자 공장의 문에서 수입자의 창고나 백화점 문 앞까지 운송을 해주는 door to door service가 가능해졌다. 이처럼 복합운송이 가능해지면, 하주나 송하인의 입장에서는 국제운송하기가 매우 편리해질 것이다.

예를 들어, 서울에서 최종 목적지가 미국의 워싱턴 DC라면, 먼저 서울에서 부산까지 경부고속도로로 트럭으로 운송하고, 부산에서 시애틀까지 해상운송하고,

시애틀에서 워싱턴 DC까지 철도로 운송한다고 하자. 이러한 복합운송의 경우, 화주는 단지 복합운송인하고 운송계약을 체결하기만 하면 된다. 만일 그가 복합운송 방식을 사용하지 않고 개별적으로 전 구간을 운송하려면, 먼저 춘천에서 부산까지 운송하는 트럭회사와 먼저 운송계약을 체결하고, 그 다음에 부산에서 미국 시애틀까지 해상운송하기 위하여 선박회사와 운송계약을 체결해야 할 것이다. 마지막으로 미국 시애틀에서 워싱턴 DC까지 철도운송하기 위하여 미국의 철도회사와 연락해야 할 것이다. 그만큼 번거로울 것이다. 그러나 복합운송인과 복합운송계약을 체결하게 되면, 하주는 단 한 번 운송계약을 체결하면 된다.[1]

서울 →→→→→	부산 →→→→	시애틀 →→→→→	워싱턴 DC
경부고속도로	선박	철도	

1.2 배경

국제운송에서 화물은 항상 연속되는 운송기관들에 의해 운송되어 왔다. 국제운송에서는 예전부터 통(通)운송 관점이 받아들여지고 있었다. 컨테이너 등 기술이 발전하면서 현대에 이르러 통운송의 개념이 보다 발전한 것이 복합운송이다. 운송시간에는 속도와 신뢰성의 양면이 있다. 신뢰성은 통상 출발시간, 운송시간 및 인도시간의 확실성으로 형성되는데, 많은 경우 출발시간이 확실한지의 여부로 신뢰성의 정도가 판단되어진다. 또한 속도의 요인에서도 화물의 환적시간에 의해 속도와 운송시간이 변화하기 때문에, 운송수요자의 시각으로 보면 운송서비스를 운송수단이 두 지점을 움직이는 것으로 생각하기보다 오히려 환적이나 집적장소에서의 하역시스템이 어느 정도 효율적인지의 여부로써 판단한다.[2] 20세기 후반 들어 싱가포르 항구, 로테르담 항구 등 국제적인 허브항만이나 허브공항이 발달하면서 복합운송이 더욱 중요해지고 있다.

1.3 특징

1) 단일복합운송계약

복합운송의 가장 큰 특징은 전체 운송구간에 대하여 복합운송인이 하나의 계약을 체결한다는 점이다. 따라서 화주 입장에서 각 운송구간의 운송회사와 별도의 계약을 체결할 필요가 없다.

2) 전체 운송구간 책임

복합운송의 특징은 복합운송인이 전체 운송구간을 책임진다는 것이다. 과거에는 각 운송구간을 별도의 운송회사가 담당하였다.

3) 단일운임

복합운송은 각 구간별로 분할된 운임을 징수하는 것이 아니라 전 운송구간에 대하여 단일운임을 징수한다.

4) 이종 운송수단 결합

복합운송은 두 가지 이상의 운송수단을 결합하여 화주에게 운송서비스를 제공한다. 즉, 철도, 선박, 항공기를 활용하여 최적의 결합을 만들어낸다. 이를 통하여 door to door 서비스를 구현한다.

5) 단일 복합운송증권 발행

복합운송인은 전체 운송구간에 대하여 화주에게 복합운송증권을 발급한다. 이 증권의 발행은 복합운송책임이 복합운송인에게 단일화된다는 의미를 담고 있다.[3]

1.4 장점

1) 경제성

복합운송은 컨테이너를 활용하기 때문에 화물의 하역이나 선적에 갠트리 크레인을 활용한다. 따라서 선박의 정박기간이 대폭 단축된다. 따라서 인건비 등 하역비용이 절감된다. 또한 컨테이너 자체가 외부 포장 기능을 담당하므로 포장비용이 절감된다. 더구나 컨테어너 자체가 창고기능을 담당하므로 창고비용도 절감된다.

2) 신속성

복합운송은 일관운송을 하므로 화물이 중간에 정체되는 시간이 절약된다. 따라서 운송의 신속성이 확보된다. 이와는 대조적으로 재래식 운송은 환적 시에 화물의 적출로 인하여 많은 시간이 소요된다.

3) 안전성

복합운송은 컨테이너를 활용하기 때문에 운송 중 절도의 위험에서 자유로우며, 해수의 침입 역시 막아준다. 따라서 화물의 멸실이나 손상을 막아준다.

4) 책임의 명확화

복합운송은 복합운송인이 단일책임을 지기 때문에 분쟁이 발생했을 때 다툼의 여지가 적다. 만약 동일 구간의 세부 구간을 각각 다른 운송인이 운송증권을 발행한다면 누가 책임을 져야 하는지 명확하지 않을 것이다.

5) 운송서류의 간소화

복합운송은 단일 증권이 발행되므로 서류작성상 간소화 효과가 있다.

2. 복합운송인

2.1 복합운송인의 개념

1) 복합운송인의 정의

UN국제물품복합운송에 관한 협약에 의하면 복합운송인(Multimodal Transport Operator ; MTO)은 자기 명의로 물건의 복합운송을 인수하는 자로서, 복합운송계약을 체결하고, 송하인이나 복합운송사업에 참여하는 운송인을 대신하여 복합운송서비스의 주체로서 책임을 부담하는 자로 정의할 수 있다. 이때 복합운송인은 자신이 직접 운송을 수행하는 실제 운송인(actual carrier)일 수도 있고 단지 실제 운송인들과 계약을 체결하여 전체 운송을 구성하는 계약운송인(contractual carrier)일 수도 있다. 다만, 실제 운송인이든 계약운송인이든 복합운송인은 전 운

송구간에 걸쳐 복합운송계약상 권리 · 의무의 주체가 된다.[4]

2) 복합운송인의 유형

여러 학자들의 견해를 살펴보면, 대개 복합운송인은 운송수단의 소유 여부로 구분된다. 운송수단을 소유한 실제 운송인형 복합운송인이 처음에 등장하였지만, 복합운송 본연의 의미를 살펴보면, 운송수단을 보유하지 않고 전체를 조율하는 계약운송인형 복합운송인이 그 의미에 더 가깝다.

(1) 실제 운송인형 복합운송인

자신이 직접 운송수단인 선박이나 트럭, 항공기를 보유하면서 복합운송업을 수행하는 운송인을 말한다. 즉, 실제 운송인(carrier)형 복합운송인으로 선박회사, 철도회사, 트럭회사, 항공회사를 들 수 있는데, 복합운송 구간 중 해상구간이 차지하는 비중에 비추어 볼 때 선박회사가 대표적인 캐리어형 복합운송인이라 할 수 있다.[5]

(2) 계약운송인형 복합운송인

선박, 트럭, 항공기 등 운송수단을 직접 보유하지 않으면서 복합운송계약의 주체로서 복합운송업을 영위하는 경우로 계약운송인(freight forwarder)형 복합운송인이며, 해상운송주선업자, 항공운송주선업자, 통관업자, 컨테이너 임대업자 등이 이에 속한다. 이들은 실제 운송을 담당하는 선박회사나 항공회사에 대해서는 송하인의 입장이 되고, 운송을 위탁한 실화주에 대해서는 운송인의 입장이 된다.[6] 그리고 이를 잘 실현시킨 개념이 미국에서 연유한 무선박운송인(NVOCC)이다.[7]

3) 복합운송인의 자격요건

UN국제물품복합운송조약에서는 복합운송인의 자격요건에 관한 문제를 체약국의 국내법상 규제에 맡기고 있다. 미국의 해운법에서는 복합운송인의 면허요건을 연방해사위원회(FMC)가 충분한 경험과 자질을 갖추었다고 인정하는 자, 화물의 멸실 및 손상에 대한 손해배상책임을 보증하기 위해 재무장관이 보증하는 보증회사가 발행하는 보증서를 제출하는 자로 규정하고 있다.[8] 우리나라의 경우 복합운송인은 상법상 복합운송의 인수를 영리목적으로 장기적인 계획 아래 반복 · 계속하는 자이어야 하며, 특별히 운송수단의 소유 등에 관한 사법상의 제한은 없다. 다만, 물류정책기본법상 국제물류주선업자가 복합운송을 인수하는 복합운송인이 되는 경우 그 등록 기준으로 법인인 경우 자본금 3억원 이상, 개인인 경우 자산평가액이 6억원 이상일 것, 1억원 이상의 화물배상책임보험에 가입할 것을 요건으로 하고 있다.[9]

2.2 복합운송인의 책임 체계

1) 분할책임 체계

분할책임 체계(Network Liability system)는 운송인이 부담하는 책임의 내용이 각 운송계약에 적용되는 기존의 조약 또는 법규에 따라 결정되는 것인데, 복합운송인의 책임은 운송물의 멸실, 훼손이 생긴 운송구간을 아는 경우와 이를 알 수 없는 경우로 구분한다. 알 수 있는 경우 운송인의 책임은 운송물의 멸실 또는 훼손이 생긴 해상, 육상, 공중 등의 운송구간에 적용될 국제조약 또는 강행적인 국내법에 따라 결정된다. 그리고 알 수 없는 경우 그 손해가 해상구간에서 발생한 것으로 간주하여 해상구간에 적용되는 국제조약 등에 따른 책임한도에 따른다.[10]

(1) 장점

복합운송계약이 마치 하주가 각 운송방식별 운송인과 개별적으로 계약을 체결한 것과 같은 효과를 발생시켜 기존의 운송계약과 잘 조화될 뿐만 아니라 기존 협약사와의 충돌을 피하거나 적어도 최소한도로 줄일 수 있다.

(2) 단점

각 운송과정에 적용될 각종의 국제조약과 국내법에 의한 책임내용을 모두 올바르게 알아서 실무에 사용하기에는 어려움이 있으며, 이처럼 복잡하기 때문에 사고 발생 시 그 해결을 위한 보험회사의 비용이 증가한다.[11]

2) 단일책임 체계

단일책임 체계는 전 운송구간에 걸쳐 모두 동일 내용의 책임을 단일 운송인이 부담하는 형태로, 화물의 손해에 대하여 그 발생장소나 운송수단 여하를 막론하고 완전히 동일 원칙, 동일 내용의 책임을 부담한다.

(1) 장점

간명하기 때문에 하주와 운송인 사이에서 발생할 수 있는 분쟁을 줄일 수 있다.

(2) 단점

복합운송인으로서는 여전히 하청운송인과의 구상관계가 남아 있기 때문에 오히려 절차가 복잡하게 될 뿐만 아니라 비용도 증가하게 된다. 또한 복합운송인의 책임수준을 운송수단에 관계없이 통일시킴으로써 이미 확립되어 있는 기존의 책임수준과의 충돌이 발생하게 되며, 모든 운송방식에 알맞는 합리적인 책임원칙을 만들어내는 것도 쉬운 일이 아니다.[12]

3) Modified Uniform Liability System(변형 단일책임 체계)

분할책임 체계와 단일책임 체계를 절충한 방식으로 UN국제물품복합운송조약에서는 수정 단일책임 체계를 채용하고 있는데 그 내용은 손해 발생 구간의 확인여부에 관계없이 동일한 책임규정을 적용한다는 면에서는 동일 책임체계를 채택한 것으로 보이나 손해 발생 구간이 확인되고 그 구간에 적용될 법에 규정된 책임한도액이 UN국제물품복합운송조약의 책임한도액보다 높을 경우에는 그것의 적용을 인정하여 이종책임 체계를 가미하고 있다.

2.3 운송주선인

1) 운송주선인의 개념

운송주선인은 보통 포워더 또는 프레이트 포워더로 불린다. 운송주선인은 운송수단을 보유하지 않은 채로 화주의 화물을 인수하여 수하인에게 인도할 때까지의 집화, 입출고, 선적, 운송, 보험, 보관, 배달 등의 업무를 주선하거나 복합운송체제 하에서 스스로 운송계약의 주체가 되어 복합운송인으로서 복합운송증권을 발행하여 전 구간의 운송책임을 부담하는 자를 말한다.[13] 프레이트 포워더는 영업범위와 업무성격에 따라 단순 포워더형, NVOCC형, Consolidator형, House Forwarder형 등으로 분류할 수 있다. 미국에서는 NVOCC(Non-Vessel Operating Common Carrier)라 하여 미국 신해운법에 "자기가 직접 선박을 운항하지 아니하는 운송인"이며 "하주에 대하여는 해상운송인(ocean common carrier)"이라고 명시, 포워더형 복합운송인을 법제화시키고 있다.[14]

2) 유럽의 운송주선인

운송주선인의 기원은 유럽의 베니스에서 찾아볼 수 있다. 알프스 산맥을 넘나들던 베니스의 상인들이 프락터(Frachter)라는 마부를 이용한 데서 비롯된다. 이들은 상인과 화물을 마차에 싣고 무장경호원을 대동하고 통과세를 물면서 국경을 넘어 유럽의 이곳저곳을 넘나들었다.[15] 이들이 1600년경 운송전문업체로 변모한다. 오늘날에는 Freight forwarder가 그 산하에 선박회사, 항공회사, 철도회사, 트럭회사 등을 보유하고 있는 형태로 발전되었다.

3) 미국의 운송주선인

미국 주선업의 시초는 1815년경 대서양에서 운송을 담당하던 ship broker에서 시작한다. 그 뒤에 forwarding merchant가 이리운하의 통과지점에 창고를 설치하고 육로와 운하를 연계하는 통운송장을 발급하였다.[16] 19세기 초반에 대량의 수입화물과 유럽 이주민들의 운송을 중개하던 운송전문가인 운송중개인(Freight Broker)을 Freight Forwarder의 효시로 볼 수 있으며, 현재는 종류에 따라 약간씩 그 기능을 달리하는 Air Freight Forwarder, Domestic Freight Forwarder, Ocean Freight Forwarder 등과 NVOCC(Non-Vessel Operating

Common Carrier)가 있다. 그러나 그중 Ocean Freight Forwarder는 단순한 화물운송주선인으로서 운송인으로 간주되지는 않는다.

(1) Air Freight Forwarder

미국 국내 간 및 국제 간 항공화물운송을 주선하는 사업자로 화주에 대해 자기 명의의 항공화물운송장을 발행하고 자체 운임률과 운송약관을 적용하는 계약운송인이며, 미국 연방항공법(Federal Aviation Act ; FAA)에 의해 규제를 받고 있다. 한편 관할기관은 미국 민간항공위원회(Civil Aeronautics Board ; CAB)이다.[17]

(2) Domestic Freight Forwarder

운송수단을 보유하지 않은 채 타인의 운송수단을 이용하여 계약운송인의 자격으로 미국 국내 간 이동화물을 철도, 화물자동차, 선박을 사용하여 운송하는 자로 자체 운임률을 적용하고 자기의 명의로 된 선하증권 등 운송계약서류를 발행한다. 한편 Domestic Freight Forwarder는 주제통상법(州際通商法, Interstate Commerce Act ; ICA)에 의해 규제를 받으며, 관할관청은 주제통상위원회(州際通商委員會)이다.[18]

(3) Ocean Freight Forwarder

미국과 다른 국가 간 이동화물의 운송을 주선하는 순수한 화물운송주선인으로 대중운송인(Common carrier)이 아니며 자기 명의로 된 선하증권도 발행할 수 없다. 한편 화주 또는 실제 운송인의 대리인 기능을 수행하는 Ocean Freight Forwarder의 주요 수입원은 화주로부터 받은 운송주선수수료(forwarding fee)와

선사로부터 받은 집하보상금(compensation fee)이다.[19]

(4) 무선박운송인(NVOCC)

운송주선인형 복합운송인을 법적으로 실체화시킨 개념이다. 즉, 1984년에 제정된 미국의 신해운법에 의해 법적 지위가 확고해진 존재로, 직접 선박을 보유하지 않고 타인의 선박을 이용하여 운송인의 지위에서 미국과 외국 간 해상운송화물을 운송하는 공중운송인이다. 즉, 화주에게는 운송인의 자격으로 자기 명의로 된 운송계약서류(선하증권)를 발행하고, 실제 운송인에 대해서는 화주의 자격으로 자기가 송하인으로 된 운송계약서류를 발급받는 계약운송인이다. NVOCC는 1984년 해운법 이후 해상운송 등의 단일한 운송부문에 그치지 않고 복합운송도 제공하며, 선박을 운항하지 않는 공공운송인을 표현하는 폭넓은 개념이 되었다.[20]

4) 우리나라의 운송주선인

(1) 상법상 운송주선인

우리나라 상법 제114조에는 운송주선인을 "자기 명의로 물건 운송의 주선을 영업으로 하는 자"로 정의하고 있다. 운송주선인은 운송주선계약에 의해 운송물을 화주로부터 수령하고, 운송인과의 운송계약에 따라 이를 운송인에게 인도하며, 운송 관련 서류를 교부받아 화주에게 전달할 경우, 즉 주선 업무에 관한 서비스만을 제공할 경우 운송 자체에 대한 책임을 부담하지 않는다. 그러나 운송주선인은 자기나 그 사용인이 운송물의 수령, 인도, 보관, 운송인이나 다른 운송주선인의 선택, 기타 운송에 관하여 주의를 해태하지 아니하였음을 증명하지 아니하면 운송물의 멸실 · 훼손 또는 연착으로 인한 손해를 배상하여야 한다.[21]

(2) 물류정책기본법상 국제물류주선업

우리나라의 프레이트 포워더는 해운법상의 해상화물운송주선업과 항공법상의 항공운송주선업 및 화물유통촉진법상의 복합운송주선업으로 삼분화되어 있었다. 1995년 12월 화물유통촉진법과 해운법이 개정 공포되어 해상화물운송주선업이 삭제되고 업종이 복합운송주선업으로 일원화되었다. 화물유통촉진법은 2007년 8월 물류정책기본법으로 전면 개편되면서 복합운송주선업이 국제물류주선업으로 개칭되었다. 물류정책기본법에 따르면 국제물류주선업자는 국제물류주선업, 즉 "타인의 수요에 따라 자기 명의와 계산으로 타인의 물류시설 장비 등을 이용하여 수출입화물의 물류를 주선하는 사업을 영위하는 자"를 말하며, 국토해양부장관에 등록하여야 한다고 하고 있다.[22]

3. 해륙(Sea & Land)복합운송경로

복합운송 방식은 크게 해륙복합운송 방식과 해공복합운송 방식으로 구분된다. 해륙복합운송 방식은 바다와 육지를 연결시키는 운송방식이고, 해공복합운송 방식은 바다와 하늘을 연결시키는 운송방식이다. 따라서 복합운송경로는 해륙복합운송경로와 해공복합운송경로로 구분된다.[23] 랜드브릿지는 전천후 운송수단인 철도를 활용하여 육상구간을 육교로 하여 해상운송과 육상운송을 연결하는 해륙(sea & land)복합운송 방식을 가능하게 하는 수단이다. 랜드브릿지는 시베리아 랜드브릿지, 아메리칸 랜드브릿지, 미니랜드브릿지 등이 있다.

1) 시베리아 랜드브릿지(Siberia Land Bridge ; SLB)

시베리아 랜드브릿지는 러시아 극동지역의 중심 도시인 블라디보스토크에서 광대한 시베리아를 거쳐서 모스크바를 거친 다음 러시아 서부 변경까지 화물을 운송하는 방식을 의미한다. 이러한 시베리아 랜드브릿지를 활용하여 육상 운송할 경우 선박으로 돌아서 운송하는 경우보다 운송거리가 대폭 단축된다.[24]

2) 아메리칸 랜드브릿지(American Land Bridge ; ALB)

아메리칸 랜드브릿지는 복합운송에서 한국의 부산이나 일본의 항구에서 미국 서해안 항구까지 해상운송한 다음 서해안 항구에서 동해안의 뉴욕 등 동부까지 미국 대륙횡단철도를 활용하여 화물을 운송한 다음 뉴욕에서 다시 대서양을 거쳐 유럽으로 해상운송하는 방식에 활용된다. 이때 전체 복합운송 구간 중에서 미국의 서부와 동부를 연결하는 미국 대륙횡단철도를 아메리칸 랜드브릿지라고 한다.[25]

3) 중국횡단철도(Trans China Railroad ; TCR)

중국횡단철도는 우리나라 선적항인 부산이나 인천 항구를 출발하여 중국의 동해안 항구에 선박으로 운송한 다음 중국횡단철도로 중국의 서쪽 변경인 돈황이나 신강까지 철도로 운송한다. 그리고 러시아 노보시비르스크에서 시베리아횡단철도(TSR)와 연결하여 유럽으로 운송하는 방법이다. 이 방식을 활용하면 극동지역에서 유럽까지 운송기간이 7일 정도 단축된다.[26] 최근 대한통운은 중국횡단철도와 트럭을 이용하여 중국과 유럽을 연결하는 복합운송서비스를 시작하였다.[27]

4) 미니랜드브릿지(Mini Land Bridge ; MLB)

미니랜드브릿지는 동아시아의 항구를 통하여 수출한 상품이 미국의 서해안 항구인 LA나 시애틀에 도착한 다음, 거기서 미국 내의 중요 도시에 철도로 운송하는 방식이다. 미니랜드브릿지는 두 가지 운송루트를 활용한다. 하나는 미국 사우스웨스트 지역의 대표 도시인 로스엔젤레스 항구를 통하는 캘리포니아 항로를 이용하는 것이고, 다른 하나는 미국 시애틀을 거점으로 하는 북태평양 항로를 이용하는 것이다. 여기에 미국의 철도회사들이 내륙운송을 담당 참여하여, 시카고, 뉴욕, 뉴올리언즈, 휴스턴 등 북미 동해안의 여러 항구의 컨테이너 터미널이나 철도터미널까지 운송하는 방식이다.

5) 마이크로브릿지(Micro Bridge)

마이크로브릿지는 Interior Point Intermodal(IPI)라고도 불린다. 마이크로브릿시는 미국의 주요 동맹선사가 북미 서해안 항구까지 자신의 선박으로 해상운송한 다음 이 화물을 이들 중계항에서 철도 또는 트럭에 환적하여 미국의 내륙 여러 도시 목적지까지 일관 운송하는 시스템을 말한다. 미니랜드브릿지가 최종 목적지를 미국의 동해안 및 걸프지역 항만터미널에 한정하여 해상운송 항로에 대체적인 성격을 갖는 데 비하여 마이크로브릿지는 미국의 내륙지방에 위치하고 있는 주요 도시의 철도터미널 또는 트럭터미널을 화물인도장소로 하고 있다는 점에서 차이가 있다.[28]

6) 캐나디안 랜드브릿지(Canadian Land Bridge ; CLB)

캐나다에서도 북태평양 항로의 맹외선이 제시하는 저렴한 운임률을 이용하여 독자적 통운임 하에 NVOCC[29]에 의한 복합운송서비스가 제공되고 있다. 이 경로는 캐나다 서해안의 주요 항구인 뱅쿠버 또는 시애틀까지 해상운송된 컨테이너 화물이 캐나다태평양철도와 캐나다국가철도에 환적되어 캐나다 동해안 도시인 몬트리올이나 토론토 등 대서양 연안의 항만터미널이나 내륙지점을 최종 목적지로 하여 운송하는 캐나다형의 Micro Land Bridge라고 볼 수 있다.[30]

4. 해공(Sea & Air)복합운송경로

4.1 의의

해공복합운송 방식은 항공운송보다는 저렴하고 해상운송보다는 속도가 빠른 운송서비스를 제공하는 복합운송 방식이다. 글로벌 경쟁이 가속화됨에 따라 화물의 신속한 배달이 중요해졌다. 신속성의 관점에서 볼 때 해상운송 방식은 속도가 너무 느린 단점이 있다. 한편 항공운송 방식은 속도는 빠르나 운임이 너무 비싼 단점이 있다. 해공복합운송 방식은 항공운송의 신속성과 해상운송의 저렴함을 결합한 운송서비스이다.

4.2 현황

해공복합운송 방식은 1956년 미국의 Flying Tiger사가 일본으로부터 백화점용 수입상품을 미국 중서부나 동부 연안으로 운송하기 위하여 최초로 시도한 후 운송루트가 유럽까지 연장된 데 기원한다. Flying Tiger사는 네덜란드의 KLM항공사와 제휴하여 일본에서 미 서해안까지는 해상운송한 뒤에 미국 동부까지는

Flying Tiger사 항공기로 운송하였다. 그리고 나서 최종 목적지인 유럽까지는 네덜란드의 KLM항공사로 운송하였다. 1982년부터는 홍콩 경유 유럽행 운송경로가 새로 개발되었다. 1980년대 후반부터는 해공복합운송을 전문으로 하는 포워더들이 본격적으로 등장하였다.[31] 21세기 들어서는 중국에서 출발하여 한국의 인천항까지 해상운송한 다음, 인천국제공항을 통하여 미주지역으로 운송하는 해공복합 시스템도 가동되고 있다. 중국의 출발항은 주로 청도, 상해, 위해 등이며, 이들로부터 한국의 인천국제공항을 경유하여 미주나 유럽으로 운송하고 있다.[32]

4.3 경로

1) 한국-미 서해안(뱅쿠버, 시애틀)-유럽

한국 부산 등에서 미국 서해안 항구까지 선박으로 화물을 운송한 뒤에 서해안 항구에서는 항공기로 유럽행 화물을 운송하여 최종 목적지까지 운송한다. 동 운송경로는 소요기간이 14～17일 정도 소요된다. 따라서 두바이 경로보다 운임은 20% 정도 비싸지만 소요시간이 3～4일 줄어서 많이 사용되고 있다.[33]

2) 한국-두바이-유럽

한국 부산에서 중동 교통 중심지인 두바이까지 선박으로 화물을 운송한 뒤에 항공기로 유럽행 화물을 운송하여 최종 목적지까지 운송한다. 운임은 가장 저렴한 편이며, 소요기간은 21일 정도 소요된다.[34]

3) 한국-싱가포르-유럽

한국 부산에서 동남아시아 교통 중심지인 싱가포르까지 선박으로 화물을 운송한 뒤에 항공기로 유럽행 화물을 운송하여 최종 목적지까지 운송한다. 소요기간은 12~13일 정도이다. 홍콩 경로보다 가격이 저렴하나 싱가포르발 항공기 항복량이 너무 적어 대량수송의 어려움이 있다.[35]

4) 한국-홍콩-유럽

한국 부산에서 홍콩까지 선박으로 화물을 운송한 뒤에 항공기로 유럽행 화물을 운송하여 최종 목적지까지 운송한다. 홍콩발 화물의 체화 현상으로 인하여 항복량 확보 문제가 있으며, 운임이 높은 편으로 이용이 감소되는 추세이다.

5) 기타

최근 아프리카 대륙은 경제성장률이 크게 상승하고 있다. 더구나 최근 아프리카 국가들은 아프리카 대륙의 42개국 12억 명을 경제적으로 통합하는 FTA 체결에 들어갔다. 향후 아프리카 대륙 국가들에 대한 복합운송경로 개발이 중요해질 것으로 전망된다. 또한 중남미지역도 향후 경제성장이 기대되는 지역이다. 따라서 중남미 지역과 연결하는 해공복합운송 경로 개발도 중요해지고 있다.[36]

Box 9-1 해공복합운송 경로

(1) 북미행

극동항구 → 미국 서해안 → 미국 동부 · 중서부, 멕시코

(2) 동남아시아, 호주행

극동항구 → 홍콩, 싱가포르 → 태국, 호주, 뉴질랜드

(3) 중남미행

극동항구 → 미국 서해안 → 미국 동부 마이애미, 멕시코

(4) 유럽행

극동항구 → 미국 서해안, 홍콩, 싱가포르 → 유럽

(5) 중동행

극동항구 → 나홋카 → 모스크바 → 중동지역

극동항구 → 홍콩, 싱가포르 → 중동지역

(6) 아프리카행

극동항구 → 미국 서해안 → 유럽 → 아프리카 대륙

극동항구 → 홍콩, 싱가포르 → 아프리카 대륙

출처 : 織田政夫, 『국제복합운송실무』(김종수 · 박영배 · 한낙현 역), 두남, 2001, p.81.

5. 복합운송증권

5.1 복합운송증권의 의의와 기능

1) 의의

복합운송증권(Multimodal Transport Document ; MTD)은 복합운송계약에 의하여 운송화물을 두 가지 이상의 다른 운송수단의 결합에 의하여 운송하는 것을 증명하는 서류' 를 말한다. 즉, 복합운송인이 전 운송구간에 걸쳐 일관운송의 책임을 지고 운송물의 멸실, 손상이나 지연 등으로 인한 배상책임을 부담할 것을 증명하는 운송서류이다. 현재 복합운송증권은 대부분 선하증권 형식으로 발행되고 있다. 제6차 개정 신용장통일규칙에서는 신용장에 별도의 명시가 없는 한 은행은 복합운송서류를 수리하여야 한다고 규정하고 있어 복합운송증권을 중요한 운송서류로 인정하고 있다.[37]

2) 기능

복합운송에 의해 물품이 인수된 사실과 계약에 따라 약정물품을 인도할 것을 약속한 서류가 복합운송증권이다. 따라서 유통성 복합운송증권은 일반적인 선하증권의 기능과 마찬가지로 운송계약의 증거, 화물수취의 증거, 그리고 권리증권으로서의 기능을 갖고 있다. 법적으로 유통성 복합운송증권은 선하증권과 같이 물권적 효력, 채권적 효력이 인정됨으로써 유가증권의 기능을 갖고 있고, 운송계약에 의해 운송물의 수령을 전제로 복합운송인이 발행한다는 측면에서 요인증권의 성격도 갖고 있다. 그러나 선하증권은 본선적재를 표시하는 반면, 복합운송증

권은 수령지로부터 최종 인도지까지 전 운송구간을 운송인이 인수하였음을 증명한다.[38]

5.2 복합운송증권의 내용과 특징

1) 내용

첫째, 도로, 철도, 해상, 항공운송이 결합된 복합운송은 상이한 운송인들의 결합에 의하여 운송이 이루어지더라도 복합운송증권(MTD)은 처음부터 끝까지 운송구간 전체를 커버한다. 둘째, 복합운송증권은 실질적인 운송인만이 발행하는 선하증권과는 달리 실질적인 운송인뿐 아니라 운송주선인도 발행할 수 있다. 복합운송증권은 하주에게 전 운송구간에 대한 전체적인 책임을 지는 복합운송인이면 누구나 발행할 수 있다.

2) 특징

복합운송증권을 통선하증권(Through B/L)과 비교하면 다음과 같다.

(1) 증권의 발행자

복합운송증권은 복수의 운송수단으로 화물의 운송이 이루어질 것을 증명하는 서류이며, 운송의 각 단계를 통괄하는 단일의 운송서류이다. 또한 복합운송증권은 운송인 이외에 운송주선업자도 발행할 수 있다. 이에 반해 통선하증권은 선사나 그 대리인이 발행한다.

(2) 화물의 운송구간

복합운송증권에 의한 화물의 운송구간은 운송인의 화물을 송하인으로부터 인수한 시점에서 수하인에게 인도한 시점까지를 말하는 것으로, 문전에서 문전까지 운송한다. 이에 반해 통선하증권은 항구에서 항구까지가 운송구간이 된다.[39]

(3) 운송수단의 결합 형태

복합운송증권은 이종 운송수단의 조합만이 아니고 동종 운송수단의 결합도 가능하다. 이에 반해 통선하증권은 이종 수송수단의 결합만 가능하다.

(4) 발행 시기

복합운송증권은 운송인이 송하인으로부터 화물을 인수한 시점에 발행된다. 이에 반해 통선하증권은, 본선적재 선하증권인 경우에는 화물을 본선에 적재한 후에, 수취선하증권인 경우에는 화물을 야적장이나 창고에 입고한 후에 발행된다.

(5) 운송인의 책임

복합운송증권에서 운송인의 책임은 전 구간 단일책임을 부담하지만, 통선하증권의 경우는 각 운송인이 분할하여 책임을 부담한다. 따라서 복합운송증권의 책임구간은 복합운송인이 화주로부터 화물을 인수한 시점부터 최종 도착지점까지이다. 이에 반해 통선하증권은 출항지, 출항지 야적장 및 장치장으로부터 입항지, 입항지의 야적장 및 창고까지를 책임구간으로 한다.

3) 종류

복합운송증권에는 기존의 선하증권을 약간 변형한 선하증권 형식의 복합운송증권과 복합운송에 관한 국제규칙에 따른 복합운송증권이 있다.

(1) 선하증권 형식의 복합운송증권

선하증권 형식의 복합운송증권은 기존의 'B/L' 에 복합운송을 의미하는 명칭들이 붙은 운송증권이다. 현재 실무적으로 사용되는 증권 가운데 복합운송증권으로 인정할 수 있는 경우는 거의 선하증권 형식으로 되어 있다. 예를 들어 Combined Transport Bill of Lading, Multimodal Transport Bill of Lading, Intermodal Transport Bill of Lading, Through Bill of Lading, FIATA B/L 등이 있다.

(2) Combined Transport Document(CTD)

선하증권(B/L)이라는 명칭을 사용하지 않고 복합운송서류라는 명칭을 사용하는 CTD는 IOC가 1975년에 제정한 '복합운송증권에 관한 통일규칙(Uniform Rules for a Combined Transport Document)' 에서 규정하고 있는 복합운송증권이다. IOC의 복합운송증권에 관한 통일규칙에 준거하는 서류를 신용자에서 요구한다면 'Negotiable Combined Transport Document subject to ICC Publication No.298' 이라든가 아니면 'Non- 'Negotiable Combined Transport Document subject to ICC Publication No.400' 과 같은 문언이 사용된다. 이 경우에 제시된 서류가 복합운송증권으로 표시되어 있지 않은 다른 표제의 증권이라 하더라도 IOC의 복합운송증권통일규칙에 준거한다는 취지가 명

시되어 있으면 수리될 수 있다.[40]

(3) Multimodal Transport Document(MTD)

MTD는 UN 국제물품복합운송조약에 준거한 복합운송증권이다. 이 조약이 아직까지 발효되지 못하고 있기 때문에 실무에서 사용되는 경우는 거의 없다.

요약

복합운송은 두 개 이상의 운송수단을 결합하여 전체 운송구간을 운송하는 운송방식을 말한다. 따라서 여러 가지 운송수단을 결합하여 운송했다는 의미로 combined transportation이라 하기도 하고 또는 여러 방식의 운송수단을 활용한다는 차원에서 multi modal transportation이라고도 부른다. 복합운송의 특징 중 하나는 전체 운송구간을 한 명의 복합운송인이 혼자서 책임을 진다는 것이다. 복합운송이 가능해지면서 과거의 항구에서 항구까지 운송하던 port to port service던 것이 이제는 생산자 공장의 문에서 수입자의 창고나 백화점 문 앞까지 운송을 해주는 door to door service가 가능해졌다. 이처럼 복합운송이 가능해지면, 하주나 송하인의 입장에서는 국제운송하기가 매우 편리해질 것이다. 랜드브릿지는 전천후 운송수단인 철도를 활용하여 육상구간을 육교로 하여 해상운송과 육상운송을 연결하는 해륙(sea & land)복합운송 방식을 가능하게 하는 수단이다. 랜드브릿지는 시베리아 랜드브릿지, 아메리칸 랜드브릿지, 미니랜드브릿지 등이 있다. 해공복합운송 방식은 항공운송보다는 저렴하고 해상운송보다는 속도가 빠른 운송서비스를 제공하는 복합운송 방식이다. 예를 들어 북미행의 경우, 한국 부산에서 미국 서해안 항구까지 선박으로 화물을 운송한 뒤에 서해안 항구에서는 항공기로 화물을 운송하여 최종 목적지까지 운송한다. 유럽행 해공복합운송의 경우는 싱가포르나 홍콩을 중간 거점으로 이용하는 방식이다.

연습문제

토론주제

1. 복합운송의 의의를 토론하시오.
2. 랜드브릿지에 대하여 토론하시오.

일반문제

1. MTO의 기능에 대하여 설명하시오.
2. 과실책임에 대하여 설명하시오.
3. 무과실책임에 대하여 설명하시오.
4. Unit Liability System에 대하여 설명하시오.
5. Forwarder에 대하여 설명하시오.
6. NVOCC에 대하여 설명하시오.
7. TSR에 대하여 설명하시오.
8. ALB에 대하여 설명하시오..
9. TCR에 대하여 설명하시오.
10. MLB에 대하여 설명하시오.
11. CTD에 대하여 설명하시오.

심화문제

1. 복합운송의 장점을 단일운송과 비교하여 설명하시오.
2. 해공복합운송 방식의 장점에 대하여 설명하시오.
3. 국제복합운송증권의 특징에 대하여 설명하시오.
4. 복합운송인의 책임에 대하여 설명하시오.
5. 복합운송증권의 종류에 대하여 설명하시오.

참고문헌 및 미주

1. 정용균, 『무역상무론』, 청람, 2019 복합운송 편 참조.
2. 박명섭, 『국제물류의 이해』, 법문사, 2016.
3. 한상현, 『국제운송론』, 두남, 2018, p.337.
4. 복합운송인은 개념상으로 운송주선인과 구별되지만 그렇다고 운송주선인이 복합운송인이 될 수 없는 것은 아니다. 운송주선인도 복합운송을 알선하는 데 그치지 않고 복합운송에 필요한 여러 운송수단을 효율적으로 수배하고 결합하여 운송의무를 이행하는 경우 복합운송인이 될 수 있다. 또한 그러한 지위에서 발행한 증권은 복합운송증권이 된다. 오원석 · 박광서, 『무역상무』, 삼영사, 2015, p.286.
5. 오원석 · 양정호, 『국제운송물류』, 탑북스, 2011, p.269.
6. 오원석 · 양정호(2011), p.269.
7. 무선박운송인은 다수의 화주로부터 개품 운송물을 집하하여 실제 운송인의 컨테이너에 선적한 뒤 자신의 이름으로 발행한 선하증권으로 이를 운송한다. 양석완, 「해상법상 무선박운송인(NVOCC)의 법적 지위」, 『법과 정책』, 제21권 제3호, 2015, p.251.
8. 오원석 · 양정호(2011), p.269.
9. 오원석 · 양정호(2011), pp.269~270.
10. 한상현, 『국제운송론』, 두남, 2018. ; 송선옥, 『국제운송론』, 두남, 2017. ; 임석민, 『국제운송론』, 삼영사, 2017 참조. 모두 공통적인 내용을 서술하고 있다.
11. 송선옥, 『국제운송론』, 두남, 2017, p.423.
12. 실무적 · 상업적인 입장에서는 Network Liability System이 환영을 받고 있으며, Uniform Liability System은 다분히 이상적인 것으로 취급하는 경향이 있다. 실제로 ICC 통일규칙을 비롯하여 주요 선박회사의 컨테이너 B/L, FBL 등에서 널리 채용되고 있는 것은 Network Liability System이다.
13. 오원석 · 양정호, 『국제운송물류』, 탑북스, 2011, p.270.
14. 오원석 · 양정호(2011), p.270.
15. 임석민, 『국제운송론』, 삼영사, 2017, p.548.
16. 임석민(2017), p.550.
17. 오원석 · 양정호, 『국제운송물류』, 탑북스, 2011, p.271.
18. 오원석 · 양정호(2011), p.271.
19. 오원석 · 양정호(2011), p.271.
20. 오원석 · 양정호(2011), p.271.
21. 오원석 · 양정호(2011), p.272.
22. 오원석 · 양정호(2011), p.272.
23. 정용균, 『무역상무론』, 청람, 2019 복합운송 편 참조.
24. 정용균, 『무역상무론』, 청람, 2019 복합운송 편 참조.

25. 정용균(2019), 복합운송 편 참조.

26. 오원석 · 박광서, 『무역상무』, 삼영사, 2015, p.286.

27. 이는 컨테이너를 중국횡단철도를 이용하여 유럽 주요 도시 기차역까지 수송한 뒤에 트럭으로 물류센터나 공장에 배달하는 방식이다. 이 방식은 중국 청두역에서 기차로 폴란드 로지 역, 독일 뉘른베르크 역, 네덜란드 틸버그 역을 연결하는 방식이다. 이 경우 운임은 항공운송의 5분의 1만 들고, 운송시간은 50일 정도 걸리는 해상운송에 비하여 3분의 1 수준이다.

28. 정용균, 『무역상무론』, 청람, 2019 복합운송 편 참조.

29. Non-Vessel Operating Common Carrier의 약칭이다. 자기가 운송수단을 소유하지 않고, 자신이 운송계약 당사자로서 화주와 복합운송계약을 체결하는 운송인형 복합운송인을 의미한다. 경운범, 『국제운송론』, 형설출판사, 2005, p.242.

30. 정용균, 『무역상무론』, 청람, 2019.

31. 정창수, 「부산항 중심의 해공(Sea & Air)복합운송 활성화 방안에 관한 연구」, 한국해양대학교 석사학위 논문, 2011.

32. 정태원, 「인천지역 해공복합운송시스템(Sea & Air)의 경쟁우위 확보방안」, 『한국항해항만학회지』, 제 31권 제8호, 2007, p.735.

33. 정창수, 「부산항 중심의 해공(Sea & Air)복합운송 활성화 방안에 관한 연구」, 한국해양대학교 석사학위 논문, 2011.

34. 정창수(2011).

35. 정창수(2011).

36. 정용균, 『무역상무론』, 청람, 2019.

37. 한상현, 『국제운송론』, 두남, 2018, p.354.

38. 한상현(2018), p.354.

39. 한상현(2018), p.355.

40. 한상현(2018), p.358.

1. 제4차 산업혁명

2. 제4차 산업혁명과 물류

제4차 산업혁명과 물류

기계들이 자율성을 획득해 나가고 있다.

— **로드니 브룩스**(로봇공학자)

제4차 산업혁명이 진행되면서 물류는 크게 변화하고 있다. IoT의 발달로 센서 기술이 발달하면서 모든 화물의 실시간 추적이 가능해지고 있으며, 빅데이터를 활용한 정보시스템의 작동으로 적은 인프라로 많은 일을 할 수 있게 되었다. 또한 창고나 물류센터에서는 드론이나 자동화 무인 로봇이 적은 비용으로 사용되고 있다. 또한 자율주행 차량이 완전무인화 자동터미널에 사용됨에 따라 인건비를 대폭 절감하고 있다. 국제항만의 경우 로보틱 터미널이 등장함에 따라 스마트항만 인프라 구축을 위한 국제항구 간 경쟁도 치열해지고 있다. 최근 국내 대기업들은 블록체인 기술을 물류에 활용하고자 하고 있다.

1. 제4차 산업혁명

1.1 배경

인터넷 및 ICT의 급속한 발전과 더불어 디지털 경제는 최근 글로벌 경제의 화두로 급부상하고 있다. 정보통신기술은 전 사업에 걸쳐 활용되어 생산성 향상에 영향을 주므로, 범용기술이라는 명칭을 얻고 있다. 디지털 재화의 급속한 확산성은 디지털 경제가 국경을 초월한 글로벌 차원에서 전개되는 현상과 밀접한 연관성이 있다. 작은 스타트업 기업이 개발한 소프트웨어나 게임, 서비스가 글로벌 앱마켓에 출시되어 빠른 속도로 시장을 넓혀가는 것은 이제 흔한 현상이 되었다. 이에 따라 스타트업이나 소기업 시장 확대를 통해 글로벌 대기업 규모로 성장하는 시간이 매우 짧아지고 있다. 예컨대 공유경제 기반 서비스를 기반으로 하는 우버(Uber)의 경우 전 세계 68개 국 400여 개 도시에서 서비스를 제공하고 있으며, 출범 7년차인 2016년 3월 현재 기업 가치는 625억 달러에 달하여 미국의 전통 있는 자동

차 기업인 포드(524억 달러), 제너럴모터스(471억 달러)의 기업 가치를 뛰어넘고 있다.[1]

1.2 제4차 산업혁명의 양상

1) 빅데이터

'빅데이터'는 기존의 관리 및 분석 체계로는 감당할 수 없을 정도의 거대한 데이터 집합을 지칭한다.[2] 실시간 연결과 소통의 '스마트 혁명'으로 데이터는 폭증하고, 기존의 데이터 저장 · 관리 · 분석 기법은 한계와 도전에 직면하게 되었다. 데이터는 정보사회를 움직이는 핵심 연료인 만큼 '빅데이터로의 환경변화는 정보사회의 패러다임을 견인할 정도의 큰 힘을 발휘하게 되었다. 위키디피아에서 "기

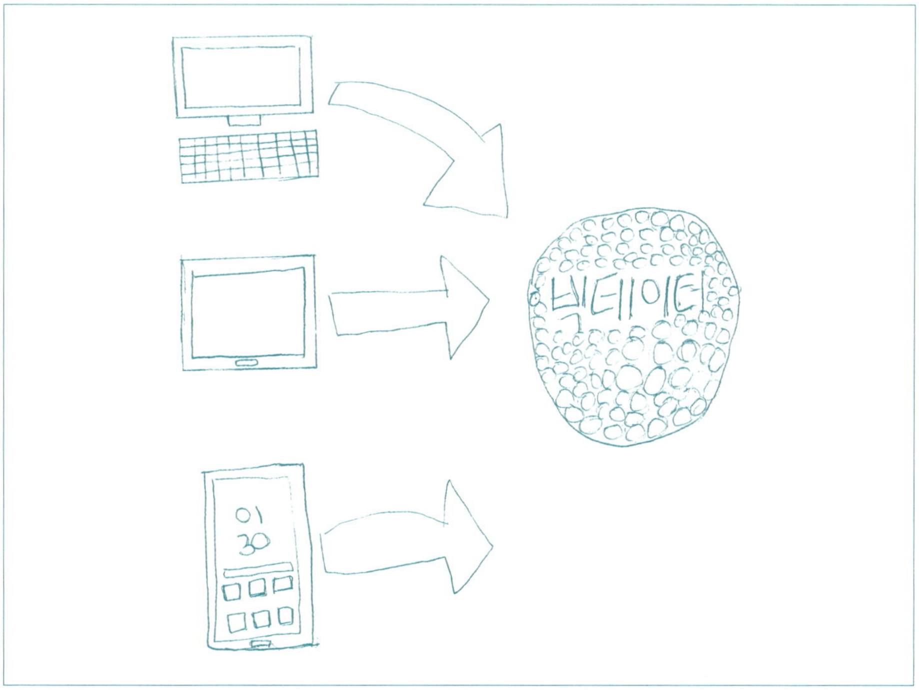

존 데이터베이스 관리도구의 데이터 수집 · 저장 · 관리 · 분석의 역량을 넘어서는 대량의 정형 또는 비정형 데이터 세트 및 이러한 데이터로부터 가치를 추출하고 결과를 분석하는 기술" 로 정의하고 있으며, 이와 같은 정의를 살펴볼 때 빅데이터는 엄청나게 많은 데이터로, 양적인 의미를 벗어나 데이터 분석과 활용을 포괄하는 개념으로 사용되고 있다.[3]

2) 사물인터넷

사물인터넷(Internet of Things ; IoT)은 각종 사물에 센서와 통신기능을 내장하여 인터넷에 연결하는 기술을 의미한다. 인터넷에 연결된 데이터를 주고받아 스스로 분석하고 학습한 정보를 사용자에게 제공하거나 사용자가 이를 원격 조정할 수 있는 인공지능기술이다. 여기서 사물은 가전제품, 모바일 장비, 웨어러블 컴퓨터 등 다양한 임베디드 시스템이 된다. 사물인터넷에 연결된 사물들은 자신

그림 10-1 사물인터넷

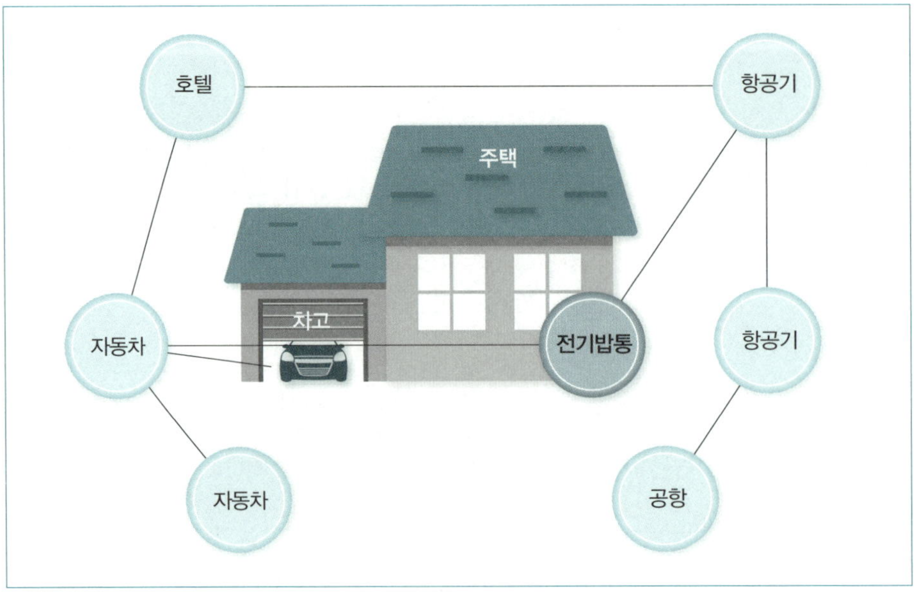

이 구별할 수 있는 유일한 아이피(IP)를 갖고 인터넷에 연결되며, 외부 환경으로부터 데이터를 취득하기 위하여 센서를 내장할 수 있다. 모든 사물이 해킹의 대상이 될 수 있어서 사물인터넷의 발달과 보안의 발달은 함께 가야 하는 구조이다.[4]

3) 블록체인

최근 세계는 월드와이드웹(www)의 등장으로 인터넷이 활성화된 이후, 블록체인이라는 기술이 대두되었다. 인터넷의 제일 큰 문제점은 보안문제였다. 블록체인 기술은 분산화 구조를 통하여 보안을 강화하는 장점이 있다. 최근 블록체인은 암호화폐를 넘어서 스마트 계약으로 발전하고 있다.[5]

(1) 블록체인의 정의와 의의

① 정의

블록체인은 거래와 관련된 정보들이 하나의 블록(Block)을 형성하고 이렇게 연결된 블록들이 사슬(Chain)로 다시 연결되는 데이터 구조[6]라고 정의할 수 있다. 즉, 블록체인은 거래와 관련되어 생성된 데이터들을 시간적인 순서에 따라 차례대로 연결하고, 연결된 정보를 거래당사자들이 공유하고 관리한다는 점에서 분산 형 원장(Distributed Ledgers)으로도 불리고 있다. 블록체인에서 원장이란 불록체인 네트워크로 검증된 거래들의 목록을 보유하는 무결점 기록이다.[7] 분산화는 블록체인 기술의 중요한 특성이며, 정보의 위조와 변조를 방지할 수 있다. 블록체인은 분산화 된 P2P(Peer-to-Peer) 방식에 암호화 기술을 적용하기 때문에 중앙기관의 인증이나 공증 없이 안전한 거래가 가능하다는 특성이 있다.[8]

② 의의

블록체인은 분산된 장부이다. 보통 거래장부는 관리기구가 관리한다. 기업 회계장부는 기업이 보관하고, 부동산 소유관계에 대한 장부는 등기소가 보관하고, 예금 보유에 관한 장부는 은행이 보관한다.[9] 그러나 블록체인의 경우는 관리기구가 따로 존재하지 않는다. 해당 블록체인 공동체 참여자의 모든 컴퓨터가 공동으로 장부를 관리한다. 블록체인을 이용하면 파일의 위조나 변조가 불가능하다. 왜냐하면 블록체인 안에서는 각 자산에 관하여 첫 소유자부터 현재 소유자까지 소유권 변동이 순서대로 기록되어 있다. 만약 기록을 고치려면 처음 블록부터 고쳐야 하므로 매우 어렵다. 또한 사본 수백만 부가 전 세계에 퍼져 있으므로 그 모든 사본을 일일이 변조한다는 것은 불가능하다.[10] 상거래에서 신뢰받는 제3자가 필요한 것은 상대방을 믿을 수 없기 때문이다. 신용장거래에서 수출상이 수입상을 믿지 못하므로 은행이 신용장을 제공하여 불신을 해소한다. 그러나 은행의 신용장 제도는 수출상이나 수입상에게 많은 수수료를 요구하고 있다. 따라서 일부 국가들의 경우 신용장결제방식을 기피하고 있는 실정이다. 그러나 블록체인에서는 컴퓨터가 중개인 역할을 한다.

(2) 블록체인 기술의 특성

블록체인 기술의 특성은 다음과 같다.

첫째, 탈중앙화, 즉 분산화(Decentralized)를 들 수 있다.[11] 거래 참여 당사자들이 모두 거래 관련 자료를 공유하고 관리할 수 있기 때문에 중앙에서 관장하는 시스템 자체가 존재하지 않는다. 따라서 새로운 데이터가 블록체인에 추가되기 위해서는 기존 블록체인상 당사자들의 인증이 필수적이기 때문에 금융거래나 일반적인 상거래와 같은 분야에서 거래의 안전성을 보장할 수 있다.

둘째, 보안성을 보장하는 무결성(Integrity)을 들 수 있다. 무결성은 송수신 메시지가 전송도중 변조되지 않았다는 것을 증명해 주는 기능으로 거래내용의 변조나 승인되지 않은 거래의 생성을 방지하기 위한 것이다. 블록체인은 거래와 관련된 모든 자료가 암호화되고[12], 분산되어 저장되어 있기 때문에 해당 블록체인에 있는 모든 당사자들의 자료를 해킹하지 않는 이상 해당 블록체인 자체의 조작은 거의 불가능하다.

셋째, 저렴한 유지비용을 들 수 있다. 현재 정보의 확인을 위해 사용되는 공인인증이나 My-pin과 같은 인증이나 공증 자체가 필요 없기 때문에 공증과 관련된 수수료가 발생되지 않으며, 중앙거래자가 없이 직접 거래가 가능하기 때문에 거래수수료가 발생되지 않는다.

넷째, 이중지출의 방지를 들 수 있다. 블록체인은 높은 안정성과 자유도를 바탕으로 한다. 일반적으로 개인용 컴퓨터나 노트북에 있는 자료는 복사와 이동, 전송이 매우 자유롭다. 게다가 한 번 다운로드 받은 자료를 타인에게 복사해서 전송할 수 있는 위험도 존재한다. 그러나 블록체인 기술을 사용하면 자료에 대한 이중지출을 방지할 수 있다.

다섯째, 블록체인 기반 시스템의 활용은 관련 정보를 영구히 저장할 수 있는 특성이 있다. 거래와 관련된 정보가 완전 저장되어 하나의 블록을 형성하게 된다. 최초의 정보부터 현재 정보에 이르기까지 모든 이력을 블록으로 저장하여 활용할

표 10-1 블록체인의 특징[13]

	특징
익명성	개인정보를 요구하지 않으며 은행계좌, 신용카드 등 기존 지급수단에 비하여 높은 익명성을 제공함
P2P	공인된 제3자의 공증 없이 개인 간 거래가 가능
확장성	정보통신 구축비용이 절감되며 오픈소스에 의하여 쉽게 구축, 연결, 확장이 가능
투명성	모든 거래기록에 공개적 접근이 가능
보안성	정보를 다수가 공유하고 소유하여 해킹이 불가능하여 보안 관련 비용이 절감됨
신속성	거래의 승인기록은 다수의 참여에 의하여 자동 실행됨

수 있다.[14]

여섯째, 투명성을 들 수 있다. 즉, 모든 거래 기록에 공개적 접근이 가능하다.

4) 인공지능

인공지능(Artificial Intelligence ; AI)은 1956년에 등장한 용어로 초기에는 많은 관심을 얻었으나 머신러닝 기술의 한계로 침체를 거듭하였다. 단층 구조의 신경망으로는 인식이 어렵다는 것이 증명되면서 인공지능 연구에 암흑기가 찾아왔다. 그러나 캐나다 몬트리올대학에서 다층 신경망 구조인 딥러닝 기술을 개발하면서 돌파구를 마련하였다. 최근 세기의 대결로 관심을 모은 이세돌과 알파고의 대결에서 알파고가 승리하면서 딥러닝(deep learning) 기술이 부각되었고, 인공지능이 다시 주목의 대상이 되고 있다. 딥러닝은 신경망을 중첩해서 쌓은 구조를 말한다. 딥러닝이 발달하기 위해서는 지도학습을 하여야 한다. 지도학습이란 정답(레이블)이 알려진 데이터를 가지고 인공지능을 학습시키는 것을 말한다. 예를 들어 고양이 그림을 보여주고 거기에 고양이라고 이름이 지정된 그림을 많이 보여주면 딥러닝 기법에 의하여 고양이라는 패턴을 인식하게 된다. 그리고 인공지능이

그림 10-2 인공지능의 현주소

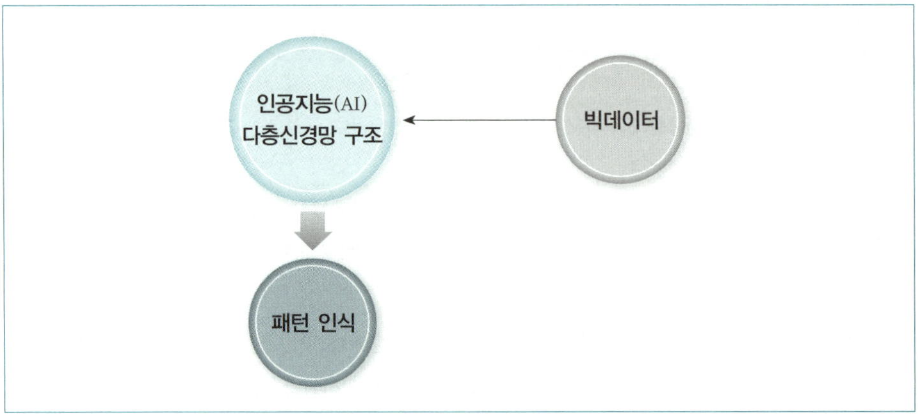

이러한 패턴을 인식하기 위해서는 많은 데이터가 필요하다. 최근 인공지능이 각광을 받게 된 이유는 첫째, 인공지능이 학습하는 데 필요한 빅데이터가 생성되기 시작하였고, 둘째, 분석처리 하드웨어 성능이 발전하였기 때문이다.[15]

5) 3D프린팅

21세기 들어 새롭게 출현한 기술 중 하나는 3D프린팅 기술이다. 3D프린팅 기술은 생산이라는 개념의 새로운 혁신이라고 부를 수 있다. 3D프린팅 기술은 적층으로 재료를 쌓아올려서 제품을 통째로 생산하기 때문에 부품 수를 획기적으로 줄일 수 있다. 따라서 생산비용을 크게 줄일 수 있다. 앞으로 주택을 3D프린팅 기술로 대량생산하게 되면 주택가격이 크게 내려갈 것이다. 국제무역에서도 제품의 디자인과 설계도만 수출하면, 수입국에서 제품을 생산할 수 있을 것이다. 그렇게 되는 경우 물류 운송비용은 들어가지 않을 것이다.

그림 10-3 3D프린팅 사례

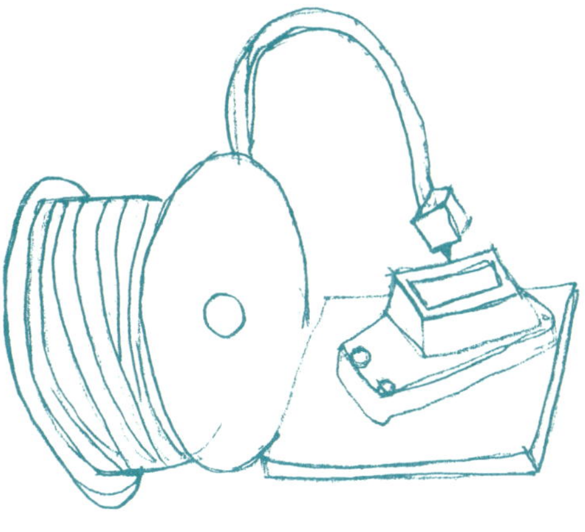

출처 : 크리스토퍼 버넷, 『3D프린팅 넥스트 레볼루션』(김이훈 · 김상태 역), 한빛비즈, 2014, p.54.

6) 드론

(1) 드론 현황

드론은 제4차 산업혁명의 중요한 도구 중 하나이다. 드론(Drone)은 컴퓨터로 제어되면서 자율비행이 가능한 비행로봇을 말한다. 당초 드론은 군사목적으로 제2차 세계대전 전에 시험비행한 후, 2000년 이라크 전쟁과 아프카니스탄 전쟁에서 실전 배치되었다. 그후 센서나 마이크로 센서 등이 초소형화되면서, 몇 킬로그램의 작고 자율비행이 가능한 멀티로터 헬리콥터가 만들어졌다. 드론은 처음에는 취미용으로 사용되었으나, 2016년 이후부터는 단거리에서 농업, 시설 점검, 측량 등에 사용되다가 비행거리가 수십킬로미터로 늘어나면서 재해 대응, 택배물류 등으로 그 영역이 확장되고 있다.[16] 세계 드론 시장은 2016년 39억 달러에서 2019년 90억 달러로 성장했다. 독일의 Drone Industry Insight사에 의하면 2016년 전 세계 드론산업 벤처 수는 711개 사이다. 북미 50%, 유럽 30%, 아시아 9%, 오세아니아와 중동 · 아프리카 지역이 3%를 치지하고 있다.[17]

(2) 드론 유용성과 잠재력

드론은 무거운 물건을 옮기지도 못하고 비와 바람 등 환경적 요인에 의하여 비행제한이 있으며, 엔진이 아닌 전기 배터리로 움직이기 때문에 장거리 비행이 어렵다. 이처럼 다양한 한계가 있는데도 드론이 주목을 받는 이유는 무엇일까 생각해 보자. 그것은 드론이 사람을 대신해서 다양한 작업을 할 수 있기 때문이다. 첫째, 드론의 데이터 수집 능력은 상당히 뛰어나다. 카메라를 장착한 드론이 공중에서 촬영한 화상 데이터는 사람이 접근하기 어려운 화산활동을 감시하는 데 유용하다. 둘째, 토목현장에서 공중측량이 가능하므로 인프라 시설에 대한 시설관리, 산

림감시 등에 유용하다. 또한 농업에서 농약 살포에 사용될 수 있다.

그림 10-4 드론

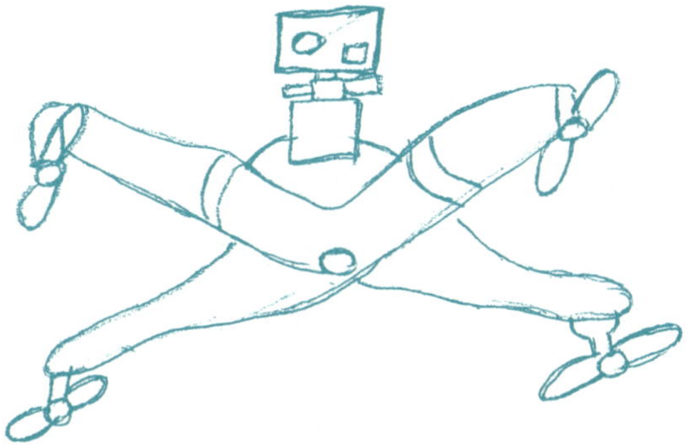

출처 : Nonami Kenzo, 『드론 무인항공기 : 하늘의 산업혁명』(강현철 · 박장환 · 류영기 감수), 2019.

2. 제4차 산업혁명과 물류

2.1 빅데이터와 물류

1) 의의

최근 빅데이터 시대를 맞이하여 소비자와의 쇼핑을 위한 접점의 변화는 데이터의 통합을 시도하는 추세로 변해가고 있다. 즉, 모바일 쇼핑, TV 쇼핑, 콜센터 등이 모두 소비자의 욕구를 채집하는 채널로 사용된다. 인터넷이든, 모바일이든, 오프라인 매장이든 간에 소비자가 이용 가능한 모든 채널을 쇼핑의 창구로 유기적으로 연결하여 쇼핑에 불편이 없도록 하고 있다. 이런 채널의 통합을 온-오프 연계형

(Online to Offline ; O2O) 상거래라 한다. 과거에는 개별적이던 소비자 개인정보가 빅데이터로 통합되고 이를 근거로 고객 맞춤형 서비스가 가능해진 것이다.[18]

이에 수반되어 물류 환경 또한 당연히 변하게 된다. 예를 들어 요즈음 소비자들은 오프라인 매장에서 상품을 고른 다음, PC에서 온라인 쇼핑몰을 충분히 검색하여 가장 싼 곳을 찾아 모바일로 결제한다. 모바일 결제 시 추가로 할인이 되기 때문이다. 이때 유통업체는 온-오프 연계형이기 때문에 물건의 배송은 물리적으로 고객과 가장 가까운 근처 매장에서 출고하는 형태가 될 수 있다. 예를 들면, 아마존은 온라인으로 구매한 상품을 지하철이나 동네 편의점의 주차장에서 찾아가도록 하고 있다.

2) 물류 환경에서의 빅데이터 사례

빅데이터 분석은 SCM의 전 프로세스에 적용 가능하다. 제품개발 영역에서는 SNS에서 제시되는 다양한 정보를 활용, 디자인과 성능 개발에 적용한다. 수요계획에서는 프로모션 가격 변동 추이, 유통점 재고상황 등 기업 외부 유통망 정보와 SNS, 기상 등의 정보를 접목해 수요 예측이 아닌 수요 측정 형태로 활용한다. 공급계획에서는 유통망 판매 추이 정보를 수요계획 수립 시 반영, 공급계획과 실시간으로 연결한다. 물류에서는 수·배송 시 위성항법장치로 최적 수송경로를 확보한다. 빅데이터를 SCM에 적용하기 위한 구체적 방법으로는 각 데이터 간의 연관관계를 찾아내는 데이터마이닝 기법이 주로 사용된다. 다양한 부서에서 각 지사별로 어떻게 부품을 조달하는지 상관관계를 파악하는 과정에서 이들 데이터 간의 공통성·대체성·유사성과 같은 측면을 고려하는 것이다. 공통성은 제품별로 서로 비슷한 부분을 찾아내는 것이다. 상품 1과 상품 2는 큰 차이가 나는 것이 아니라 95%의 부품은 공통적이고 나머지 5%만 다를 수도 있다. 이런 경우 공통적인 95%에 대한 조달비용을 낮춰나갈 수 있다. 유사성의 경우는 특정 지역에서 A상품 대신 유사한 B상품의 매출이 높아 보인다면 상품이 서로 다르더라도 비슷한 부품을 사용해 비용절감 효과를 거둘 수도 있다. 이러한 것들은 빅데이터를 기반한 데이터 분석 기술에 의해 가능한 것이다.[19]

(1) 아마존의 빅데이터 활용 사례

빅데이터를 분석해 고객의 수요를 예측하고, 발주량을 예측해 제품을 물류센터로 이동하는데, 그 정보를 활용하여 최소한의 비용으로 가능한 방안을 찾아가는 것이다. 아마존의 경우 빅데이터를 활용해 구매를 예측한다. 구매가 예상되는 상품들을 미리 물류센터에 대기시켜 놓았다가 결제가 일어나는 순간 배송이 시작되는 것이다. 그런가 하면 자라(Zara)는 MIT와 함께 세계 2,000개 매장의 판매와 재고 데이터를 분석해 매출을 최대로 높이는 재고 최적 분배 시스템을 개발했다. 매장에서 어떤 제품이 잘 팔리는지 매장의 판매를 실시간으로 분석해 소비자가 원하는 제품을 적시에 해당 매장에 공급해 매출을 극대화하고 있다.

(2) 콜드체인 물류와 빅데이터 활용

글로벌 콜드체인 물류 관련 기업은 동아시아와 중국 내 물류기업과의 파트너십으로 전략을 수립하고 시장 선점을 진행하고 있다. 특히 중국은 콜드체인망의 강화를 중앙정부 정책으로 추진하고 있는데, 중국의 소득 증가로 중국 내륙에서도 냉동식품과 관련된 수산물 식품시장이 활성화되고 있어 수산물 시장은 블루오션이 되고 있다. 특히 신선식품은 생활과 고밀접, 중복 구매율, 고매출 창출이라는 특징을 갖고 있다. 연평균 신선식품 전자상거래 시장의 증가율은 이미 200%를 넘어 섰으며, 중국의 설날을 앞둔 기간의 신선식품 판매량은 평일 판매량의 5～6배에 이른다.

신선식품 배송 역시 식품업계가 추구하는 서비스 측면의 빅데이터 분석을 활용한 사례이다. 업체 측에서 배송차량 내에 냉동보관 시스템을 구축해 과거에 보관상의 까다로움으로 인해 배송이 제한됐던 식품들이 원활히 유통될 수 있게 만들었다. 소비자가 직접 판매처를 방문해 물품을 구매하는 번거로움을 덜고 고객편의의 범위를 최대로 확대시켜주는 것이다.

Box 10-1 UPS의 빅데이터 활용

UPS는 다른 기업들에 비해서 일찍 데이터의 가능성을 보고 1980년대부터 배송물품의 추적과 부가적인 이동정보들을 쌓아오고 있다. 최근에는 매일 880만 고객에게 배송되는 1,630만 개의 물품에 대한 정보가 저장되고, 이것으로부터 파생되는 3,950만 건의 트랜잭션이 저장된다.

약 46,000대의 트럭에서 나오는 텔레메틱스 센서들로부터 데이터가 수집되며, 차량의 속도, 방향, 제동, 차량의 성능 등의 정보가 포함된다. 이 데이터는 배송기사의 평가지표로도 활용되지만, UPS 중앙 서버로 수집되어 빅데이터를 구성하여 궁극적으로는 UPS 기사들이 이용하게 되는 주요 경로들을 재설정하는 데 쓰인다. UPS는 이러한 목적을 위해서 도로 위 통합된 최적 네비게이션(On-Road Intergrated Optimization and Navigation ; ORION)이라는 시스템을 구축하고, 그간 축적된 데이터를 기반으로 배송기사들의 배달 및 집하 업무를 실시간으로 조절하고 있다. ORION을 통해서 2011년에만 매일 85백만 마일의 동선을 줄여 약 8.4백만 갤런의 연료를 절약하였는데, 배송기사당 매일 1마일의 거리만 줄여도 3천만 달러의 비용절약 효과가 있을 수 있다. 또한 2016년 기준으로 매년 1천만 갤런의 연료 사용을 절감하고 10만 톤의 온실가스 배출을 회피하여 약 3억에서 4억 달러의 운영비용을 절감할 수 있을 것으로 기대하고 있으며, 이러한 성과에 힘입어 향후에는 매일 운행하는 약 2,000대의 항공기에 이 시스템을 적용할 예정이다.

출처 : 김승욱, 「물류에서 빅데이터 분석의 활용을 위한 가치 모델」.

(3) 라스트 마일 최적화와 빅데이터

'라스트 마일' 이라는 용어는 원래 통신분야에서 사용되었지만 이후 공급망 관리에 적용되고 있다. 화물이 화물기지 또는 항구에 도착하면 최종 목적지로 운송해야 하는데 공급망의 이 마지막 단계는 종종 덜 효율적이며 제품을 옮기는 데 드는 총 비용의 최대 28%를 차지하기도 한다. 따라서 제품 비용을 절감하기 위한 리스트 마일 배송의 최적화는 빅데이터 기술을 적용하기에 가장 적합하다고 할 수 있다.

라스트 마일에서 최적화는 결국 배송과정에서의 시간 절약을 목표로 한다. 실시간 정보의 신속한 처리는 여러 가지 방법으로 이러한 목표를 지원하는데 배송차량에서부터 짐을 내릴 때까지 센서를 부착해 자동으로 탐지하면 최적의 배송서비스를 구현할 수 있다. 모든 배송차량은 지리적 · 환경적 요인과 수령인의 상태를 고려해 배송 시퀀스의 연속적인 적응을 수신한다. 여기서 빅데이터는 이동 중에 역동적으로 경로를 다시 설정하고 실시간으로 일어난 사건과 관련된 스트림을 공급받아 조합하고 최적화할 필요가 있다. 그 결과 운전자는 배송차량에 설치된 내비게이션 시스템으로부터 즉각적으로 업데이트된 경로 안내를 제공받을 수 있다.

2.2 드론과 물류

드론(Drone)은 무인 비행체를 말한다. 물류는 경영관리에서 극복해야 할 가장 어려운 과제이다. 그런데 최근 무인항공기 기술이 발달하면서 새로운 택배의 혁명이 기대되고 있다. 보통 온라인 쇼핑을 하고 나면 소비자는 배송시간에 대한 기대가 가장 크다. 아마존은 스마트폰의 위치추적 시스템을 활용해 받을 사람이 있는 곳으로 곧바로 배송해 주는 것을 골자로 하는 드론 배송 관련 특허를 취득하고 앞으로 드론을 이용한 택배를 하겠다고 선언했다. 배송을 위해서는 사람이 함께 움직여야 하므로 더 이상의 비용절감을 기대하기 어려운 현실에서 드론의 상용화는 물류에서 일대 혁명이라고 볼 수 있다. 배송 경쟁에서는 속도가 핵심이기 때문이다.

1) 물류와 드론

중국의 알리바바는 베이징과 상하이에서 드론 택배 시범서비스를 했다. 아마존은 DHL과 손잡고 드론을 이용한 배송시스템을 추진 중인데 배송 건당 2달러 수준을 예상하고 있다. 현재는 택배비가 건당 최대 8달러 정도까지 소요되고 있다. 실제 아마존의 영업이익률이 저조한 현 수준에서 택배비의 절감은 매우 중요한 도전인 것이다. 구글의 쇼핑서비스인 구글익스프레스도 드론에 의한 택배 실험을 호주에서 한 바 있으며, 도미노 피자도 피자 배달에 드론을 이용하는 프로젝트를 추진 중이며 실험에 성공한 상태이다. 국내 택배업체들도 발 빠르게 움직이고 있다. CJ대한통운, 한진택배 등에서 드론을 이용한 물류배달 시험 비행을 계획하고 있으며, 서해 섬지역의 혜택이 기대된다.[20]

2) 대형 선박의 접안과 드론

드론(Drone)은 무인완전자동화 터미널에서 대형 선박의 접안에도 활용 가능하다. 대형 선박은 항만 부두시설에 접안하는 데 많은 어려움이 있다. 이 라스트 마일 문제를 해결하는 데 드론이 활용될 수 있다. 즉, 드론이 항공 촬영하여 대형 선박과 부두시설 간의 거리를 측정해 원격으로 제어함으로써 대형 선박이 사고 없이 접안할 수 있도록 하는 것이다.

3) 창고관리와 드론

사토 홀딩스는 산업용 드론과 자동인식 솔루션을 조합해 사람이 미치지 못하는, 다가가기 어려운 정보에 접근할 수 있는 마지막 1cm를 잇기 위하여 드론을 활용할 수 있다. 옥내외에서 RFID 태그 리더기를 장착한 드론이 RFID 데이터를 자동으로 수집함으로써 창고관리에 효율성을 가져올 수 있다.[21]

2.3 사물인터넷과 물류

1) 사물인터넷의 도입

물류분야 사물인터넷(IoT)은 모니터링 기능과 분석 및 의사결정 부분으로 구분할 수 있다. 모니터링 기능은 센서 기술을 활용하여 공급망 내의 사물들을 감시하는 기능이며, 의사결정 기능은 센서가 보내온 빅데이터를 처리하고 이를 통하여 의사결정을 하는 기능이다. 최근에는 인공지능 소프트웨어를 탑재하여 외부 환경과 상태 변화를 인지 학습하여 자율적으로 의사결정을 하는 IoT 장치들이 나타나고 있다.[22]

2) 스마트 컨테이너

컨테이너에 센서와 무선통신 기능을 강화하여 부정한 개봉과 위치정보, 온도 등을 감지하는 컨테이너를 말한다. 따라서 채소, 생선, 과일 등 신선물류에는 중요한 역할을 할 것으로 기대되고 있다.

2.4 블록체인과 물류

1) 정보의 공유

물류업무는 연속성(Sequence)의 특징을 지닌다. 조달, 생산, 유통 등 상이한 기능들의 원활한 연결(Linked)이 공급사슬의 효율성에 중요한 영향을 미친다. 따라서 원자재의 조달에서부터 최종 소비에 이르기까지 재화의 흐름과 관련된 일련의 활동(Series of activities)이 원활하게 이루어져야 한다.

물류정보의 공유란 공급사슬의 참여당사자들 사이에 상호 연관된 물류업무의 다양한 정보를 공유함을 의미하는 것으로, 기업은 물류정보의 공유를 통해 공급사슬의 시너지를 증가시킬 수 있다. 공급사슬상의 정보공유는 갑작스러운 수요 변화에 대한 공급사슬의 대응능력을 향상시키고, 물류프로세스의 복잡성과 시장의 불확실성 또한 감소시킬 수 있다. 블록체인 네트워크를 통한 실시간 정보의 생성과 보관, 그리고 정확한 전달과 공유는 물류프로세스와 공급사슬의 효율성에 필요한 핵심 요소라 볼 수 있다.

2) 통합된 네트워크의 운영

공급사슬의 구성원들은 각각 상류(Upstream)와 하류(Downstream) 양방향으로 재화 및 가치의 공급 흐름을 관리하는 독립된 조직의 집합체(Set of entities)이다. 따라서 복잡한 네트워크의 효율성을 증대시키기 위해서는 통합된 공급사슬(Intergrated supply chain)의 운영이 매우 중요하다. 통합된 공급사슬이란 효율적이고 효과적인 재화와 가치의 흐름을 위해 공급사슬 구성원들 사이에 이루어지는 상호작용과 협업 프로세스를 의미한다.

블록체인은 다양한 참여자가 존재하는 복잡한 네트워크이다. 하지만 특정 당사자가 아닌 네트워크 참여자 전체에 의해 의사결정이 이루어지는 구조적 특징을 지니고 있다. 따라서 블록체인은 공급사슬 전체의 효율성 향상에 필요한 통합 의사결정을 가능하게 하는 최적의 시스템이 될 수 있다.

3) 상호 신뢰성과 의존성

구성원들의 상호 신뢰성과 의존성은 성공적인 공급사슬관리를 가능하게 한다. 신뢰성은 각 당사자들의 기회주의를 배제하고 교환관계의 거래비용을 감소시킬 수 있으며, 상호 의존성은 통합된 공급사슬을 강화시킬 수 있기 때문이다. 블록체인은 발생하는 거래의 원장을 전체 참여자들이 보유할 수 있고, 거래와 관련한 모든 정보 또한 당사자들에 의해 공유되며, 내용의 변경 또한 언제든지 확인 가능하므로 거래의 투명성과 신뢰성이 담보된다. 즉, 신속하고 정확하며 신뢰성을 담보받을 수 있는 거래기반이 조성됨에 따라 전체 네트워크의 효율성을 증가시킬 뿐 아니라 거래참여자들의 고객서비스 향상과 상호 이익을 증대시킬 수 있게 된다.

4) 스마트 계약(Smart contract)의 확대

스마트 계약은 특정 조건의 이행을 위해 컴퓨터화된 거래 프로토콜(Computerized transaction protocol)이다. 즉, 일정한 시간이나 예정된 작업 등 특정 계약 내용을 자동으로 이행하는 컴퓨터 시스템이다. 일반적으로 계약의 성립은 증거자료에 의해 객관적으로 증명되지만 블록체인에서는 계약과 관련된 정보를 블록에 기록하여 제3자의 증명이나 내용의 위 · 변조 없이 계약 내용을 관리하고 실행할 수 있는 시스템을 만들 수 있다. 이는 업무의 효율성을 증가시킬 뿐 아니라 악의적이거나 우발적인 거래중단 상황을 최소화할 수 있다. 물류업무 중 발생하는 다수의 작업은 정해진 규칙과 계획을 통해 지정된 업무를 확인하는 과정이므로 스마트

계약을 적용하기에 적합하다. 재고 확인, 재주문, 서류의 발송과 처리 및 확인 등의 물류업무에 자율거래를 적용하고 블록체인의 정보가 자유롭게 공유된다면 물류의 병목현상을 해소하고 리드타임 또한 단축할 수 있다.

2.5 3D프린팅과 물류

1) 해외직구

미래 소비자는 더욱 다품종 소량 주문에 익숙해질 것이다. 현재의 소비자는 각자 집에 레이저 프린터를 갖추고, 누군가 인터넷으로 보고서를 보내오면, 사무실에 가지 않아도 집에서 보고서 파일을 레이저 프린터로 인쇄해서 볼 수 있다. 그리고 집에서 자기 자신이 회사를 위하여 보고서를 작성하면 집에서 이 보고서를 상사에게 인터넷으로 발송하고 스마트폰으로 내용을 얘기한다. 따라서 재택근무가 가능해지고 있다. 이와 같은 일이 국제적인 해외직구에서도 발생할 수 있다. 미래에 각 소비자가 자기 집에 3D프린터를 갖고 있다면, 해외에서 굳이 물품을 구매하고 이를 물류비를 들여서 국내로 반입할 필요가 없을 것이다. 해외 판매자가 인터넷으로 물품의 디지털 설계도를 보내오면, 신용카드로 물품 대금을 지불한 국내 소비자는 3D프린터로 자기 집에서 물품을 생산해낸다.

2) 일반 디지털 무역

미래에는 수입상이 물품을 굳이 국제물류를 활용하여, 세관 통과를 거쳐서 수입국으로 운송하지 않아도 될지 모른다. 예를 들어 디자인이 독특한 머그잔을 수출한다고 생각해 보자. 예전에는 머그잔이 깨지기 쉬운 물품이었으므로, 다른 제품에 비하여 포장비가 많이 소요되었을 것이다. 그러나 3D프린팅이 활성화되면,

머그잔의 디자인과 설계도면만 인터넷으로 디지털 무역을 통하여 수출하고, 실제 머그잔은 수입국이 수입회사가 대형 3D프린터를 구비해 놓아, 수입국에서 대량 생산이 가능해진다. 그렇게 된다면 물류비용은 크게 절감될 것이다. 따라서 제품 가격은 인하될 것이다.

2.6 인공지능(AI)과 물류

제4차 산업혁명의 파급효과가 가장 큰 분야는 인공지능(AI) 분야일 것으로 추정된다. 특히 물류분야에서 완전무인화 자율터미널 또는 로보틱 항만의 출현은 그 파급력이 상당하다고 판단된다. 인공지능은 앞에서 논의한 바와 같이 항만의 자동화와 자율주행 차량에서 발원한 자율주행 선박도 시험하고 있다.

1) 자율주행 로봇의 출현

(1) 기술의 적용 가능성

물류로봇은 물류센터 및 공장에서 사물인터넷(IoT) 기술과 인공지능을 활용한 자율주행 기술을 결합하여 물류효율 향상을 위한 로봇시스템이다. 자율주행 기술은 구글이 먼저 자율주행 자동차를 실험함으로써 출현하였다. 교통상황이 단순한 소도시에서는 자율주행 기술이 적용되기 쉬우나, 서울이나 뉴욕과 같은 대도시에서처럼 교통시스템이 복잡하고, 예측할 수 없는 돌발상황이 많으므로 자율주행 시스템이 실행되기 쉽지 않다. 왜냐하면 딥러닝 기술을 이용한 훈련데이터를 활용하여 인공지능을 학습시키기 어렵기 때문이다. 그러나 창고와 같은 폐쇄적인 인공적인 장소에서는 상황 자체가 단순해 예측가능성이 높으므로 자율주행 기술이 효과를 볼 수 있다.

(2) 사례

아마존은 물류로봇을 활용하여 물류 생산성을 올리고 있다. 아마존은 자사 물류센터에서 4만 5천 대 이상의 물류로봇을 활용하여 물류비용과 처리시간을 단축하고 있다. 아마존의 물류 모형은 로봇은 이송만 하고, 사람은 피킹 기능만 수행하는 인간-로봇 협업체제이다. 아마존은 지능엔진이 탑재된 키바로봇을 도입하였다. 키바로봇은 머신러닝과 딥러닝 알고리즘을 채용하여 이동경로 계산 및 최적화 재고 선반과 물건의 인지, 이동하는 키바로봇 간의 충돌 방지 등을 수행한다. 이를 통해 기존의 1시간 이상 걸리던 물류 순환 속도를 15분으로 단축하고 재고공간과 운영비용 또한 절감하였다.[23]

2) 로보틱 항만의 출현

국제물류는 최근 국제적으로 치열한 경쟁에 돌입해 있다. 물류분야의 국제경쟁은 허브항구의 확보로 나타나고 있다. 현재 동북아시아는 한국의 부산, 중국의 상해, 일본의 후쿠오카 등이 서로 국제물류의 중심지가 되기 위해 사활을 건 경쟁을 하고 있다. 각 항구는 허브항구가 되기 위하여 컨테이너 항만의 현대화와 비용절감에 나서고 있다. 컨테이너 항만의 경쟁력을 제고하기 위해서는 무엇보다도 비용절감이 중요한데, 이를 위해 컨테이너 터미널의 자동화 · 무인화에 나서고 있다. 예를 들어 최근 중국의 상해항은 컨테이너 터미널을 무인(無人)화하여 새로 개장하고 있다.

요약

제4차 산업혁명은 빅데이터, 사물인터넷, 인공지능, 드론, 3D프린팅 등 과거에는 찾아볼 수 없었던 새로운 기술로 우리에게 다가오고 있다. 독일 등은 인더스트리 4.0 등 새로운 공장 모형을 제시하고 있다. '빅데이터'는 기존의 관리 및 분석 체계로는 감당할 수 없을 정도의 거대한 데이터 집합을 지칭한다.[24] 실시간 연결과 소통의 '스마트 혁명'으로 데이터는 폭증하고, 기존의 데이터 저장 · 관리 · 분석 기법은 한계와 도전에 직면하게 되었다. 데이터는 정보사회를 움직이는 핵심 연료인 만큼 '빅데이터로의 환경변화는 정보사회의 패러다임을 견인할 정도의 큰 힘을 발휘하게 되었다. 블록체인은 다양한 참여자가 존재하는 복잡한 네트워크이다. 하지만 특정 당사자가 아닌 네트워크 참여자 전체에 의해 의사결정이 이루어지는 구조적 특징을 지니고 있다. 따라서 블록체인은 공급사슬 전체의 효율성 향상에 필요한 통합 의사결정을 가능하게 하는 최적의 시스템이 될 수 있다.미래에 각 소비자가 자기 집에 3D프린터를 갖고 있다면, 해외에서 굳이 물품을 구매하고 이를 물류비를 들여서 국내로 반입할 필요가 없을 것이다. 해외 판매자가 인터넷으로 물품의 디지털 설계도를 보내오면, 신용카드로 물품 대금을 지불한 국내 소비자는 3D프린터로 자기 집에서 물품을 생산해낸다. 제4차 산업혁명의 파급효과가 가장 큰 분야는 인공지능(AI) 분야일 것으로 추정된다. 특히 물류분야에서 완전무인화 자율터미널 또는 로보틱 항만의 출현은 그 파급력이 상당하다고 판단된다. 인공지능은 앞에서 논의한 바와 같이 항만의 자동화와 자율주행 차량에서 발원한 자율주행 선박도 시험하고 있다.

연습문제

토론주제

1. 제4차 산업혁명에 대하여 토론하시오.
2. 디지털 경제의 의의에 대하여 토론하시오.

3. 인더스트리 4.0에 대하여 토론하시오.

일반문제

1. 디지털 경제에 대하여 설명하시오.
2. 제4차 산업혁명에 대하여 설명하시오.
3. 빅데이터에 대하여 설명하시오.
4. 3D프린팅에 대하여 설명하시오.
5. 스마트팩토리에 대하여 설명하시오.
6. 인더스트리 4.0에 대하여 설명하시오.
7. 전자상거래의 장점에 대하여 설명하시오.
8. IoT에 대하여 설명하시오.
9. 분산형 원장에 대하여 설명하시오.
10. 블록체인의 특성에 대하여 설명하시오.

심화문제

1. 인공지능(AI)에 대하여 설명하시오.
2. 드론의 잠재성에 대하여 설명하시오.
3. 블록체인의 물류 활용성에 대하여 설명하시오.
4. 빅데이터의 물류 활용성에 대하여 설명하시오.
5. 사물인터넷의 물류 활용성에 대하여 설명하시오.

참고문헌 및 미주

1. 강만모 · 김상락 · 박상무, 「빅데이터의 분석과 활용」, 『정보과학회논문집』, 제30권 제6호, 2012, p.25.
2. 빅토르 마이어 쇤버거 · 케네스 쿠키어, 전게서, p.89. ; 크리스천 러더, 『빅데이터 인간을 말하다』(이가영 역), 다른, 2015.

3. 정용균 · 정진근, 「빅데이터 시대의 공정이용법리」, 『산업재산권』, 2014,
4. 지영민 · 유준재 · 이상학, 「IoT, 빅데이터 그리고 인공지능」, 『정보과학회지』, 2017. 7., pp.43~50.
5. 정용균, 『전자무역론』, 창람, 2019, p.133.
6. 비트뱅크(주) & 블록체인의 충격 편집위원회, 『블록체인의 충격』(김응수 · 이두원 역), Book Star, 2016, p.129.
7. 윌리엄 무가야, 『비즈니스 블록체인』(박지훈 · 류희원 역), 한빛미디어, 2017, p.59.
8. 비트뱅크(주) & 블록체인의 충격 편집위원회, 『블록체인의 충격』(김응수 · 이두원 역), Book Star, 2016, p.129.
9. 김창희, 「스마트 계약에 수반되는 자력 집행에 관한 법적연구」, 『법학연구』, 인하대학교 법학연구소, 제22권 제1호, p.469.
10. 김창희, 「스마트 계약에 수반되는 자력 집행에 관한 법적연구」, 『법학연구』, 인하대학교 법학연구소, 제22권 제1호, p.470.
11. 윌리엄 무가야, 『비즈니스 블록체인』(박지훈 · 류희원 역), 한빛미디어, 2017, p.80.
12. 윌리엄 무가야(2017), p.80.
13. 이수현 · 김혜리 · 홍승필, "스마트 컨트랙트에서 개인정보보호를 위한 설계방안 연구", 2017년 한국통신학회 하계종합학술발표회, p.605.
14. 비트뱅크(주) & 블록체인의 충격 편집위원회, 『블록체인의 충격』(김응수 · 이두원 역), Book Star, 2016, p.129.
15. 지영민 · 유준재 · 이상학, 「IoT, 빅데이터 그리고 인공지능」, 『정보과학회지』, 2017, 7, p.45.
16. Nonami Kenzo, 『드론 무인항공기 : 하늘의 산업혁명』(강현철 · 박장환 · 류영기 감수), (주) 골든벨, 2019, p.2.
17. Nonami Kenzo(2019), p.3.
18. 노규성 외, 『빅데이터시대의 전자상거래』, 생능, 2017.
19. 노규성 외(2017).
20. 노규성 외(2017).
21. Nonami Kenzo(2019), p.284.
22. 최혁준 · 정현재, 「스마트물류 동향 및 평택항 IoT 적용방안」, 『e-비즈니스연구』, 18권 6호, 2017, p.151.
23. 최혁준 · 정현재(2017), p.151.
24. 빅토르 마이어 쇤버거 · 케네스 쿠키어, 전게서, p.89. ; 크리스천 러더, 『빅데이터 인간을 말하다』(이가영 역), 다른, 2015.

1. 녹색물류의 정의와 배경

2. 국내외 녹색물류 현황 및 정책

3. 녹색물류 법규

4. 녹색물류 도입 사례

5. 녹색물류 추진 사례

6. 환경물류 정책방향

녹색물류와 국제운송

녹색물류를 달성하기 위하여 모달시프트가 이루어져야 한다.

과거에는 비용절감 등 효율화만 중요하였다. 그러나 기후변화로 인한 온난화로 북극의 빙하와 알래스카 빙하가 녹고 있다. 따라서 이산화탄소 배출을 저감하는 기후협약이 체결되었다. 더구나 항만 등은 물류 운반차량이 내연기관으로 되어 있어 대기오염이 심하다. 또한 폐기물 배출로 인하여 항만의 오염이 심각하다. 이에 대처하기 위하여 녹색물류가 대두되었다.

1. 녹색물류의 정의와 배경

1.1 녹색물류의 정의와 특성

1) 녹색물류의 정의

녹색물류(green logistics)는 자연의 유시 또는 훼손의 최소화를 지향하며, 지속 가능한 발전[1]을 위해 원재료의 탐색, 이용, 생산에서 유통 등 최종 소비자에 이르는 전 과정과 사용 및 사용 후 재활용, 재사용, 폐기 등에 이르기까지의 물류 전 과정에서 환경을 보호하며, 환경유해 요소와 행위를 원천적으로 차단하거나 최소화하는 물류활동이라 할 수 있다.[2] 녹색물류는 물류활동으로 인해 발생하는 환경오염의 영향을 최소화하기 위한 활동으로 광의로는 물류활동에 따른 대기환경에 대한 영향뿐만 아니라 전통적인 순물류와 회수물류를 포괄하는 물류활동이고, 협의로는 대기환경 개선을 위해 화물자동차의 배출가스 저감 대책 등 오염물질을 저감 · 관리하는 활동을 말한다. 그러나 녹색물류 관리를 협의의 개념으로 인식하기도 하는데, 이는 물류활동에서 운송물류가 차지하는 비중이 절대적으로 크기 때문이다.[3]

2) 녹색물류의 의의

환경적인 문제와 관련하여 녹색물류가 중요한 이유는 대기오염의 방지와 온실가스 배출을 규제하는 데 녹색물류가 큰 역할을 할 수 있기 때문이다. 녹색물류는 원자재부터 생산, 판매, 폐기에 이르기까지의 전 과정을 포함하는 물류기능인 수송 · 보관 · 하역 · 유통가공 · 정보 · 관리에서 환경 유해요소를 원천적으로 제거하거나 최소화하는 모든 활동으로 물류활동에 의해 발생하는 환경요소를 측정하고 최소화하고자 하는 것이다. 지구에서 발생하는 많은 온실가스 중에서 물류부문의 비중이 5.5%에 달하고, 국내 에너지부문의 온실가스 배출량 중에서 물류부문이 약 20%에 달하는 것으로 조사되어, 녹색물류의 중요성이 강조되고 있다.

표 11-1 물류의 발전과정

구분	물류	로지스틱스	공급체인 관리	사회지향적 로지스틱스 관리
시기	1970~1985	1986~1995	1996	2005
목적	물류부문 내 효율화	기업 내 물류효율화	공급체인 전체 효율화	사회시스템 최적화
대상	수송, 보관, 하역, 포장	생산, 물류, 판매	공급자, 제조업자, 도소매업체, 고객	기업, 고객, 정부, NGO
수단	전화, 전보, 우편	기업 내 정보시스템	파트너십 SCM, ERP	종합물류정보망

3) 환경친화적 물류활동 활성화 요인

첫째, 근원적 감축으로 환경적인 문제를 원칙적으로 제거하는 것이다.

둘째, 재사용으로 현 상태 그대로 또는 변형하여 원래의 용도 또는 타 용도로 재사용하는 것을 말한다.

셋째, 재활용으로 선별, 파쇄, 세척, 건조, 정제, 고형화 등 중간 과정을 거쳐서 원래의 용도 또는 타 용도 원료로 재사용한다.

넷째, 정보 및 관리기술 요인들은 대체로 정보 및 관리기술적인 요소들이 강한 변수들로 전사적 자원관리(ERP) 정보시스템 구축, 물류비 산정기준 수립, 그린구매제도 등으로 관리지원이 선행되어야 할 요소로 구성되어 있다.[4]

Box 11-1 지구온난화와 북극항로

1. 지구온난화 현상

현재 세계 각 지역에서 빙하가 녹고 있다. 북극에서는 과거 빙하가 많이 녹아서 녹지가 드러나고 있다. 북극곰이 녹아서 떠다니고 있는 유빙 위에 고립되기도 하고, 얼마 전에는 도심에 나타나는 일까지 벌어졌다. 알래스카 역시 빙하가 많이 녹고 있다. 남극 역시 빙하가 녹고 있다. 그린랜드 역시 얼음이 녹고 있다. 아프리카 최고봉인 킬리만자로 산 역시 정상에 있던 얼음이 녹고 있으며, 알프스 산맥 역시 얼음이 녹고 있다. 가장 심각한 현상은 티베트 고원지대 빙하 역시 녹고 있다는 점이다. 왜냐하면 티베트 고원지대 고산들에서 아시아의 주요 하천이 시작되기 때문이다. 인도차이나 반도의 메콩강, 인도의 브라마푸트라강 등도 여기에 달려 있다. 만약 미래에 티베트 고산지대 빙하가 많이 녹으면, 메콩강이나 갠지즈강 주변 주민들의 식수원이 고갈될 것이다. 그리하면 물부족 분쟁이 일어날 것이다.

2. 북극항로

북극의 빙하가 녹음에 따라 과거에는 해상운송이 불가능하였던 북극해를 통한 북극항로가 개척되고 있다. 따라서 극동지역과 유럽지역과의 거리가 단축되었다.

1.2 녹색 항만의 정의와 의의

1) 정의

1992년 기후변화협약 체결로 기후변화 대응이 중요해지고 있다.[5] 녹색 항만(green port)은 항만의 여러 활동들이 항만은 물론 도시 및 주변 환경을 청정하고 깨끗하게 유지되도록 계획, 운영, 관리, 평가되는 항만을 말한다. 항만이 청정하고 깨끗한 상태가 유지되기 위해서는 먼저 항만의 대기의 질이 오염으로부터 자유로운 상태여야 하며, 항만이 위치한 바다나 강의 수질 상태도 청정한 상태여야 한다. 산업화된 오늘날의 도시환경에서 오염원으로부터 완전히 자유로운 항만은 현실적으로 존재하기 어려울 것이나, 녹색 항만은 다양한 방법으로 청정하고 깨끗한 항만을 지향하는 활동이며, 이와 동시에 그런 항만을 지칭하는 것이다.

2) 의의

녹색 항만에 영향을 미치는 환경요인들은 대기, 물, 지하수, 토양, 오존과 오존층, CO_2 등과 이로 인한 지구온난화와 지구환경 파괴, 환경재해 등을 들 수 있다. 일반적으로 환경을 보존하기 위한 적극적 대안으로 나무 심기, 에너지 사용 절약, 환경친화제품 만들기 등을 들 수 있고, 환경의 파괴를 억제하기 위한 활동으로 물(바다, 강, 호수, 지하수 등)의 기능 회복과 청소, 산과 들과 도시의 정화, 토양과 대기의 정화, 쓰레기 · 폐기물의 회수와 최소화, 그리고 재활용 등을 들 수 있다.

1.3 녹색물류와 녹색비즈니스

1) 녹색물류의 개념 진화

녹색물류는 1990년대 중반에 제안된 새로운 개념이다. 현재까지 정형화된 정의는 없는 실정이다. Wu와 Dunn은 녹색물류란 환경을 고려한 물류시스템이며 이는 원자재 조달, 생산, 포장, 운송, 보관, 최종 소비자에게 전달되는 모든 과정이 포함되는 순물류뿐만 아니라 폐기물 재활용과 처분을 다루는 역물류(reverse logistics)까지 포함되는 개념이라고 설명하였다. Rodrigue 등은 녹색물류를 환경친화적이고 효과적인 물류시스템으로 정의하였다. 다양한 정의를 종합해 볼 때 녹색물류는 오염물질의 배출을 줄이고 자원소비를 줄이기 위한 목표 하에 이루어지는 환경친화적 활동뿐만 아니라 지속 가능한 발전의 개념까지도 포함한다.[6]

2) 녹색비즈니스

물류산업에서 녹색활동은 몇 가지 측면에서 살펴볼 수 있는데, 우선 연료의 소비와 배출이 녹색물류와 상당한 연관이 있다. 특히 운송을 담당하는 물류기업은 차량에 사용되는 연료를 줄이기 위해 노력하고 있다. 녹색물류의 기능 측면에서 보면 녹색운송(green transportation)은 동일한 목적으로 서비스를 제공하는 경쟁사와 비교하여 인류와 환경에 부정적인 영향을 덜 미치는 운송서비스라고 정의된다.

(1) 차량의 개선

유해물질의 배출을 줄이기 위해 제정된 규정은 많다. 차량 종류의 선택, 화물의 통합, 연료의 종류 선택과 같은 운송자원의 효율적 활용은 환경, 즉 공해, 소음 그리고 혼잡의 부정적인 영향을 줄이는 데 도움을 줄 수 있다. 다음으로 정확한 기획과 계획은 자원의 낭비를 막을 수 있다. 적절한 운송수단 혹은 노선은 연료의 소비에 직접적인 영향을 미친다.

(2) 환경친화적 물류네트워크 설계

환경친화적인 관점에서 물류네트워크를 설계함으로써 기업은 자연을 조금이나마 보호할 수 있을 것이다. 다국적기업은 공급사슬을 친환경적으로 변화시키기 위해 공급사슬에서 주요 공급자, 유통업자, 그리고 시설 및 설비 등을 통합하는 노력뿐만 아니라 다양한 수단을 활용하고자 노력하여 왔다. 포장과 보관에 사용되는 다양한 물질 또한 환경에 영향을 미칠 수 있다.

(3) 역물류

역물류(reverse logistics)는 녹색물류 영역 내에서 다루어질 수 있는 새로운 비즈니스 영역이다. 폐기물 관리, 특히 핵폐기물은 핵에너지 사용의 증가에 따라 물류기업에게 틈새시장 중 하나가 될 수도 있다. 유럽의 몇몇 국가들은 중고품과 제조로 유발된 쓰레기를 포함한 역물류 흐름에 중대한 영향을 미치는 제조업의 변화를 위해 환경 관련 법령을 제정하고 있다.

2. 국내외 녹색물류 현황 및 정책

국제환경협약(International Convention on Environment)은 국가 간에 환경과 관련하여 협의를 통해 맺는 협정으로, 국제적 영향력이 큰 환경협약으로 한국이 가입한 협약은 6개이다.[7] 각 협약의 목적과 내용은 조금씩 다르지만 공통성은 온실가스 배출을 줄이는 데 있다. 이러한 국제환경협약이 성과를 거두기 위해서는 국가 · 산업 · 기업별로 온실가스배출권을 할당하고 거래하는 '탄소배출권 거래제도' 를 규정하고 활성화하여 체계화시켜야 한다. 이럴 경우 물류부문과 제조업에 상당한 영향이 있을 것인데, 한국의 경우 전체 탄소배출량에서 교통부문의 비중이 22%로 에너지산업, 제조업 및 건설업 다음으로 높은 비중을 차지하고 있다. 따라서 향후 교통부문에서의 탄소절감 대책이 중요한 이슈가 될 것으로 보인다.

2.1 국내 녹색물류 현황

독일의 경우 장거리 수송의 약 70%를 친환경 운송수단인 철도가 차지하고 있는 반면, 한국은 장거리 수송의 약 89%를 공해를 유발하는 도로운송이 차지하고 있는 실정이다. 현재 논의 중인 한 · 중 · 일 삼국의 도로 공해문제에 대해 공동규제안이 마련될 경우 한국에 가장 큰 타격이 있을 것으로 예상된다. 우리나라는 운송수단 중 환경에 가장 큰 영향을 미치는 운송수단인 도로운송의 분담률이 76%로 가장 높고, 친환경 운송수단으로 알려져 있는 철도운송의 분담률은 5.9%로 상당히 낮다. 반면에 중국은 철도운송 분담률이 55%이다. 그리고 친환경 운송수단을 이야기할 때 연안운송도 반드시 언급되는데 우리나라는 해상운송 분담률도 낮다.[8]

2.2 녹색물류 종류

1) 녹색조달물류

녹색조달물류는 원자재를 조달하는 과정에 친환경 활동이 포함되는 것을 의미하는데, 친환경 공급자, 구매 · 운송 과정에서의 선택과 평가가 모두 포함된다.

2) 녹색생산물류

우선 상품의 디자인이 친환경 요구에 맞게 설계되어야 한다. 자원활용의 효율성은 관리와 기술 측면에서 지속적인 향상이 이루어져야 하고, 생산에 기본이 되는 청정생산 기술을 도입해야 한다. 그리고 생산물류 시스템은 쓰레기 배출과 에너지 소비를 줄이기 위해 최적화되어야 한다.

3) 녹색판매물류

친환경 판매물류를 지향하기 위해서는 판매망을 합리적으로 구축해야 하는데, 이는 운송경로를 최적화하는 데 도움이 된다. 다음으로 공동운송체계(joint transport system)와 공동유통(common distribution)과 같은 운송수단과 유통패턴에 대한 합리적 선택이 이루어져야 한다.

4) 역물류

역물류는 전체 물류과정에서 핵심적인 부분이다. 불필요한 운송을 줄이고, 폐기물을 효과적으로 처리하며, 2차 오염을 피하기 위한 활동이 중요하다. 재활용 가능한 제품을 처리하는 방법에는 "바로 재사용, 수리, 재활용, 재생산" 과 같은 것이 해당된다.

2.3 녹색 소비

고객들은 "친환경을 추구하는 욕구(green need)" 가 있다. 친환경 욕구는 인간의 생리적 메커니즘에서 선천적으로 발생하는 욕구를 의미하며, 이는 인간이 자연환경과 생태에 의존하기 때문에 발생한다. 실제 시장에서 적절한 친환경 욕구는 고객이 녹색물류 이행을 감시하는 원동력인 친환경 수요로 전환된다. 이러한 자극에 의해 고객은 녹색물류관리에서 중요한 역할을 한다. 첫째, 고객은 녹색소비패턴에 의해 기업이 녹색물류관리가 이행되도록 견지한다. 둘째, 고객은 기업이 스스로 녹색물류관리 활동을 할 수 있도록 강요한다. 셋째, 고객은 정부가 녹색소비에 대한 대중의 의견을 통해 녹색물류관리 통제를 하도록 요청하는 역할을 한다.

3. 녹색물류 법규

3.1 국제법규

1) 바젤협약

1960년대 빈번하게 발생한 유해폐기물의 국경 이동이 문제가 되어 유엔환경계획(UNEP)이 주도하여 1989년에 유해폐기물의 국경 이동 및 처분의 규제에 관한 조약으로 채택하여 1992년에 발효하였다. 조약의 목적은 유해폐기물 및 기타 폐기물의 국경 이동과 처분에 관한 국제적인 규제의 기본 틀을 제정하여 이러한 폐기물에 의한 위험으로부터 인체의 건강과 환경을 보호하는 데 있다.

2) UN기후변화협약

대기 중의 온실가스 농도를 저감시켜 지구온난화 속도를 늦추는 것을 목적으로 한다. 1992년 리우데자네이루에서 UN환경개발회의(UNCED)에서 이루어진 조약이다. 기후변화협약의 목적을 달성하기 위하여 1997년 12월 교토에서 개최된 제3차 당사국회의에서 교토의정서를 채택하여 선진 38개국에 대하여 온실가스를 1990년 대비 2008～2012년 평균 5%를 삭감할 것을 의무화하고 있다.[9]

3) 국제해사기구의 해상오염 방지

(1) 선박의 청정연료 사용 의무화

국제해사기구는 선박으로부터의 오염 방지를 위한 국제협약(International Convention for the Prevention of Pollution from Ships 73/78, MARPOL)을 통하여 해운활동으로 인해 발생하는 환경오염을 규제해 왔으며, 1997년 선박으로부터의 대기오염 방지에 관한 부속서 6장을 채택하면서 선박에 의하여 발생하는 대기오염을 규제하였다. 동 협약은 2005년 5월 발효하여 선박연료유의 황 함유량을 제한하고, 선박으로부터 배출된 질소산화물에 대한 단계적 규제도 시행하게 하였다.

(2) 선박재활용 협약

2009년 5월 국제해사기구는 안전하고 환경적으로 건전한 선박재활용을 위한 홍콩국제협약(Hong Kong Internatonal Convention for the Safe and Environmentally Sound Recycling of Ship 2009)을 채택하여 해상무역과 선박재활용산업 전반에 걸쳐서 안전성과 환경보존성을 지키도록 하였다. 동 협약은 선박이 해체될 때 인간 건강, 안전 및 환경에 대한 어떠한 불필요한 위험이 제기되지 않도록 하기 위한 목적이 있다.[10]

3.2 각국 법규

1) 우리나라

(1) 물류정책기본법

물류체계의 효율화를 위하여 물류 시설 및 장비의 확충, 물류 표준화, 물류정보화, 물류산업 경쟁력 강화를 위한 물류산업 육성, 물류 선진화 및 국제화를 위한 물류 관련 연구개발, 환경친화적 물류의 촉진, 국제물류의 촉진 지원 등의 규정으로 되어 있다.

(2) 녹색성장 5개년 계획의 녹색교통체계 구축

- 녹색교통네트워크 확대
- 저탄소 에너지 자립형 Green Port 구축
- 녹색교통 물류체계로의 전환 : 친환경 교통수단으로의 모달시프트 추진
- 녹색 교통물류 성장잠재력 확충

2) 미국

(1) 자원보호회복법

미국 정부는 고체폐기물의 처리방법을 개선하기 위하여 1965년부터 고체폐기물 관리 프로젝트를 추진 · 실행하는 주정부에 경제적 인센티브를 부여하고 있다.

(2) Federal Surface Transporation Planning and Policy Bill

2009년에 제정된 이 정책은 2030년까지 운송부문 온실가스 배출 40% 저감을 목표로 자동차 주행거리 감축, 육상교통 부문 지체율 감소, 대중교통 분담률 증진, 2020년까지 물류분야 모달시프트 10% 증진 등을 추진하고 있다.

3) EU

(1) 선박배출가스 저감전략 채택

EU는 2005년 7월부터 유럽연합 내에서 유황 함유량 0.2%를 초과하는 연료 사용을 금지시키고, 2010년 1월 1일 이후에는 유황 함유량 0.1%를 초과하는 연료 사용을 금지시켰다. 2006년 이후에는 발틱해를 통과하는 선박에 대하여 유황 함유량 1.5% 이상의 연료유 사용을 금지하고, 2007년에는 북해 및 영국해협으로 확대 적용하였다.[11]

4. 녹색물류 도입 사례

4.1 일본 주요 사례

일본의 녹색물류 관련 주요 정책으로 쿄토의정서와 그린물류 파트너십회의를 들 수 있다.

1) 교토의정서와 추진 목표

1997년 쿄토의정서(정식 명칭은 기후변동에 관한 국제연합 범위조약의 쿄토의정서 ; Kyoto protocol to the United Nations Framework Convention on Climate Change)의 채택은 녹색물류의 계기가 되었다. 교토의정서가 2005년 2월에 발효되어 일본은 온실가스 6% 저감 목표를 설정하였다. 온실가스 6% 저감 목표 설정에 이르기까지의 정책적 과정을 보면, 종래의 지구온난화 방지 행동계획(1990년), 지구온난화대책에 관한 기본 방침(1999년), 지구온난화대책추진대강(1998년, 2002년)을 책정하는 등 지구온난화 대책을 추진해 왔다. 쿄토의정서가 발효됨에 따라 2005년 4월 쿄토의정서 목표달성계획을 발표하였다. 동 계획 중 물류분야에서는 저감형 물류체계가 구성되었다. 이 물류체계의 그린화를 추진하기 위해 화주와 물류사업자의 협조에 의한 육성 강화와 확대를 도모하고 모달시프트 등을 추진하는 것을 주요 내용으로 구성하고 있다.

2) 그린물류 파트너십회의

일본로지스틱시스템협회, 일본물류단체연합회, 경제산업성, 국토교통성의 주체 하에 일본경제단체연합회가 2005년 4월에 그린물류 파트너십회의(Japan Green Logistics partnership)를 협력단체로 구성하여 CO_2 배출량 산정기법, 슈퍼에코십 개발, 3PL인재육성제도 등에 관한 사업들을 추진하고 있다.

3) 운수부문의 온실가스 저감 정책

일본 정부의 운수산업 부문 CO_2 배출 삭감 대책은 크게 나누면 자동차 교통대책과 환경부하가 작은 교통체계 두 가지로 나눌 수 있다. 자동차 제조사 개발노력으로 2004년에는 1995년도와 비교하여 신차의 평균 연비가 22%나 상향되었다. 트럭, 버스 등의 중량차도 2006년 3월에 연비 기준을 책정하였다. 유럽에서도 승용차에 관하여 연비 기준을 설정하고 있지만 중량차에 대해서는 일본이 전 세계에서 가장 먼저 기준을 설정하고 있다.

4.2 홍콩항, 선전항 사례

1) 공공부문의 정책

홍콩항과 선전항에서 선박에 의해 배출되는 대기오염을 감소시키기 위해 민간과 공공부문에서 수행해야 할 12개의 정책방안을 단기, 중기, 장기로 분류하여 제시하였다.

1990년 이후 홍콩항의 배출물질 추이를 보면 이산화황(SO_2)은 1990년 1,900톤에서 2006년 3,920톤으로 2배가량 증가하였으며, 산하질소(NOx)는 8,210톤에서 16,700톤으로 증가하였다. 또한 오염물질이 대기 중에서 2차 결합하여 발생하며 호흡기질환의 원인물질인 RSP는 259톤에서 499톤으로 증가하였다. 홍콩정부는 대기오염물질을 줄이기 위하여 다양한 제도를 실시하고 있다. 먼저 연안선박 연료를 초저유황디젤(ULSD)로 전환하도록 하고 있으며, 자동차의 연료도 클린디젤로 변경하도록 유도하고 있다. 또한 트럭에 대해서도 Euro 4 기준에 맞춘 트럭에 한해서는 보조금을 지급하고 있다.

2) 민간부문의 정책

(1) 단기정책

홍콩의 Civic Exchange는 이러한 정부정책과는 별개로 민간과 공공부문에서 수행해야 할 12개의 정책방안을 단기, 중기, 장기로 분류하여 제시하였다. 먼저 단기적인 정책방안으로 항만의 대기오염 감소를 위해 당국, 항만, 해운 관련 분야 간 협력을 제안하면서, 첫째, 선박으로 하여금 연료소비 감소를 위해 속도 감소, 둘째, 다양한 이해집단인 항만당국, 해사산업단체, 공공 및 NGO환경단체와 공공보건전문의 등과의 협력관계를 구축, 셋째, 항만 및 해사 관련 환경이슈를 관리할 수 있는 지역 및 산업체 위원회를 설립, 넷째, 외국 항만과의 친환경 항만정책을 공유하기 위한 교환프로그램 창설 등을 제시하였다.

(2) 중기정책

중기적인 정책은 친환경항만전략과 관련 정책제도를 개발하는 것으로 첫째, 산업 간, 관할지역 간의 친환경항만정책을 이행하기 위한 기본 계획 수립과 규제방안 개발, 둘째, 오염물질 방출제한구역(ECAs)을 설정하는 등 국제규제 절차 활용, 셋째, 청정연료 사용을 위한 인센티브로서 고유황연료 사용에 대한 세금부과 및 초저유황경유(ULSD) 사용에 대한 세금 감면, 넷째, ULSD의 실질비용 인하를 위한 선박유 물류 인프라 개선, 다섯째, 청정연료 사용과 활용 장려 등이다.

Box 11-2 기업의 사회적 책임과 지속 가능 개발

1. Sustainable Development

지속 가능 개발(sustainable development)이란 환경의 허락 범위 내에서 경제성장을 추구한다는 개념이다. 1974년에 제1차 오일쇼크가 세계를 덮치면서 세계 각국은 전 세계에 부존되어 있는 석유 부존량이 무한히 존재하는 것은 아니라는 사실을 깨닫게 되었다. 그때부터 지속 가능 개발이라는 개념이 도입되었다.

2. 기업의 사회적 책임(Corporate Social Responsibility ; CSR)

지구온난화 문제가 제기되면서 기업의 사회적 책임 문제가 부상하였다. 종래에는 기업은 최대한 이윤을 극대화하기 위하여 노력해야 한다는 견해가 압도적이었다. 그러나 최근에 들어서는 공해문제와 이산화탄소 배출 문제가 대두되면서 기업도 사회적 책임감을 가져야 한다는 개념이 대두되었다. 이는 공유가치 개발(CSV)로 이어졌다. 즉, 기업은 진출하고자 하는 시장과 가치를 공동으로 개발해서 서로 시장과 기업이 서로 윈윈 관계를 가져야 한다는 것이다.

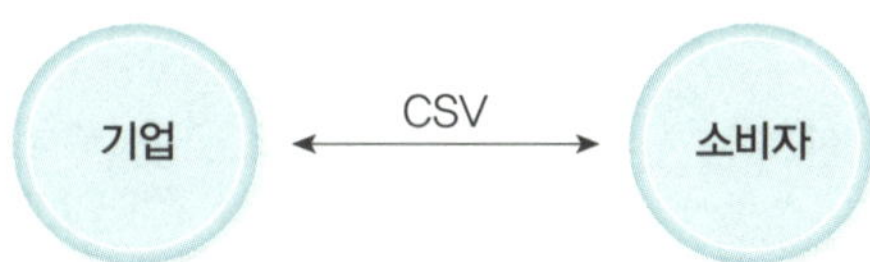

3) 미국 LA항, 롱비치항 항만 내 대기오염 감소 정책

로스앤젤레스(LA) 항만위원회와 롱비치(LB) 항만위원회는 2015년 3월 24일 항계로부터 40마일 이내에서 운항하는 선박이 저유황 연료유(low-sulfur fuel)를 사용하도록 유도하는 계획(Ports Plan to Curtail Emissions from Ships)을 승인하였다. '저유황 연료유 사용 장려정책'의 주 목적은 LA/LB항의 항계 40마일 이내에서 운항하는 선박의 주동력기관에 저유황 연료유를 사용함으로써 공기 중으로 배출되는 유해성 매연을 11%, 미세입자(particular matter)를 9%까지 저감시키는 데 있다. 이에 따라 두 항만은 선사들에게 일반 연료유(bunker)와 저유황 연료유의 가격차이를 보전해 줄 계획이다. 대상 선박은 정박 중에 사용되는 보조기관(auxiliary engine)에도 저유황 연료유를 사용해야 하며, 양 항만에서 시행 중인 '선박속도 저감 프로그램(Vessel speed Reduction Program)'에도 자발적으로 동참해야 한다.

4) 유럽 주요국의 사례

스웨덴의 경우 질소산화물과 황산화물 배출량에 따라 항로와 항만입항료를 차등화하고 있다. 또한 노르웨이의 경우 질소산화물에 대하여 차등화한 톤세를 부과하고 있고, 캐나다 브리티시콜롬비아 주는 CO_2에 과세를 하고 있으며, 중앙정부도 톤당 온실가스 배출률에 따라 gold, silver, bronze basis 등으로 차별화하여 항만입항료를 부과하고 있다.

네덜란드에서는 질산화물 감소를 위한 인센티브를 부여하고 있다. 온실가스 저감 정책은 대상기업에게 규제 정책을 낳게 한다. 따라서 정부에서 기업의 규제 정책을 효과적으로 수행하기 위하여 인센티브 제도와 페널티 제도를 병용하고 있는 것이다.

5. 녹색물류 추진 사례

5.1 UPS

1) 차량 대체연료 압축천연가스 사용

UPS는 1930년대 전기차량을 시작으로 2009년에는 압축천연가스(CNG) 차량을 245개 서비스에 배치했으며, 2008년에는 북미, 남미, 아시아에서 운영하는 1,883대를 하이브리드 차량으로 대체하였다.

2) 항공바이오 연료 사용과 소음 감소 활동

2009년 UPS는 온실가스 배출량을 줄이기 위하여 제트엔진 바이오 연료 사용을 늘렸다. 1980년대에는 항공기 착륙 시에 엔진 소음을 감소시키는 방법을 개발하기 시작했으며, 2009년에는 유럽공항관청과 함께 엔진 소음 감소방법 개발을 위해 공동 노력하고 있다.

3) 물류정보 기술 활용

UPS는 더 낮은 온실가스 배출, 연료 낭비 제거와 같은 연료 절감에 노력하고 있다. 또한 UPS의 물류정보 기술을 다른 기업들에 제공함으로써 연료를 절감하도록 돕고 있다.

4) 녹색 포장

물류전문가 의견을 고객과 공유한다. UPS Package and Test Lab에는 많은 포장전문가들이 있으며, 고객들에게 포장 시 환경에 미치는 영향을 최소화하도록 조언한다.

5) 폐수 및 폐기물 재활용

UPS는 미국 내 1,551개 공장에서 발생한 10.4만 톤의 고체폐기물 중 약 3.5만 톤의 고체폐기물을 재활용하였다. UPS는 2000년대 이후 2,700만 파운드의 전자폐기물을 재활용하고 있다. 이때 전자폐기물은 백색가전과 컴퓨터, TV, 핸드폰 등을 포함한다. 이러한 전자제품에는 독성화학물질과 중금속 등이 들어 있어 이로 인한 환경오염이 발생한다.[12]

5.2 일본통운

1) 모달시프트 추진

모달시프트란 트럭 중심의 수송을 철도, 선박 등 환경부하가 적은 수송으로 교체하는 것을 말한다. 일본통운에서는 그린물류 파트너십을 목적으로 한 고객기업과 물류사업체의 연대 협동을 통하여 트럭 중심의 수송 형태에서 철도, 선박 등을 이용한 수송 형태로 전환하고 있다.

2) 공동집배

트럭에 의한 물류로 인하여 이산화탄소 배출 등에 따른 대기오염과 도로교통 혼잡이 큰 문제이므로 배기가스 삭감과 도로교통 혼잡을 저감하기 위하여 공동집배를 추진하고 있다.

3) 저공해차량 배치

일본통운은 각종 환경배려 차량을 도입하고 있다. 지금까지 CNG 차량, 하이브리드 차량, LPG 차량 등 전국적으로 4,485대를 보유하고 있다.

4) 디지털 운행기록계 도입

디지털식 운행기록계 도입으로 속도 초과, 급가속, 급감속 등 에코 드라이브에 관한 항목을 차량별로 계측이 가능해졌다. 미리 설정된 기준을 초과하는 경우 발생 일시 및 장소 등의 데이터가 기록되어 운행관리자로부터 지도를 받을 수 있다.

5) 반복사용 포장재 개발

일본통운은 1992년부터 폐기물 삭감, 자원 절감, 작업 효율화를 중심으로 독자적으로 개발한 반복사용 곤포자재를 사용하고 감는 골판지 에어캡 등을 사용함으로써 폐기물을 대폭 삭감하고 있다.

5.3 기술혁신 사례

1) HCI(Holland Container Innovation)사의 접는 컨테이너

(1) 배경

지난 수십 년간 교역량이 지속적으로 증가함에 따라 새로운 컨테이너에 대한 수요 증가를 야기했다. 통계에 따르면 2012년에 약 4백만 개의 (TEU 기준) 컨테이너가 새로 제작되었고, 전 세계적으로 약 3천 3백만 개의 (TEU 기준) 컨테이너가 유통되고 있는 것으로 추산된다. 컨테이너화의 세계적 추세는 심각한 불균형 특성을 보이며, 이러한 특성은 북미와 유럽과 같은 큰 소비시장과 대량의 소비상품을 제조하는 수출국가와의 불균형에 기인한다. 미국에서 항상 30만 개에서 40만 개의 공컨테이너가 대기하는 상황이 발생했다. 뉴욕에서는 컨테이너 리스회사가 소유한 약 10만 개의 공컨테이너와 선사가 소유한 약 5만 개의 공컨테이너가 창고와 터미널에 보관되어 있었다. 유럽에서도 비슷한 상황이었는데 2011년 로테르담항은 전체 물동량 1천 2백만 TEU(Twenty foot Equivalent Unit) 중에서 약 2백 2십만 TEU가 공컨테이너였다. 공컨테이너는 완제품을 적재하기 위해 창고 혹은 고객에 의해 일시적으로 보관된다. 이러한 문제를 해결하기 위해 기업들이 컨테이너를 공유해 공컨테이너 운반 및 비용을 줄이는 전략을 구사하지만 비용절감 효과가 제한적이다. 이에 대한 대안으로 개발된 개념이 접는 컨테이너이다.

(2) 특징

HCI에서 개발한 컨테이너의 특징을 정리하면 다음과 같다. 특허를 획득한 HCI사의 접는 컨테이너는 관련된 모든 ISO 표준과 CSC 인증에 적용되는 해상운송용 컨테이너이다. 여타 컨테이너와의 차이점은 컨테이너가 비어 있을 때 접을 수 있다는 것이며, 이는 공컨테이너를 적재할 때 공간을 확보할 수 있는 방안을 제공한다. 접는 컨테이너는 부피가 접힌 상태에서 일반 컨테이너의 1/4을 차지한다. 따라서 4개의 접힌 컨테이너는 1개의 일반 컨테이너와 같이 취급할 수 있다. 기존에 개발되었던 접는 컨테이너와의 가장 큰 차이점은 우선 10분 이내에 변환이 가능하다는 것이다. HCI 컨테이너는 단면들이 분리되지 않기 때문에 매우 견고하며, ISO 기준에 부합할 뿐만 아니라 접는 컨테이너 최초로 CSC(Container Safety Convention)의 안전검사를 통과했다.

(3) 활용현황

접는 컨테이너라는 개념은 사실 유통시장이나 항공운송에서 먼저 활용되고 있었다. 하지만 해상운송을 위한 접는 컨테이너가 본격적으로 도입되지 않았다는 것에 착안하여 약 25년 전 스위스 기업 SCC(SIO Container Company)가 접는 컨테이너 도입을 시도했었다. 그러나 매우 적은 수량만 생산됐고, 접는 과정에서 시간과 비용이 많이 소모되어 비효율적이라는 비판과 함께 가격경쟁력이 낮고 충격에 취약하였으며, 무게가 무거워 별도의 컨테이너를 운반하는 장비가 필요하다는 단점으로 인해 활성화되지는 못했다.

Holand Container Innovations사는 델프트 공대(Delft University of Technology)에서 분리되어 2008년 설립되었으며, 접는 컨테이너로 시장에 성공적으로 안착하였다. 이후 HCI는 2009년 3월 새로운 프로토 타입 풀 컨테이너를 개발하여 빠른 성장세를 기록했다. 2011년 7월 HCI는 새로운 프로토 타입 개발로 CSC(Container Safety Convention) 인증을 받았으며, 2013년 3월에는 컨테이너 관련 모든 ISO 인증을 획득했다.

2) 친환경 도심 물류수단 카고호퍼

우리나라의 서울, 부산, 대구, 인천, 광주, 울산과 같은 광역시 이상의 도시에서는 교통정체뿐만 아니라 이로 인한 환경오염 문제 또한 심각하다. 이를 해결하기 위한 대안으로 네덜란드에서 활용되고 있는 도심에 적합하고 환경친화적 운송수단인 카고호퍼에 대한 관심이 증가하고 있다. 카고호퍼는 기차나 트럭 형태의 물류차량으로 위트레흐트 시와 물류기업인 호크사가 파트너십을 맺고 탄생시킨 운송수단이다.

위트레흐트 시의 인구밀도는 네덜란드의 여느 다른 도시들과 같이 매우 높은 편이어서 도심 약 100m²에 1만 6,700명의 인구가 모여 있다. 그리고 위트레흐트 시내는 매우 작고 역사적으로 보존구역이 많아 도로 확장이 쉽지 않다는 특징도 있다. 대부분 1 ~ 2군데의 상점만 들러 상품을 유통하는 운송차량은 항상 교통체증과 환경오염을 유발하는 주요 요인으로 지적되어 왔다. 이에 친환경적이고 효율적인 물류를 위한 대안을 개발한다는 취지에서 물류업체인 호크(Hoek)사의 소유주인 자크 반 데 린데(Jacques van de Linde)가 카고호퍼를 개발하기에 이르렀다. 이후 네덜란드 환경부장관 자크린 크라머(Jacqueline Cramer)의 지원으로 위트레흐트 시가 공식적으로 도입해 2009년 4월부터 활용하기 시작했다. 카고호퍼 위트레흐트는 도심 10km 밖에 물류센터를 두고 호크사와 협력관계를 맺고 도심 물류를 담당하고 있다.

카고호퍼는 두 가지 형태가 있다. 우선 '카고호퍼 I' 은 2009년 봄에 소개된 길이 16m, 너비 1.25m의 기차 모양의 차량으로 시속은 최대 20km/h이다. 택배용으로 주로 중소기업이 많이 이용하고 1년에 수송거리는 11만 2,000km, 이산화탄소 배출량 3만 3,000kg, 디젤 2만 2,300리터만큼 절약이 가능하다. 차량의 지붕에 있는 태양전지판을 통해 1,750시간을 운행할 수 있는 에너지를 확보한다. 차량은 위트레흐트 환경보호구역이나 보행자 간판에 제한받지 않아 신속한 배달이 가능하다.

'카고호퍼 II'는 2011년 여름에 출시된 길이 9m, 너비 1.25m의 차량으로 '카고호퍼 I'과 달리 단일 트럭 형태이고, 더 무거운 물건을 운송할 수 있으며, 시속은 최대 50km까지 가능해 위트레흐트 시내 곳곳을 다닐 수 있다.

6. 환경물류 정책방향

6.1 환경물류의 표준 제정

녹색물류를 실행하기 위하여 표준의 마련이 필요하다. 대기 및 수질에 대한 친환경 기준이 필요하다. 여러 운송수단의 배기가스 등의 오염 기준과 청정에 대한 생물학적 · 화학적 기준을 마련해야 한다. 또한 시설 표준화, 인프라 등에 대한 가이드라인이 제시되어야 한다.

6.2 그린경영 프로그램 개발

녹색물류의 효과는 유통, 조달, 생산, 소비 등 모든 경제활동 분야에서 연계되어 추진되어야 효과가 있다. 이러한 경제분야 각 단계에서 그린경영이 도입되어야 한다. 즉, 원자재 조달에 친환경 요인이 강조되어야 하고, 생산 방식 및 시설에 대하여서도 환경친화적 생산활동이 권고되어야 한다. 또한 제품의 포장, 운반, 보관, 하역 등 모든 물류활동에서도 그린경영이 도입되어야 한다.

6.3 그린 포트(Green Port) 그린 터미널(Green Terminal) 개발

친환경 항만 개발에 나서야 한다. 에코 포트를 해양과 육지를 연결하는 접점으로 항만의 역할에 수질 보호, 대기오염 저감 등 환경을 고려한 항만 개발에 나서야 한다. 항만에서도 그린 터미널 개발을 추진해야 한다.

6.4 모달시프트 추진

모달시프트란 트럭 중심의 수송에서 철도, 선박 등 환경부하가 적은 수송으로 교체하는 것을 말한다. 수송수단별 연계를 통한 친환경 대안 마련에 나서야 한다. 즉, 수송수단 중에서도 이산화탄소를 덜 배출하는 수송수단을 많이 활용하도록 해야 한다.

6.5 친환경 선박 개발

친환경 슈퍼 Ecoship 개발에 나서야 한다.[13] 해상운송이 육상운송에 비하여 탄소 배출이 적은 것으로 생각되나 선박 운항의 경우에도 탄소배출 저감 노력이 필요하다. 따라서 친환경 슈퍼 Ecoship 개발이 필요하다. 또한 육상운송의 경우에도 바이오연료를 사용한 저탄소 운송기관 및 전기자동차 도입이 필요하다.

요약

녹색물류(green logistics)는 자연의 유지 또는 훼손의 최소화를 지향하며, 지속 가능한 (sustainable) 발전을 위해 원재료의 탐색, 이용, 생산에서 유통 등 최종 소비자에 이르는 전 과정과 사용 및 사용 후 재활용, 재사용, 폐기 등에 이르기까지의 물류 전 과정에서 환경을 보호하며, 환경유해 요소와 행위를 원천적으로 차단하거나 최소화하는 물류활동이라 할 수 있다. 녹색물류는 환경물류(environment logistics)와 통용되며, 생태계의 보전을 지향하는 생태물류(eco-logistics)와도 연계된다. 녹색물류란 물류활동으로 인해 발생하는 환경오염의 영향을 최소화하기 위한 활동으로, 광의로는 물류활동에 따른 대기환경에 대한 영향뿐만 아니라 전통적인 순물류와 회수물류를 포괄하는 물류활동이고, 협의로는 대기환경 개선을 위해 화물자동차의 배출가스 저감 대책 등 오염물질을 저감 · 관리하는 활동을 말한다. 그러나 녹색물류 관리를 협의의 개념으로 인식하기도 하는데, 이는 물류활동에서 운송물류가 차지하는 비중이 절대적으로 크기 때문이다. 녹색 항만(green port)은 항만의 여러 활동들이 항만은 물론 도시 및 주변 환경을 청정하고 깨끗하게 유지되도록 계획, 운영, 관리, 평가되는 항만을 말한다. 항만이 청정하고 깨끗한 상태가 유지되기 위해서는 먼저 항만의 대기 질이 오염으로부터 자유로운 상태여야 하며, 항만이 위치한 바다나 강의 수질 상태도 청정한 상태여야 할 것이다. 산업화된 오늘날의 도시환경에서 오염원으로부터 완전히 자유로운 항만은 현실적으로 존재하기 어려울 것이나, 녹색 항만은 다양한 방법으로 청정하며 깨끗한 항만을 지향하는 활동이며 그런 항만을 지칭하는 것이다.

연습문제

토론주제

1. 녹색물류에 대하여 토론하시오.
2. 녹색물류의 응용사례에 대하여 토론하시오.

3. CSR에 대하여 토론하시오.

일반문제

1. 녹색물류를 설명하시오.
2. 지속가능성 개념에 대하여 설명하시오.
3. 로지스틱스에 대하여 설명하시오.
4. 북극항로 개발에 대하여 설명하시오.
5. Green Transportation에 대하여 설명하시오.
6. 교토 기후협약에 대하여 설명하시오.
7. 녹색조달물류에 대하여 설명하시오.
8. 바젤협약에 대하여 설명하시오.
9. 선박재활용협약에 대하여 설명하시오.
10. 모달시프트를 설명하시오.
11. 그린포트에 대하여 설명하시오.
12. Eco ship에 대하여 설명하시오.

심화문제

1. 지구온난화 현상에 대하여 예를 들어 보시오.
2. CSR에 대하여 설명하시오.
3. 홍콩항의 항만 대기오염 저감사례를 제시하시오.
4. 미국 LA항의 항만 대기오염 저감사례를 제시하시오.
5. UPS 녹색물류 추진사례를 보이시오.

참고문헌 및 미주

1. sustainable development라고 한다.
2. 녹색물류는 환경물류(environment logistics)와도 같은 의미로 사용되며, 생태계의 보전을 지향하는 생태물류와도 연계된다.
3. 이우승 · 전병은, 『서울시 대기환경 개선을 위한 그린물류』, 서울시정개발연구원, 2007.
4. 강성만, 「국내 물류기업의 녹색물류 활성화 방안을 위한 선진해외기업 사례연구」, 『유통경영학회지』, 제14권 제1호, 2011년 3월, p.147~148.
5. 김근섭, 「우리나라 그린포트 정책의 바람직한 방향」, 2011.
6. 조성우, 「지속 가능한 개발의 관점에서 유럽의 친환경물류 사례분석」, 『유럽연구』, 제31권 제3호, 2013, p.267~296 참조.
7. 바젤협약, 몬트리올 의정서, 기후변화 방지협약, 생물다양성보존협약, 런던협약, 교토의정서 등이다.
8. 이러한 상황을 감안한다면 EU의 경우와 같이 저공해 엔진의 사용을 의무화하고 고급 연료의 사용을 강요할 경우 도로운송의 분담률이 76%인 한국은 상당한 타격을 입을 것이며, 이와 더불어 한 · 중 · 일 삼국이 국제협약에 따라 '공동 적용 환경기준'이 강화된다면 이로 인한 부정적 영향은 배가 될 것이다.
9. 박명섭, 『국제물류의 이해』, 법문사, 제4판, 2016, p.433.
10. 박명섭(2016), p.434.
11. 박명섭(2016), p.437.
12. 강성만, 「국내 물류기업의 녹색물류 활성화 방안을 위한 선진해외기업 사례연구」, 『유통경영학회지』, 제14권 제1호, 2011년 3월, p.147~148.
13. 김홍섭, 「환경물류의 주요 실태와 우리나라에서의 확대 전략에 관한 연구」, 『한국항만경영학회지』, 제25권 제4호, 2009년 12월, pp.275~276.

1. 전자상거래 무역의 기초

2. 해외직구 물류

3. 개선방안

전자상거래 무역과 물류

교육수준이 높은 소비자들은 해외 전자상거래 쇼핑몰에서도 물품을 구매하고 있다.

— **한국소비자원**

과거에는 소비자들이 국내의 인터넷 쇼핑몰만 이용하였다면 현재의 스마트 소비자들은 해외의 인터넷 쇼핑몰도 활용하고 있다. 이에 따라 외국에서 구입한 물품을 국내로 들여오기 위하여 특성화물을 중심으로 새로운 물류수요가 창출되고 있다.

1. 전자상거래 무역의 기초

1.1 배경

인터넷의 보급과 글로벌 경제가 심화됨에 따라 소비자가 전자상거래 사이트에서 물건을 구입하는 B2C 전자상거래가 국내에서만 이루어지는 것이 아니라 국제적으로도 활성화되고 있다. 최근 들어 영어 해독능력을 갖춘 소비자들이 국내 및 국제 간 가격을 비교하고, 적극적으로 외국 인터넷 쇼핑몰에서 물건을 구입하고 있다. 소위 해외직구 현상이 나타나고 있으며, 그 금액은 매년 카파르게 증가하고 있다. 또한 국내 판매자 역시 외국 소비자 대상으로 인터넷 쇼핑몰을 개장하여 외국 소비자들을 끌어들이고 있다. 소위 해외 역직구 현상 역시 나타나고 있다.

1.2 정의와 특징

1) 정의

국경 간 전자상거래(Cross-border e-Commerce)는 국내 소비자가 해외 쇼핑몰에서 상품을 구입하는 형태의 국제무역이다. 과거에는 이를 단순히 전자상거래의 일종으로 파악하여 B2C가 해외로 확장된 것으로 보았으나 현재는 그 규모가 갈수록 커지고 있어 국제무역의 새로운 조류로 받아들여지고 있다. 보통 국내 소비자가 해외 쇼핑몰에서 상품을 구입하는 형태를 해외직구라고 부른다. 한편 국내 판매자가 해외 고객들을 대상으로 인터넷 쇼핑몰을 개설하여 해외 소비자로 하여금 자사의 상품을 구매하도록 하는 유형이 해외 역직구이다. 그러므로 우리 입장에서 보면 해외직구는 수입이고, 해외 역직구는 수출에 해당된다.

2) 특징

국제무역의 개념은 전통적 무역에서 전자무역으로, 전자무역에서 다시 전자상거래 무역으로 진화하고 있다. 1960년대 들어 컨테이너 운송이 도입되고, 제트화물기가 취항함에 따라 운송수단의 고속화가 이루어졌다. 이는 전통무역의 활황세로 이어졌다. 그 다음 인터넷의 등장과 함께 사이버공간에서 수출상과 수입상이 거래가 가능해지고 EDI가 도입됨에 따라 종이문서가 전자문서로 바뀌었다. 2000년대 들어서는 소비자들이 국내 쇼핑몰뿐만 아니라 해외 쇼핑몰에서도 직접 상품을 구매하는 B2C 전자상거래가 활성화되기 시작하였다. 전자상거래 무역의 특징은 다음과 같다.

첫째, 출현 시기 면에서 과거 전통무역이 1960년대부터 시발하였다면, 전자무역은 1990년대 시작하였고, 전자상거래 무역은 2000년대 들어서 본격화되었다.

둘째, 주된 변화 면에서 전통무역의 활황은 컨테이너선의 도입으로 운송의 단위비용이 감소되고, 제트화물기의 출현과 고속선의 출현으로 운송의 신속성이 확보된 데 기인한다. 한편 전자무역은 종이문서를 전자문서로 전환한 데 기인한다. 전자상거래 무역은 소비자의 상품 구매행위의 국제화이다.

셋째, 의사소통수단 관점에서 전통무역의 주요 의사소통수단이 면 대 면, 전화, 텔렉스, 종이문서였다면, 전자무역은 데스크 탑 컴퓨터, 전자상거래 무역은 모바일 폰이다.

넷째, 거래당사자 측면에서 전통무역이 오퍼상 등 전문 무역기업이었다면, 전자무역은 일반 기업이라 할 수 있고, 전자상거래 무역은 개인 소비자들이다.

다섯째, 거래 행태 면에서 전자무역과 전통무역이 수출상과 수입상이라는 기업체 간 거래라면(B2B), 전자상거래 무역은 소비자 대 기업 간(B2C) 거래이다.

여섯째, 결제수단의 경우 전통무역은 신용장결제방식이 주된 결제방식이고 그 외에 송금결제방식과 추심결제방식 등이 사용되어 왔다. 그러나 전자무역은 볼레로, 전자신용장, 트레이드카드 등 전자결제방식이 도입되어 시도되고 있다. 한편 전자상거래 무역은 신용카드, 알리페이 등 전자화폐 등이 사용되고 있다.

일곱째, 주된 성과 면에서 전통무역은 1960년대 이후 거래량의 증대로 세계경제 호황을 가져왔다. 한편 전자무역의 도입은 거래비용을 감소시키고, 거래기간을 단축시켰다. 한편 전자상거래 무역의 출현으로 다양한 상품 소비가 가능해졌다.

표 12-1 국제무역의 진화[1]

	전통무역	전자무역	전자상거래 무역
시기	1960년대	1990년대	2000년대
주된 변화	운송수단의 컨테이너화 운송수단의 고속화	종이문서의 전자화 무역거래알선사이트	개인소비 목적 거래의 국제화 · 전자화
주된 결과	거래량 증가	거래비용 감소, 거래기간 단축	다양한 상품 소비 가능
의사소통 수단	면 대 면, 전화, 텔렉스, 서신	데스크 탑 컴퓨터	모바일 폰
거래당사자	전문무역기업	다양한 기업	개인
거래 형태	B2B	B2B	B2C
문서 형태	종이	전자문서	접속
결제수단	신용장, 송금, 추신	볼레로, 트레이드 카드, 전자신용장	알리페이, 신용카드 전자화폐

전 세계 해외직구 이용 추이 전망을 보면, 전 세계 온라인 쇼핑 구매자 중 해외직구 비중이 2015년 이후 지속적으로 증가하고 있음을 알 수 있다. 거래량 역시 크게 증가하여 2014년 233억 달러였던 것이 2020년에는 994억 달러에 달할 것으로 전망된다. 즉, 7년 기간 동안 해외직구 거래량은 거의 4배 이상 증가할 것으로 전망된다. 이와 더불어 전 세계 해외직구 이용객 수도 2014년에 비하여 2020년에는 3배로 증가할 것으로 전망된다.

표 12-2 **전 세계 해외직구 이용 추이 전망**[2]

	2014년	2015년	2016년	2017년	2018년	2019년	2020년
전 세계 온라인 쇼핑 구매자 중 해외직구 B2C 이용객 비율	28.5%	24.7%	28.1%	32.7%	37.4%	41.7%	44.6%
전 세계 해외직구 거래량	233억 달러	304억 달러	400억 달러	530억 달러	676억 달러	826억 달러	994억 달러
해외직구 이용객 수	309억 명	361억 명	451억 명	576억 명	715억 명	848억 명	943억 명

1.3 해외직구 유형

1) 해외 직접구매형

아마존과 같은 해외 온라인 쇼핑몰에서 국내 소비자가 직접 구매절차를 진행하는 경우를 말한다. 거래당사자는 국내 소비자와 온라인 쇼핑몰을 운영하는 해외 사업자 또는 플랫폼을 제공하는 해외 사업자를 경유하여 직접 물건을 거래하는 상대방과 거래절차를 진행한다. 이때 이루어지는 구매절차와 배송절차는 수입통관과정을 제외하고는 국내 인터넷 쇼핑몰에서 물건을 구매하는 경우와 차이가 없다.

그림 12-1 해외직구 유형 및 통관절차

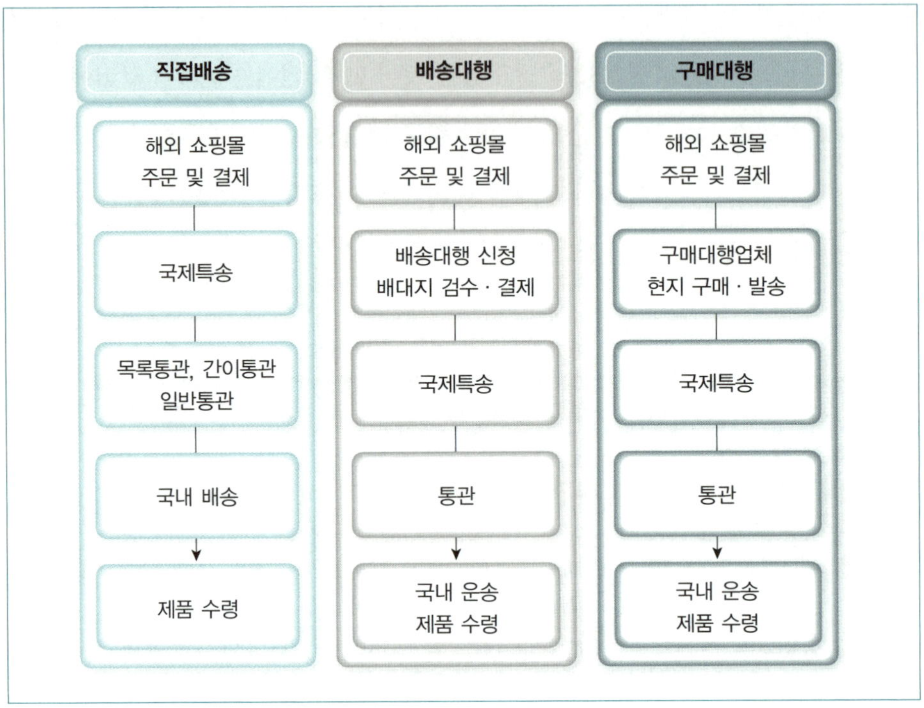

2) 해외 배송대행형

국내 소비자가 해외 온라인 쇼핑몰에서 구매와 배송 절차를 진행하나, 소비자가 제품을 주문할 때 배송지를 배송대행자의 물류창고 주소로 입력하면 배송사업자가 소비자를 대신해서 제품을 수령하고 검수한 후 국내 소비자에게 배송하는 구매 형태이다. 이 경우 국내 소비자와 해외 사업자 간에 이루어지는 매매계약과 국내 소비자와 배송업자 간에 체결하는 해외 배송에 관한 계약이 별도로 이루어지게 된다.

3) 해외 구매대행형

국내 소비자가 구매대행 사업자에게 원하는 구매대행을 의뢰하면서 제품의 금액과 업체에서 책정한 수수료와 배송료를 결제하면 구매대행 사업자는 소비자를 대신해서 제품에 대한 구매와 결제를 진행하고 소비자에게 물품을 배송해 주는 구매 형태이다. 이 유형은 소비자가 인터넷 쇼핑몰에서 구매하고자 하는 제품을 선택하기만 하면 나머지 모든 과정은 대행자가 대행해 주므로 소비자에게는 가장 편리한 제도이다.

1.4 현황

1) 개관

해외직구를 위한 전자상거래 물품 수입국은 2010년 19개국에서 2014년 38개 국가로 2배 이상 증가하여 수입국가 다변화가 이루어지고 있다. 한국소비자원에서 설문조사한 바에 의하면 응답자의 52.5%가 해외직구 1회당 20만원 미만의 금액을 지출하고 있는 것으로 나타났으며, 관세청 자료에서도 총 구매금액이 미화 200달러 미만인 경우가 전체의 97%로 나타나고 있다. 따라서 2014년 전자상거래 물품 수입통관 중에서 면세통관이 전체의 96%를 차지하고 있고, 과세통관 건수는 전체 수입통관 중 4%에 불과한 것으로 나타나고 있어서 현재 해외직구에 의한 물품수입은 주로 작은 규모 거래에 중심이 있는 것으로 보인다.[3] 한편 미화 1천달러를 초과하는 고가 물품의 경우는 전체 해외직구 건수에서 차지하는 비중이 0.3%로 매우 작지만, 2009년 대비하여 볼 때 2014년에 767% 증가하여 전체 해외직구 증가율인 330%에 비하여 상대적으로 수입 증가 속도가 큰 것으로 나타났다. 이러한 점은 우리나라 소비자들이 점차 중저가 상품에서 고가 상품으로 눈을

돌리고 있음을 보여준다.[4]

2) 산업현황

(1) 해외 직접배송

최근 국내 소비자들의 해외직구 경험 축적으로 인해 구매대행업체 위주의 이용에서 벗어나 점차 해외 온라인 쇼핑몰을 직접 방문해 구매하는 직접배송 형태의 해외직구가 증가하고 있다. 중국 직구는 의류, 신발, 정보통신기기 등이 주류를 이루고 있으며, 제품의 가격이 저렴하고 지리적으로 가까워서 상대적으로 신속하게 배송을 받을 수 있다는 점 때문에 최근 이용자가 급증하고 있다. 유럽 직구는 미국이나 중국 등 기존 해외직구 주요 대상국가에 비해 현지와 국내 판매가격 차이가 커 향후 이용이 더욱 늘어날 것으로 예상된다. 해외 온라인 쇼핑몰들은 국내 이용자가 급증하자 한국어 지원, 한국 직배송 서비스 등 다양한 이벤트로 한국 소비자들을 유인하고 있다.

(2) 해외 배송대행

해외 배송대행은 한국 직배송이 되지 않는 해외 쇼핑몰을 이용할 경우나 직배송 비용이 비쌀 경우 주로 이용한다. 해외직구 시장이 급성장한 최근 몇 년 동안 관련업체 수가 늘어나고 있다. 해외직구 대상국가가 늘어나면서 배송대행업체의 현지물류창고(배송대행지)도 미국, 중국, 일본 등 주요국 외에 독일, 영국, 프랑스 등 유럽 국가로 확대되고 있는 추세이다.

(3) 해외 구매대행

① 일반적 형태

해외 구매대행은 해외 온라인 쇼핑몰에서 제품을 구매하는 절차나 언어 등에 어려움을 느끼는 국내 소비자들이 결제, 배송 등 전 구매절차에 대하여 대행업체에 의뢰하는 경우를 의미한다. 구매대행은 대다수가 국내를 기반으로 운영되고 있으나 해외에서 직접 운영하는 업체도 존재하며, 형태에 따라 수입대행형과 수입쇼핑몰형으로 구분된다.

- 수입대행형은 일반적인 구매대행 서비스 형태로 구매대행 사이트를 통하여 소비자가 원하는 제품 구입에 필요한 경비수수료 등 견적을 받아 제품을 구매하는 형태이다.
- 수입쇼핑몰형은 업체에서 국내 소비자가 선호하는 제품들을 사이트에 게재하여 국내 쇼핑몰을 이용하는 것과 유사한 형태로 제품을 판매하고 있다.

② 오픈마켓 구매대행

옥션은 2013년 3월 원클릭 직구 서비스를 개시하였다. 옥션은 해외직구관을 별도로 운영하고 있으며, 11번가 역시 해외 쇼핑관을 운영하고 있다. G마켓, 인터파크, 티몬에서도 해외 배송제품을 판매하고 있다.

③ 온오프라인 혼합형

해외 온라인 쇼핑몰과 제휴하여 국내 오프라인 매장에서 직접 제품을 보고 인터넷으로 주문할 수 있는 시스템을 구축한 경우임.

④ 모바일 구매대행

대형 포털 사이트인 네이버는 자회사인 (주)라인을 통해 해외직구 모바일 전문몰인 라인딜(Line Deal)을 운영하고 있다. 매주 화요일과 목요일에 3～4개의 해외직구 인기제품을 기간 한정하여 판매하고 있으며, 결제는 모바일 결제 · 송금 시스템인 라인페이로만 결제가 가능하다.

3) 품목별 현황

국내 소비자가 해외에서 구매하는 품목도 변화를 보이고 있다. 2005년과 2006년에는 의류(30.2%), 신발(9.0%), 서적(7.7%) 등이 전체 해외직구 물품의 47.6%를 점유하였으나, 2017년에는 소득수준 향상 및 건강에 대한 지속적 관심으로 건강기능식품이 497만 건(20.8%), 화장품이 287만 건(12.2%), 식품류가 282만 건(11.8%), 의류가 272만 건(11.6%), 전자제품이 211만 건(9.0%), 신발류가 165만 건(7.0%)을 차지하고 있다. 그 외에도 컴퓨터, 그래픽카드, 스마트폰, 보조배터리, 진공청소기 등 전자제품류가 2016년 대비 약 80% 증가하였다.[5]

표 12-3 우리나라의 품목별 해외직구 현황[6]

	품목	2016년	2017년	전년 대비 증감
1	건강식품	3,506	4,974	42%
2	화장품	2,429	2,867	18%
3	기타 식품	2,276	2,821	24%
4	의류	2,153	2,722	26%
5	신발	1,341	1,648	80%
6	전자제품	1,174	2,112	23%
7	완구 · 인형	801	1,212	51%
8	핸드백 · 가방	583	825	42%
9	시계	174	159	30%
10	서적	143	186	−9%
11	기타 품목	2,815	4,066	44%
합계		17,395	23,592	36%

2. 해외직구 물류

2.1 특송물품의 통관절차

1) 우리나라의 특송화물 통관 유형

특송물품은 그 자체로 관리대상 화물이며, 화물의 가격과 용도에 따라 다음과 같이 수입신고를 하도록 규정하고 있다.

(1) 목록통관

물품 가격이 미화 100달러 이하에 해당하는 물품은 특송업체가 통관목록을 세관장에게 제출함으로써 수입신고는 생략된다. 다만 미국 물품은 200달러 미만인 상품의 경우 목록통관에 해당한다.

(2) 간이신고

물품 가격이 미화 100달러를 초과하고 2,000달러 이하인 물품은 간이한 방법으로 신고한다.

(3) 일반수입신고

물품 가격이 미화 2천 달러를 초과하는 물품은 정식 수입통관절차를 밟는다.

2) 외국의 특송화물 통관 유형

(1) 미국의 통관제도

미화 2천 달러 미만의 상업용 물품, 휴대용 물품, 선물용 비상업용 물품의 경우 신속한 통관을 위하여 간소한 통관절차를 적용할 수 있다. 미화 2천 달러 미만 화물의 경우는 다시 두 부분으로 세분화된다. 이 중에서도 특히 미화 2백 달러 미만 화물인 경우나 개인용 화물인 경우는 적하목록만 제시하고 다른 제출서류는 생략된다. 미화 2천 달러 이상의 화물은 일반 통관절차를 밟는다.[7]

(2) 캐나다 통관제도

상품 가격이 1,600 캐나다달러(CAD) 이하 특송화물인 경우 통관상 편의를 위하여 간소화된 통관절차인 LVS(Low Value Ship-ment) 절차로 신고하면 된다. 또한 특송화물 가격이 20 캐나다달러 미만인 경우는 아예 관세가 면제되는 CIRO(Courier Imports Remission Order) 절차를 밟도록 하고 있다.[8]

(3) 일본의 통관제도

특송화물에 대한 별도의 규정이 없다. 그러나 20만 엔 미만의 물품은 일반 신고보다 기재항목이 간단한 간이통관제도를 이용하거나 화물운송장에 추가로 기입함으로써 수입신고를 대체할 수 있다.[9]

(4) 호주의 통관제도

물품 가격이 1천 호주달러(AUD) 이하인 대량의 항공수입화물에 대해서는 특별신고제도를 활용할 수 있다. 이때 자격을 갖춘 특별신고인의 요약화물신고(abbreviated cargo report)만으로 세관장은 수입을 허가한다.

2.2 특송물품 통관현황

[표 12-4]에서 보듯이 전체 특송물품 통관 건수 대비 해외직구 물품 통관 건수 비중은 2009년의 31%에서 2017년 71%로 9년 동안에 2배 이상 증가하였다. 한편 금액은 2009년의 3%에서 2017년 11%로 증가하여 총량으로는 여전히 10% 수준대에 머무르고 있다. 이처럼 건수는 증가하나 액수는 큰 증가가 없는 것은 건수 증가가 주로 개인의 해외직구 수입 증가 때문인 것으로 사료된다. 이처럼 특송물품의 수입이 증가하고 있는 것은 해외직구 물품 증가가 주요 원인이라

표 12-4 특송화물 수입통관 현황[10]

(단위 : 천 건, 백만 달러)

구분	특송화물 전체(A)		특송화물 중 해외직구 물품(B)		구성비(B/A, %)	
	건수	금액	건수	금액	건수	금액
2009	7,858	5,326	2,422	159	31	3
2010	8,777	6,789	3,319	255	38	4
2011	11,508	11,506	5,602	472	48	4
2012	14,141	14,207	7,941	704	56	5
2013	17,721	15,133	11,155	1,036	63	7
2014	22,589	15,896	15,531	1,545	69	10
2015	23,501	15,806	15,842	1,521	67	10
2016	26,929	16,874	17,377	1,622	65	10
2017	33,341	18,518	23,592	2,110	71	11

고 보여진다.

2.3 특송회사

1) 통합운송사업자형

종래에는 Courier업 또는 상업서류송달업으로 칭했으나, 쿠리에업의 업무제한이 완화되어 모든 화물 취급이 가능해지면서 익스프레스업으로 명칭을 달리하다가 최근 대형 익스프레스사들이 항공기를 보유함에 따라 통합운송업자(Integrator)라고 칭하기 시작하였다.[11] 이들의 경쟁력은 운송수단 등의 소유에서뿐만 아니라 위성통신 EDI 등 정보통신기술을 활용하는 능력과 세계를 커버하는 문전배송 시스템에 있다. 통합운송사업자는 대표적으로 DHL, FedEX, UPS, TNT 4대 기업이 있다.

2) 택배종합물류업형

택배업은 1992년 2월 (주)한진이 영업을 시작하였다. 택배시장은 21세기 들어서 크게 확대되고 있다. 그 이유로는 첫째, 국내에서 온라인 쇼핑몰을 통한 전자상거래가 활성화되면서 소비자들에게 문전배송이 활성화된 것이 하나의 전환점이라 할 수 있다. 최근에는 오프라인 마트에 가지 않고 집에서 인터넷으로 주문하는 사례도 늘고 있다. 둘째, 기업들의 물류 아웃소싱이 크게 증가한 데 기인한다. 더구나 최근에 해외직구가 활성화되면서 더욱 택배시장의 약진이 두드러지고 있다. 현재 국제특송시장에서 영업을 하고 있는 업체로는 대한통운, 현대로지엠, 한진, CJ GLS, 일양, 로젠글로벌 등이 있다.

표 12-5 특송회사의 세분화[12]

구분	업체명	특성	통관시설
통합운송사업자형	DHL, FedEX, UPS, TNT	글로벌 업체	보유
택배 종합물류업형	한진, CJ GLS, 현대로지엠, 대신, 대한통운, 일양	택배업체	보유 또는 위탁
콘솔 및 통관 전문형	발렉스, 쥬피터, 오성, MEX, ACI, 제빅스	도매업체	지정장치장
화물주선 및 배송형	상업서류 송달업체	소매업체	위탁

3) 콘솔 및 통관전문업형

콘솔 및 통관전문업형은 화주로부터 직접 물건을 수집하지 않고, 다수의 쿠리어로부터 물품을 수집하여 통관대행을 해주는 영업이다. 통상 도매업자 또는 홀세일러라고 부르는 이들 특급탁송업체들은 항공 · 육상운송을 통하여 port to port 서비스와 통관서비스를 제공한다. 관세법에 근거한 특송업체들은 물류정책기본법 제48조에 의거 등록된 국제물류주선업자이거나 구 화물유통촉진법 제8조에 의한 화물운송주선업체가 관할지 세관에 특송업체로 등록한 경우이다. 이들은 항공사와 대리점 계약을 체결하고 국제운송구간을 자기 책임 하에 운송하고 특송통관 대행을 하는 복합운송업체이다.[13]

4) 화물 주선 및 배송업

화물 주선 및 배송업은 직접 해외에서 파트너 또는 지점을 통해서 화물을 주선하여 국내로 반입하고, 서울지역은 직접 배송하고 지방은 택배 의뢰하는 업체이다. 이들은 주로 상업서류송달업을 하고 있는데, 이는 서류와 샘플을 국내 송화인의 문전에서 집화하여 항공기를 이용하여 국외에 있는 수하인의 문전까지 일관운송하는 국제택배업을 의미한다. 이들은 주로 리테일 업체로 불린다. 국내 리테일 업체는 국외에 있는 대리점 또는 해외 지사를 통해 외국에서 화물 주선을 하여 특송업체인 홀세일러에게 넘겨주며, 홀세일러는 port to port까지 운송과 통관을 하여 통관 완료 후 다시 리테일 업체에게 인계하고 인계된 물품은 수하인에게 배송한다.[14]

3. 개선방안

국경 간 전자상거래 무역이 증가함에 따라 세계관세기구 등 국제기구들은 통관절차 간소화를 위하여 국제기준 마련을 추진하고 있다.

3.1 특송업체 시설 개선

특송업체 중에서 글로벌 특송업체들은 매우 높은 수준의 장비를 갖추고 있다. 그러나 이와는 내조적으로 나머지 특송업체들의 장비는 열악한 수준에 그치고 있다. 따라서 이에 대한 개선책이 필요한 시점이다. DHL의 경우는 자체 창고를 보유하고 있으며, 전용항공기를 이용하여 자체 시설에서 Break Down을 하고 있다. 따라서 시간과 비용을 절약하고 있다. 그러나 국내 특송업체들은 자체 시설을 보유한 경우라도 특송화물의 반입 · 반출구가 동일해서 혼동가능성이 있다. 그러한 결과 통관이 완료된 물품과 보류된 물품 간의 구분이 불명확하다.[15]

3.2 IT기술 등 물류자동화에 노력해야 한다.

인공지능(AI), 사물인터넷, 가상현실 등 첨단기술이 접목된 물류장비와 운영시스템, 창고, 인력을 확보함으로써 비용을 절감하면서 효율성을 개선해야 한다.[16]

이미 물류업계에는 사물인터넷 등 다양한 인터넷 기술을 활용한 새로운 비즈니스 모델이 등장하고 있다.

3.3 친환경 물류와 지속가능성이 확보되어야 한다.

환경오염에 대한 규제가 강화되고 있는 추세 속에서 친환경물류 공급사슬의 확립이 택배물류기업의 지속가능성을 결정하는 중요한 요인이 될 것이다.

요약

국경 간 전자상거래는 서로 다른 관세영역에 속한 개인 및 기업이 특정 플랫폼을 통해 상품 구매와 결제를 거친 후 국제물류를 통해 운송, 수취하는 방식이다. 국경 간 전자상거래는 크게 B2B(기업 간 거래)와 B2C(기업과 소비자 간 거래) 거래 두 가지 방식으로 구분되며, B2B 거래는 기업이 전자상거래 플랫폼을 상품 홍보와 정보 전달의 목적으로 이용하고 실질적인 통관과 구매는 오프라인으로 이루어져 본질상 일반무역의 형태에 속한다. 반면 B2C 거래는 기업이 해외 소비자와 직접 거래하고 상품 배송은 주로 항공소포, 국제 우편 및 택배 등으로 이루어지며, 한 · 중 간 해외 직접구매와 같은 B2C 거래에서 한국과 중국의 소비자는 양국의 온라인 쇼핑 플랫폼을 통해 상품을 직접 구매할 수 있으며, 양국의 물류기업들은 글로벌 물류업무에 참여하게 된다. 특히 중국의 항저우는 국경 간 전자상거래 중심지 기능을 강화하기 위해 해외 대형 물류기업을 유치하고자 하고 있으며, 광저우는 신선식품 수입이 많아 콜드체인물류 수요가 클 것이기 때문에 이 분야에 강점을 가진 물류기업의 진출이 유망하다. 또한 일대일로 관련 국경 간 전자상거래 플랫폼을 통해 동남아, 중앙아시아 등지로의 제품 판매량을 확대할 수 있으며, 기존의 물류관리 시스템에 클라우드 컴퓨팅, 인터넷 빅데이터 등 최첨단 기술을 접목하여 물류정보 검색, 온라인 물류창고 운영, 물류 운영 서비스 등 스마트물류 시스템 구축 및 물류과정의 투명화를 실현하려고 하고 있다. 또한 빅데이터 및 클라우드 컴퓨팅 기술을 활용해 국제 전자상거래 플랫폼 내에서 발생하는 교역, 통관, 결제, 지불 등 통계를 상시 모니터링하는 국제 전자상거래 빅데이터 센터 및 시스템을 구축하고 있다.

연습문제

토론주제

1. 전자상거래 무역에 대하여 토론하시오.
2. 전자상거래 무역 물류에 대하여 토론하시오.

일반문제

1. 전자상거래 무역을 정의하시오.
2. 해외직구 중 해외 직접구매 유형에 대하여 설명하시오.
3. 해외직구 중 해외 배송대행 유형에 대하여 설명하시오.
4. 해외직구 중 해외 구매대행 유형에 대하여 설명하시오.
5. 해외직구의 품목별 내용을 설명하시오.
6. 해외직구 물류를 담당하는 업체에 대하여 설명하시오.
7. 글로벌 특송업체를 예를 들어 보시오.
8. 해외직구 물품의 통관절차에 대하여 설명하시오.
9. 해외의 직구 물품 통관절차에 대하여 설명하시오.

심화문제

1. 국제무역의 진화과정을 설명하시오.

2. 해외직구에 대하여 설명하시오.

3. 특송업체의 발전방안에 대하여 설명하시오.

참고문헌 및 미주

1. 안병수, 「전자상거래 무역 확산을 위한 법률개정 방안에 관한 연구」, 『통상정보연구』, 제19권 제1호, 2017, p.3～21의 표를 저자가 수정한 표임.
2. 김세진 · 김은미, 「대중국 역직구 활성화방안에 관한 연구」, 『관세학회지』, 2017, p.217.
3. 한국소비자원, 「해외직구 이용 및 소비자 피해 실태조사」, 2015, p.4.
4. 한국소비자원(2015), p.4.
5. 김종덕 · 김율성, 「해외직구물품 급증에 따른 통관제도 개선방안 연구」, 『해사법연구』, 제31권 제1호, 2019, p.193.
6. 김종덕 · 김율성(2019).
7. 마재호 · 마정화 · 정경화, 『주요국의 전자상거래 물품 통관제도에 관한 연구』, 한국조세연구원, 2012.
8. 김종덕 · 김율성(2019), p.189.
9. 김종덕 · 김율성(2019), p.189.
10. 김종덕 · 김율성(2019), p.184와 임재욱, 「해외직접구매 물품의 물류 프로세스 및 통관상의 문제점에 관한 연구」, 『인터넷 전자상거래연구』, 제15권 제6호, 2015, p.286의 표를 저자가 통합한 표임.
11. 곽병곤 · 송희영, 「중소특송업체의 경쟁력 제고방안 : 통관을 중심으로」, 『무역학회지』, 제11권 제4호, 2010, p.206.
12. 곽병곤 · 송희영(2010), p.206.
13. 곽병곤 · 송희영(2010), p.208.
14. 곽병곤 · 송희영(2010), p.209.
15. 임재욱, 「해외직접구매 물품의 물류 프로세스 및 통관상의 문제점에 관한 연구」, 『인터넷 전자상거래연구』, 제15권 제6호, 2015, p.290.
16. 정석모 · 박승락, 「우리나라 B2C 전자상거래 촉진요인이 온라인 쇼핑과 해외직접구매에 미치는 영향 : 택배물류기업의 과제를 중심으로」, 『통상정보연구』, 제18권 제2호, 2016, p.44.

찾아보기

가

가상기업(virtual enterprise) 64, 65
가축용 컨테이너(live stock container) 254
갠트리 크레인 260
거리의 경제(economies of distance) 67
검약적 기술혁신 15
고객정보 78
공급사슬관리(supply chain management ; SCM) 32, 33, 43
공급자 주도 재고관리 47
공표운임률 133
공항터미널 189
과다라하라 협약(Guadalajara Convention) 207
과실약관(negligence clause) 145, 146
과테말라 의정서(Guatemala Protocol) 208
관세장벽 11
국경 간 전자상거래(Cross-border e-Commerce) 370
국제민간항공기구(International Civil Aviation Organization ; ICAO) 206
국제운송 11
국제항공운송협회(International Air Transport Association ; IATA) 206
권리포기 선하증권(Surrender B/L) 169
규모의 경제(economies of scale) 67
그리드 네트워크(Grid Network) 190
그린경영 363
그린 터미널(Green Terminal) 364
그린 포트(Green Port) 364
글로벌 공급사슬관리(GSCM) 17
글로벌 기업 14
기계학습(machine learning) 103
기명식 선하증권(straight B/L) 143, 168
기술혁신 9
기업의 사회적 책임(Corporate Social Responsibility ; CSR) 355

나

나용선(Bare boat charter) 155
내륙컨테이너기지 264
냉동선(refrigerated carrier) 130
냉동 컨테이너(reefer container) 252
네트워크 33

녹색물류(green logistics) 42, 340
녹색운송(green transportation) 344

다

다품종 소량생산 방식 69, 75
단일복합운송계약 286
대도(Trust Receipt ; T/R) 136
대량운송 123
대륙횡단철도 21
대항해시대 122
도로운송 68, 231
도선료(導船料, pilotage) 131
드라이 컨테이너(cargo container) 252
드론 99, 314
디지털 무역 332
딥러닝(deep learning) 104, 320

라

라스트 마일 327
랜드브릿지 296
로로선(roll-on-roll-off) 130
로보틱 항만 334
로지스틱스(logistics) 32, 34, 37, 72
로테르담 규칙(Rotterdam Rule) 173
롱비치 컨테이너 터미널 110
리버스 물류(reverse logistics) 41
리버스 이노베이션(Reverse Innovation) 14

마

마셜링 야드(Marshalling Yard) 258
마스터 선하증권(Master B/L) 169
마이크로브릿지(Micro Bridge) 298
면책약관 146
모달시프트 350
모듈화 38
모바일 혁명 9
몬트리올 협정(Montreal Agreement) 208
무결성(Integrity) 318
무사고 선하증권(Clean B/L) 168
무선박운송인(NVOCC) 289, 295
무인 로봇 314
무인자동화 항만 106
문화적 갈등 12
물류 4, 7
물류거점도시 19
물류로봇 97
물류센터(logistics center) 72
물류자동화 76
물류정보 시스템 22
물류컨설팅 63
물적 유통(physical distribution) 32
미국의 하터법(Harter Act) 172
미니랜드브릿지(Mini Land Bridge ; MLB) 296, 298

바

바르샤바 조약(Warsaw Convention) 207

바젤협약 348
바코드 78
반복사용 포장재 359
반품물류 42
버뮤다협정 182
보관(storage) 71
보관기능 37
보세운송 237
보세운송업자 240
복합운송 25, 70, 284
복합운송인(Multimodal Transport Operator ; MTO) 284, 288
복합운송증권(Multimodal Transport Document ; MTD) 166, 287, 303
본선수취증(Mate' s Receipt ; M/R) 135
부지약관(Unknown Clause) 147
북극항로 342
분산된 장부 318
불가항력 146
블록체인 317
비관세장벽 11
비교역재 11
빅데이터 99, 241, 315

사

사고 선하증권(Foul B/L) 168
사내물류 41
사물인터넷(Internet of Things ; IoT) 94, 97, 105, 241, 316
상업송장(Commercial Invoice ; C/I) 162
생산물류 41
선박속도 저감 프로그램 356
선복요청서(Shipping Request ; S/R) 134
선복확인서(Booking Note ; B/N) 134
선석(Berth) 257
선적 선하증권(Shipped B/L) 167
선적지시서(Shipping Order ; S/O) 134
선하증권 142
세계화 7, 12
소량 주문 63
수렵채집사회 10
수송 66
수취 선하증권(Received B/L) 167
순톤수(Net Tonnage ; N/T) 131
스마트 계약(Smart contract) 331
스마트물류 94
스마트 소비자 95
스마트창고 96
스마트 컨테이너 99, 329
스마트항만 17
스카이 팀(Sky Team) 187
스타 얼라이언스(Star Alliance) 187
스태거스 철도법 22
시간적 효용 71
시베리아 랜드브릿지(Siberia Land Bridge ; SLB) 296, 297
시베리아횡단철도(TSR) 228
시카고 회의 182
신흥시장 9, 14
실크로드 216

아

아메리칸 랜드브릿지(American Land Bridge ; ALB) 296, 297
아웃소싱(outsourcing) 14
얼라이언스(Alliance) 127
역물류(reverse logistics) 343, 345
역참제도 217
오픈마켓 구매대행 377
온실가스 341
완전무인자동화 터미널 110
외항추가할증료(outport arbitrary) 140
요인증권 303
용선계약서(Charter Party ; C/P) 157
운송기능 37
운송주선인 292
원스톱(one-stop) 서비스 63
원 월드(One World) 187
유가증권 303
유개차(boxcar) 218
유류할증료(bunker adjustment factor ; BAF) 140
유통가공 39
육상운송 216
이글루(igloo) 194
이단적열차(Double Stack Train ; DST) 22
이로약관(Deviation clause) 147
인공지능(Artificial Intelligence) 94, 100
인더스트리 4.0 81
일반 유개차(boxcar/plain) 221
일반화물선(General Cargo Ship) 129

자

자원보호회복법 350
자율운항 선박 113
자율주행 로봇 333
자율주행 트럭 21, 67, 231, 242
장거리운송 22
재고관리 74
재화중량톤수(Dead Weight Tonnage ; DWT) 132
적하목록(Manifest, M/F) 135
전기자동차 21
전략적 제휴 186
전문가시스템(Expert System) 102
전용선(Specialized Vessel) 129
전용열차(unit train) 225
전용 특장차 233
전자봉인(Electronic Seal) 263
전자상거래 9
전자상거래 무역 371
접는 컨테이너 360
정기선 133
정기용선 154
정보관리 39
정보관리 기능 37
정보통신혁명 8
제품 믹싱(product mixing) 73
제1의 자유(Fly over Right) 183
제2의 자유(Technical landing Right) 183
제2자 물류 61
제3의 자유(Set down Right) 183

제3자 물류 60, 61, 62
제4의 자유(Bring back Right) 184
제4자 물류 60, 63
제4차 산업혁명 81, 314
제5의 자유(Beyond Right) 184
조달물류 4, 40
종가운임(ad valorem freight) 137
주기장(Apron) 188
중국횡단철도(Trans China Railroad ; TCR) 297
즉시재 124
지시식 선하증권(order B/L) 143, 168

차

창고(warehouse) 72
철도운송 68, 218
초대형 컨테이너선 69, 106
총톤수(Gross Tonnage ; G/T) 130
추론과 탐색 101
출하기능 72
친환경 선박 364

카

캐나다 국유철도 24
캐나디안 퍼시픽 철도 24
캐나디안 랜드브릿지(Canadian Land Bridge ; CLB) 298
컨테이너 22
컨테이너보안장치(ConTracer) 263
컨테이너 보안협정(CSI) 271
컨테이너 봉인(Container Seal) 262
컨테이너선(Container Ship) 129
컨테이너선사 125
컨테이너 운송 69, 248
컨테이너 터미널 85, 257
컨테이너 프레이트 스테이션(CFS) 258
컨테이너 항만 19
콜드체인 물류 325
교토의정서 352
크로스 도킹(Cross Docking) 47, 73
클라우드 99
키바로봇 98

타

탄소배출권 거래제도 345
태그 82
택배화 70
토탈 물류 64
통선하증권(Through B/L) 169, 304
통화할증료(currency adjustment factor ; CAF) 140
튜링테스트 101
트럭운송 21
트럭 터미널 234
트레일러 233
특송 포털 77
특송화물 379

파

파나마급 선박 132
파이프라인 운송 235
판매물류 41
팔레트 42
포워더 135
포장기능 37, 38
프로슈머(prosumer) 95
플랫 랙 컨테이너(flat rack container) 253
피기백(piggyback) 서비스 222

하

하역기능 37, 38
하우스 선하증권(House B/L) 169
하이퍼 루프 229
한국무역정보통신(KTNET) 76
한국물류정보통신(KLNET) 76
한국선급(KR) 170
한국선주협회(KSA) 170
한국하주협의회(KSC) 170
함부르크 규칙(Hamburg Rules) 173
항공바이오 연료 357
항공운송 68, 180
항공팔레트 193
항공화물용 컨테이너 193
항공화물운송대리점(air cargo agent) 195
항공화물운송장 196
항공화물운송주선업자(air freight forwarder) 196
항해용선 154
해공복합운송 284
해공복합운송 방식 296, 299
해륙복합운송 방식 296
해상물류 19
해상실크로드 122
해상운송 22, 122
해상화물운송장(Sea Way Bill ; SWB) 164
해외 배송대행형 374
해외직구 373
해외 직접구매형 373
해외 직접투자 11
해운동맹(shipping conference) 127, 148
해운서비스 124
허브공항 18
허브-스포크 네트워크(Hub-Spoke Network) 190
허브항구 17, 18
헤이그 규칙(Hague Rules) 172
헤이그-비스비 규칙(Hague-Visby Rules) 172
헤이그 의정서(Hague Protocol) 207
협력 속 경쟁(copetiton) 52
협업(collaboration) 33, 45, 51
혼재화(consolidation) 67, 73, 251
홉파형(hopper car) 221
화물도착통지서(Arrival Notice ; A/N) 136
화물선취보증장(Letter of Guarantee ; L/G) 166
화물의 인도청구권 163
화물인도지시서(Delivery Order ; D/O) 136

화물클레임 203
환경물류(environment logistics) 41, 42
환적비용 219
회수물류 42, 340

기타

24 Hour Rule 274
3D프린팅 99, 321, 332

ABC(Activity Based Costing)분석 74
Advanced Train Control System(ATCS) 227
AGV 107
AI 94
aircraft container 193
aircraft pallet 193
Automated Guided Vehicle ; AGV 109
Automated Stacking Crane ; ASC 109

Bill of Lading ; B/L 163
BOLERO 선하증권 171
BOP시장 15
bulky/lengthy surcharge 139

C-TPAT 276
CFS 251
CIRO(Courier Imports Remission Order) 380
CMI(Co-Managed Inventory) 48
COFC(Container On Flat Car) 23
COFC 서비스 224
Combined Transport Document(CTD) 306
combined transportation 284
Copetition 53

Demurrage(滯船料) 141
Detention Charge(遲滯料) 142
disruptive innovation 8
door to door 서비스 21, 250, 284

Ecoship 364
ECR(Efficient Consumer Response) 46
ECT(Europe Container Terminal) 108
EDI 76
Emerging Market 9
EU 20

FCL 화물 267
Foreign Direct Investment(FDI) 11
Free In(F.I) 138
Free In & Free Out(F.I.O) 138
Free Out(F.O) 138
Freight forwarder 293

Green Port 350

Hub-Spoke System 19

IoT 97, 314

Just In Time(JIT) 생산방식 69, 70

LASH선(lighter aboard ship) 130, 256
LCL 화물 23, 267

MSCA(Missing Cargo) 202
multi modal transportation 284

NAFTA 20
NVOCC(Non-Vessel Operating Common Carrier) 293

OVCD(Over-Carried Cargo) 201

POS(Point of Sale) 78

QR(Quick Response) 46

RFID(Radio Frequency IDentification) 81
Ro/Ro선(Roll on/Roll off) 255

SCM 37
Smart warehouse 96
SSPD 201
Sustainable Development 355

THC(Terminal Handling Charge ; 터미널 화물 처리비) 141
Time charter 154
TOFC(Tail On Flat Car) 23
TOFC 서비스 223

U-Port 85
uLogisHub(차세대물류포털) 77
UN기후변화협약 348

VMI(Vendor Managed Inventory) 47
Voyage charter 154

Wharfage(부두사용료) 142

지은이에 대하여

정용균(鄭容均)

학력

보성고등학교 졸업

한국외국어대학교 영어과 졸업 : 영어학사

한국외국어대학교 대학원 경제학과 졸업 : 경제학 석사

서강대학교 대학원 경제학과 졸업 : 경제학 석사

미국 University of Oregon 대학원 경제학과 졸업 : 경제학 박사

국립강원대학교 대학원 법학과 졸업 : 법학 석사

국립강원대학교 대학원 법학과 박사과정 수료

주요 경력

한국무역학회 부회장 및 편집위원

한국중재학회 부회장 및 편집위원

한국통상정보학회 부회장 및 편집위원

국제e-비즈니스학회 부회장 및 편집위원

한국관세학회 부회장

한국경제학회 및 국제지역학회 이사

한국외국어대학교 동남아연구소 『동남아연구』 편집위원

한국태국학회 『한국태국학회논총』 편집위원

대한상사중재원 중재인 및 조정위원

국립강원대학교 산업경제연구소장

Journal of Arbitration Studies, Editor in Chief

International Area Studies Review 편집간사

Journal of Korea Trade 편집위원

현, 국립강원대학교 국제무역학과 교수

수상

Marquis Who's Who in the World(33판) 등재(2016)

IBC, Cambridge Certificate for Outstanding Educational Achievement 수상(2016)

Marquis Who's Who, Life Time Achiever 수상(2017)

산업자원부장관상 수상(2018)

자격증

상공부, '무역사'(1977)

한국생산성본부, '전자상거래관리사'(2002)

한국조정학회, '조정전문가'(2018)

논문

"Arbitrator Acceptability of International Commercial Arbitration : Trading Firm's Perspective," *International Journal of Conflict Management* (SSCI), 2016.

"Temporal Effects of Information from Social Networks on Online Behavior : The Role of Cognitive and Affective Trust," *Internet Research* (SSCI), 2016.

"Artificial Intelligence and Virtual Multi-Door ODR Platform for Small Value Cross-Border e-Commerce Disputes," *Journal of Arbitration Studies*, 2019 외 60여 편

4차 산업혁명 시대의 **국제운송물류론**

초판 1쇄 발행 2019년 9월 6일
초판 2쇄 발행 2020년 3월 2일

지은이 정용균
펴낸이 박기남
펴낸곳 **율곡출판사**
08590 서울시 금천구 가산디지털1로 84(에이스하이엔드 8차), 803호
전화 (代) 02) 718-9872
팩스 02) 718-9874
home-page www.yulgokbooks.co.kr
e-mail yulgokbook@naver.com
등록 1989.11.10. 제2014-000031호
ISBN 979-11-87897-71-2 93320

값 26,000원